KB268219

'좋아요'와 '싫어요'를 넘어

우리를 위한 미디어 리터러시

'좋아요'와 '싫어요'를 넘어

초판 1쇄 인쇄 2025년 8월 20일
초판 1쇄 발행 2025년 8월 30일

지은이 여은호·원숙경
펴낸이 김승희
펴낸곳 도서출판 살림터

기획 정광일
편집 이희연·조현주·송승호
북디자인 꼬리별

인쇄·제본 (주)신화프린팅
종이 (주)명동지류

주소 서울시 양천구 목동동로 293, 2215-1호
전화 02-3141-6553
팩스 02-3141-6555
출판등록 2008년 3월 18일 제313-1990-12호
이메일 gwang80@hanmail.net
블로그 http://blog.naver.com/dkffk1020
한국교육연구네트워크 www.kednetwork.or.kr

ISBN 979-11-5930-328-9 03370

'좋아요'와 '싫어요'를 넘어

여은호·원숙경 지음

살림터

2025년, 대한민국은 정치적 격변의 중심에 섰다. 4월 4일, 헌법재판소는 윤석열 대통령의 탄핵을 만장일치로 인용하며 그를 공식적으로 파면했다. 이는 대통령이 헌법을 위반하고 국민의 신뢰를 저버렸다는 역사적 판결이었다. 윤 대통령은 2024년 12월 3일, 국회와의 갈등을 이유로 계엄령을 선포하고 군과 경찰을 동원하여 국회의 입법 활동을 방해하는 일을 저질렀다. 이러한 조치는 민주주의의 근간을 흔드는 행위로 평가되었다.

윤 대통령의 탄핵 이후, 대한민국은 정치적 혼란에 빠졌다. 대통령 권한대행이었던 한덕수 총리는 사임하고 대선 출마를 선언했으며, 그의 후임인 최상목 경제부총리도 국회의 탄핵 추진으로 사임했다. 이로 인해 교육부 장관인 이주호가 네 번째 대통령 권한대행으로 임명되었다. 이러한 연쇄적 권력 공백은 국가의 정치적 안정성을 위협하며 국민의 불안을 가중했다.

미디어는 이러한 상황을 다양한 시각과 해석을 제공하며 국민의 인식을 형성하는 데 큰 영향을 미쳤다. 일부 언론은 윤 대통령의 행위를 '국가 위기 대응'으로 보도했고, 다른 언론은 '헌정 질서 파괴'로 규정했다. 소셜 미디어에서는 각종 음모론과 가짜 뉴스가 확산되며 국민의 혼란을 더욱 부추겼다.

정보의 홍수 속에서 우리는 과연 진실을 제대로 파악하고 있는가? 미디어는 단순한 정보 전달을 넘어, 사건을 구성하고 감정을 조작하며 행동을 유도하는 강력한 도구가 되었다. 그러나 대부분 시민은 이 도구의 작동 방식을 이해하지 못한 채, 그 결과만을 소비하고 있다.

이러한 상황에서 '비판적 미디어 리터러시'의 중요성이 더욱 부각된다. 이 책은 단순히 가짜 뉴스를 구별하는 방법이나 인터넷 검색 요령을 알려주는 것이 아니다. 진정한 목표는 독자가 스스로 질문을 던지고, 정보를 비판적으로 분석하며, 자신의 판단을 형성하는 능력을 기르는 것이다.

윤 대통령의 탄핵과 그에 따른 정치적 혼란은 우리에게 중요한 교훈을 남긴다. 정보를 비판적으로 수용하고, 다양한 시각을 이해하며, 민주주의의 가치를 지키기 위해 노력하는 시민의 역할이 그 어느 때보다 중요해졌다. 이 책은 이러한 시대적 요구에 부응하여, 독자들이 미디어를 통해 세상을 올바르게 이해하고, 건강한 민주사회를 구축하는 데 기여할 수 있도록 안내할 것이다. 이 책은 단순히 미디어를 '잘 사용하는 방법'을 알려주는 안내서가 아니다. 이 책의 중심에는 다음과 같은 질문이 있다. 우리는 지금, 무엇을 믿고 살아가고 있는가? 그리고 그 믿음은 어디에서 비롯된 것인가? 수많은 뉴스와 콘텐츠, 영상과 댓글, 알고리즘과 개인화 추천 속에서 우리는 과연 자율적 판단을 내리고 있는가? 이 책은 바로 그 질문에서 출발한다.

우리는 지금 '정보 과잉의 시대'를 살아가고 있다. 그러나 정보가 많아졌다고 해서 모두가 잘 아는 것도, 더 현명해진 것도 아니다. 오히려 우리는 무엇이 진실인지, 어떤 정보가 신뢰할 만한 것인지 판단하기가 더 어려워진 시대에 살고 있다. 인공지능 기술의 확산은 이 문제를 더욱 복잡하게 만든다. 생성형 AI는 단지 정보를 전달하는 것을 넘어, 콘텐츠를 '창조'하는 시대를 열고 있으며, 그 경계는 점점 모호해지고 있다. 여기에 플랫폼 자본주의의 알고리즘 논리, 극단화되는 정치 담론, 세대 간의 미디어 사용 격차가 더해지면서, 우리는 '어떻게 정보를 해석할 것인가'라는 질문 앞에서 점점 더 취약한 존재가 되어 가고 있다.

이 책은 이러한 정보 환경 속에서 시민들이 자율성과 책임을 지닌 존재로 성장할 수 있도록 돕고자 한다. 그 핵심은 바로 비판적 미디어 리터러시에 있다. 미디어 리터러시는 단지 정보를 '받아들이는 능력'이 아니라, 정보를 '해석하고, 질문하고, 맥락화하고, 재구성하는 능력'이다. 이는 단순한 기술이 아니라 하나의 사회적 실천이며, 민주사회를 가능하게 하는 시민적 역량이다.

이 책은 총 8개의 장으로 구성되어 있으며, 아동과 청소년, 부모와 교사, 그리고 시민 전체를 위한 미디어 교육의 필요성과 가능성을 다양한 사례와 이론을 통해 탐구한다. 또한, 가짜 뉴스와 혐오, 알고리즘 권력, 부모의 디지털 양육, AI 윤리, 지역사회 기반 교육 등 현실적이고 시급한 이슈들을 중심에 두고, 이를 교육적으로 풀어낼 수 있는 실천적 방안을 모색한다. 무엇보다 이 책은 '사용법'보다는 '질문하는 방법'을 강조한다. 클릭 하나로 모든 것이 결정되는 시대, 우리는 다시 질문해야 한다. "이 정보는 어디서 왔는가?", "누구의 목소리가 사라졌는가?", "내가 지금 느끼는 감정은 어떤 구조에 의해 유도된 것인가?"

이 책은 학술적 이론과 현장의 교육 경험, 미디어 현상의 비판적 분석을 유기적으로 엮어내려 했다. 학부모와 교사, 예비 언론인과 정책 입안자, 그리고 오늘을 살아가는 모든 시민이 이 책을 통해 더욱 깊은 성찰과 실천을 시작할 수 있기를 바란다. 미디어는 곧 현실이며, 그 현실을 다시 써나가는 것이야말로 오늘날의 교육이 맡아야 할 가장 시급한 과제다.

비판적 미디어 리터러시를 논할 때 가장 먼저 강조해야 할 것은, 그것이 단지 기술이나 도구의 숙련을 넘어서는 철학적 사유 방식이라는 점이다. 이 책이 주장하는 미디어 리터러시는 스마트폰을 능숙하게 다루는 능력이나 정보 검색 능력을 넘어서, 우리가 살아가는 사회의 구조를 인식하고, 그 구조 안에서 어떤 태도로 존재할지를 고민하는 능력을 뜻한다. 이와 같은 관점은 교육과 철학, 그리고 사회비평의 깊은 전통 위에 놓여 있다.

그 기초에는 존 듀이John Dewey의 사상이 있다. 듀이는 교육이 단순히 지식을 전달하는 과정이 아니라, 민주주의를 살아가는 시민을 길러내는 사회적 경험이라고 보았다. 그는 학습을 '생활의 일부'로 간주하며, 아이들이 현실과 직접 연결된 문제를 스스로 탐구하고 해결하는 경험을 통해 성장할 수 있다고 믿었다. 그의 이론은 오늘날 프로젝트 기반 학습PBL이나 실천 중심 미디어 교육의 토대가 되었으며, 이 책의 여러 장에서 다루는 교육 방법론 속에 그대로 녹아 있다.

여기에 파울로 프레이리Paulo Freire의 비판적 교육철학이 더해지면서, 비판적 미디어 리터러시는 훨씬 더 정치적이고 해방적인 개념으로 확장된다. 프레이리는 『페다고지Pedagogy of the Oppressed』에서 억압받는 자들이 자기 삶을 해석하고 말할 수 있는 언어를 되찾아야 한다고 주장한다. 그는 학습자들이 단순히 교사의 지식을 수용하는 '은행저금식 교육'을 거부하고, 스스로 질문하고 비판하며 새로운 의미를 만들어 내는 주체가 되어야 한다고 강조한다. 이러한 관점은 특히 사회적 약자와 청소년, 지역 커뮤니티를 대상으로 하는 미디어 리터러시 교육에서 강력한 힘을 발휘한다. 정보의 소비자가 아니라 해석자, 그리고 재구성자로서 시민을 길러내는 일이기 때문이다.

또한, 벨 훅스bell hooks의 참여적 교육 개념은 이 책이 지향하는 실천적 미디어 교육의 지평을 넓혀준다. 훅스는 '경계를 넘는 교육'을 강조하며, 배움의 공간은 단지 지식을 얻는 곳이 아니라 삶의 고통과 저항, 해방의 서사를 나누는 장소가 되어야 한다고 말한다. 훅스의 사유는 단순히 '무엇을 가르칠 것인가'가 아니라, '어떤 관계 속에서 함께 배울 것인가'를 묻는다. 이는 디지털 환경 속에서 교사와 학습자, 콘텐츠와 수용자 간의 관계가 어떻게 재구성되어야 하는지를 고민하게 만든다.

비판적 미디어 리터러시는 이처럼 듀이의 실천성, 프레이리의 해방적 시각, 훅스의 상호성이라는 철학적 줄기 위에 놓여 있다. 여기에 문화연구 전통의 이론가들이 제공한 사회적 구성주의와 재현의 이론이 실천을 위한 분석 틀로 작동한다. 정보란 단지 '있는 그대로' 받아들여지는 것이 아니라, 해석되고 맥락화되며, 그 맥락은 수용자의 문화적 위치, 정치적 경험, 정체성에 따라 달라진다는 것이다. 이는 특히 이 책에서 다루는 아동과 청소년의 미디어 수용, 플랫폼 구조와 알고리즘 편향, 지역 기반 미디어 교육을 이해하는 데 핵심이 되는 시각이다.

또한, 이 책은 디지털 격차를 단순한 기술의 문제로 환원하지 않고, 사회경제적 위치, 언어 능력, 교육 환경 등 다양한 구조적 조건의 산물로 해석한다. 디지털 기기를 소유한다고 해서 모두가 동등하게 정보를 활용하거나 해석하는 것은 아니다. 이 책은 디지털 시대의 격차를 '접근access'만이 아닌 '자율성autonomy'의 문제로 확장해야 한다는 점을 일관되게 강조한다. 즉, 기술의 사용 여부가 아니라, 그 기술을 통해 무엇을 할 수 있는가, 어떤 기회를 얻는가가 진정한 격차의 본질이라는 것이다.

이 책은 철학과 사회이론, 교육학의 교차점에서 비판적 미디어 리터러시를 사유한다. 그것은 특정 기술의 습득이 아니라, 특정 세계관의 형성이다. 정보를 어떻게 읽을 것인가, 그 정보 속에 어떤 권력과 편향이 숨어 있는가, 그리고 그 정보에 우리는 어떻게 응답할 것인가를 끊임없이 묻는 것. 이 책이 말하는 미디어 리터러시는 바로 그런 삶의 태도이자 실천의 언어다.

이 책의 세부 내용은 다음과 같다.

1장 「미디어 진화와 우리 삶」은 미디어 기술의 역사적 발전이 인간의 삶과 사회, 문화에 어떤 영향을 미쳐왔는지를 다양한 사례와 이론을 통해 입체적으로 조망한다. 마셜 매클루언의 "미디어는 메시지다"라는 명제를 출발점으로 삼아, 미디어가 단순한 정보 전달 도구가 아니라 인간의 감각과 정체성을 형성하는 존재라는 점을 강조한다. 이 책에서는 인쇄술, 라디오, 텔레비전, 인터넷, SNS, 생성형 AI, 빅데이터, 딥페이크 등 미디어의 진화 과정을 역사적 사건과 함께 제시하며, 각 기술이 정치, 문화, 감정, 공동체에 미친 영향을 분석한다. 롱테일 현상과 플랫폼 알고리즘, 큐어넌과 같은 디지털 공동체, SNS 속의 정체성 조정, 정보 왜곡과 필터버블, 가짜 뉴스의 확산 등 구체적 예시를 통해 오늘날 미디어가 어떻게 공공성과 민주주의, 진실성에 도전하고 있는지를 보여준다. 이와 동시에, 이러한 환경 속에서 시민에게 필요한 것은 기술 사용 능력이 아니라 '비판적 사고'와 '정보를 질문하는 힘'임을 강조한다. 미디어 리터러시는 이제 생존을 위한 시민성의 핵심이자, 민주적 공동체를 지탱하는 문화적 근육이다.

2장 「디지털 시대, 미디어 리터러시가 왜 중요한가?」는 정보 과잉, 가짜 뉴스, 알고리즘 편향, 그리고 포스트 트루스 시대의 도전에 대응하기 위해 왜 비판적 미디어 리터러시가 필수적 시민 역량인지를 다층적으로 설명한다. 이 장은 정보의 진위보다 감정과 신념이 앞서는 환경에서, 단순한 정보 해석 능력을 넘는 '질문하는 힘'의 중요성을 강조하며, 유네스코의 미디어와 정보 리터러시Meida and Information Literacy, MIL 프로그램과 그 실천적 의미를 소개한다. 이어 가짜 뉴스의 생산·확산 메커니즘과 감정 조작 전략, 알고리즘 기반 필터버블의 위협, 뉴스 프레이밍과 의제 설정 등 미디어 왜곡의 구조를 구체적 사례로 분석한다. 특히 AI 기술, 딥페이크, 정치 광고 등 현대 미디어의 조작 가능성과 시민 감정의 이용을 경고하며, 다양한 국가의 팩트체크 사례들을 통해 진실 회복의 가능성을 모색한다. 리 매킨타이어, 데니스 레이더, 댄 길모어 등의 이론을 토대로, 이 장은 독자가 "이 정보는 왜 나에게 왔는가?"라는 질문을 던질 수 있도록 훈련하는 것이야말로, 오늘날 교육이 갖추어야 할 핵심 기능임을 역설한다.

3장 「디지털 시대의 미디어 권력과 시민적 상상력」은 플랫폼 자본주의, 허위 정보, 알고리즘 권력이라는 삼중 구조가 어떻게 민주주의와 공공성을 위협하는지를 다양한 사례와 이론을 통해 분석한다. 팬데믹 이후 디지털 플랫폼이 뉴스 유통을 독점하면서 지역 언론이 붕괴되고, 정보의 질과 다양성이 약화된 현실을 조명한다. 알고리즘은 자극적 정보에 보상을 주며 허위 정보 확산을 가속화하고, 유권자 감정과 인식까지 조작하는 권력 구조로 작동한다. 케임브리지 애널리티카, 유튜브의 편향적 추천, 프랑스 대선의 정보 조작 사례 등은 그 위험성을 보여준다. 이에 맞서 교육의 역할이 강조되며, 듀이와 프레이리의 철학을 바탕으로 비판적 사고와 질문 중심의 학습이 제안된다. 또한, 밈과 콘텐츠의 재구성을 통해 시민이 사회적 메시지 생산자로 거듭나는 사례들을 소개하며, '슈퍼 디지털 시민'의 개념을 제시한다. 이 장은 미디어 리터러시를 정보 소비 기술이 아닌, 권력 감시와 공공성 회복을 위한 시민적 실천으로 재정의한다. 비판적 리터러시는 민주주의의 언어이자, 시대를 바꾸는 상상력이다.

4장 「디지털 세대를 위한 미디어 리터러시」는 디지털 세대, 특히 어린이와 청소년이 디지털 환경에서 성장하며 마주하는 기회와 위협을 다룬다. 어린이는 미디어를 통해 세상을 배우고 표현하며, 유아기부터 초등기까지 발달 단계에 따라 적절한 미디어 리터러시 교육이 필요하다. 청소년은 정체성을 형성하며 소셜 미디어에서 자아를 탐색하고, 또래 관계와 외모 인식에 큰 영향을 받는다. 사이버 폭력과 뷰티 밈 같은 문제는 심리적 불안과 왜곡된 자기 인식을 유발할 수 있어, 비판적 미디어 감수성이 요구된다. 부모는 자녀의 첫 번째 미디어 교육자로서, 올바른 디지털 습관을 함께 형성해야 하며, 가정환경에 맞춘 맞춤형 교육이 중요하다. 또한, AI 시대의 도래로 인해, AI 리터러시 교육 역시 필수적 요소가 되었다. AI의 편향, 오류, 할루시네이션 현상 등은 정보 판별과 윤리적 판단의 중요성을 강조하며, 인간의 비판적 사고와 감수성을 기반으로 한 디지털 시민 교육의 필요성을 역설한다. 전체적으로 이 장은 기술 중심의 교육을 넘어, 인간 중심의 비판적 사고, 공동체적 감수성, 시민적 책임을 강조하며 디지털 시대 교육의 방향을 제시한다.

5장 「포용적 디지털 사회를 향하여」에서는 '포용적 디지털 사회'라는 이상을 향해, 디지털 격차와 미디어 소외 문제를 중심으로 미디어 리터러시의 역할과 과제를 조명한다. 코로나19 팬데믹은 고령층, 저소득층, 농촌 주민 등 디지털 접근이 어려운 계층을 더욱 소외시키며 디지털 불평등을 심화시켰다. 단순한 기술 숙련도를 넘어서, 사회적 참여와 표현의 기회를 잃는 현상은 '디지털 소외'로 확장된다. 이를 해결하기 위해 정부는 '디지털 배움터' 등 다양한 포용 정책을 실행하고 있으며, 미디어 리터러시 교육을 통해 이들의 시민적 권리를 회복시키려 한다. 다문화 사회에서도 이주민은 미디어에서 편향되게 재현되거나 배제되기 쉬우며, 이를 극복하려면 선주민과 이주민이 함께 참여하는 공동 교육이 필요하다. 마지막으로, 지역 정체성 회복과 공동체 활성화를 위해 지역 기반 미디어 리터러시가 강조된다. 부산, 제천, 일본 조에츠 등은 주민이 직접 이야기하고 콘텐츠를 제작하며 공공성을 실천한 사례로 소개된다. 이 장은 미디어 리터러시가 단지 정보를 다루는 기술이 아니라, 소외 없는 사회를 위한 시민적 실천임을 강조한다.

6장 「디지털 웰빙과 자율성: 연결, 단절, 그리고 선택의 기술」은 디지털 시대에서의 자율성과 웰빙을 중심으로, 연결과 단절, 선택의 기술을 어떻게 교육하고 실천할 수 있는지를 다룬다. '디지털 디톡스'는 과잉 연결로 인한 스트레스와 주의력 저하, 관계 단절 등을 극복하기 위한 자발적 단절 전략이며, 퍼빙Phubbing과 포모FOMO 같은 심리적 문제를 비판적으로 다룬다. 이어 '디지털 웰빙의 공공성'에서는 호주, 미국 등의 공공 캠페인 사례를 통해 디지털 윤리, 안전, 공동체적 책임을 강조하며, 건강한 온라인 문화를 위한 사회적 노력의 중요성을 설명한다. 마지막으로 '디지털 자율성'은 단순한 기술 사용 능력이 아니라, 정보 흐름과 알고리즘의 구조를 이해하고 비판할 수 있는 시민적 역량으로 정의된다. 이는 데이터 주권과 네트워크 주권 같은 구조적 이슈와도 깊이 연결되며, 플로리디의 정보 윤리론, 스노든 사건, 넷플릭스 〈소셜 딜레마〉 등을 통해 그 윤리적, 정치적 의미를 확장한다. 이 장은 디지털 기술을 비판적으로 활용하고 자율적 판단을 내릴 수 있는 미디어 교육의 시급함을 강조한다.

7장 「비판적 미디어 리터러시 교육 프로그램 예시」는 중학생과 초등학생을 위한 비판적 미디어 리터러시 교육 프로그램의 구체적 예시를 제시한다. 첫째, 영상 미디어 리터러시 교육은 영상 콘텐츠의 구조와 메시지를 비판적으로 분석하고, 직접 제작을 통해 표현 능력을 기르는 활동으로 구성된다. 이를 통해 학생들은 가짜 뉴스 판별, 영상 편향성 인식, 제작 윤리 등을 실천적으로 학습한다. 둘째, 뉴스 리터러시 교육은 초등학생을 대상으로 가짜 뉴스의 판별, 편향성 이해, 기자 체험 등의 활동을 통해 뉴스의 신뢰성과 언론의 역할을 이해하게 한다. 마지막으로, 유네스코의 기준을 바탕으로 구성된 AI 리터러시 교육은 인간 중심 사고, AI 윤리, 기술 활용, 시스템 설계의 4대 핵심 요소를 기반으로 구성되며, 실습 중심의 8주 프로그램을 통해 학생들이 AI의 개념과 윤리, 사회적 영향까지 폭넓게 이해하도록 돕는다. 이 장은 단순한 정보 소비를 넘어 비판적 사고, 윤리적 판단, 창의적 실천 능력을 기르는 리터러시 교육의 실천적 방향을 제시한다.

이렇게 구성된 일곱 개의 장은 서로 다른 관점에서 미디어 환경과 교육의 접점을 조망하면서도, 공통으로 '비판적 사고'와 '해석하는 시민'이라는 핵심 가치로 수렴된다. 그리고 마지막 8장 「우리가 나아가야 할 길, 비판적 미디어 리터러시의 미래」에서는 이 모든 논의가 어떤 미래를 향하고 있으며, 우리가 어떤 존재로 살아가야 하는지를 묻는다.

이 책은 미디어에 관심 있는 일부 전문가나 교사만을 위한 책이 아니다. 이 책이 말하고자 하는 미디어 리터러시는 특정 직업군이나 분야에 국한된 기술이 아니라, 지금을 살아가는 모두가 일상적으로 마주하는 문제와 깊이 연결되어 있다. 스마트폰을 쥔 채 자라나는 아동과 청소년, 디지털 환경에서 자녀를 양육하는 부모, 교실에서 새로운 세대와 씨름하는 교사, 공론장 회복을 고민하는 언론인과 시민운동가, 그리고 정보와 기술 사이에서 방향을 잃지 않으려는 모든 시민 — 이 책은 이들에게 말을 건다.

아이를 키우는 부모는 알고 있다. 아이가 보는 유튜브 속 콘텐츠가 단지 재미나 정보만을 담고 있는 것이 아니라, 감정과 욕망, 때로는 소비의 가치관까지 함께 심어준다는 것을. 교사들은 느끼고 있다. 학생들이 미디어 속 세계를 통해 사회를 해석하고 자신의 정체성을 구성하고 있다는 사실을. 언론인은 고민한다. 클릭 수와 알고리즘이 편집권보다 더 강력해진 시대에, 저널리즘의 윤리는 어디에 놓여야 하는지를. 그리고 시민은 경험한다. SNS 댓글과 유튜브 섬네일 한 줄이 사람과 사람 사이를 가르고, 사실보다 감정이 앞서는 세상을.

이 책은 각자의 자리에서 미디어와 마주하고 있는 이들에게 하나의 언어, 하나의 질문, 하나의 방향을 제공하고자 한다. '비판적 미디어 리터러시'라는 개념은 단지 무언가를 배워야 한다는 압박이 아니라, 더 나은 대화를 위해, 더 나은 사회를 위해 필요한 공통의 토대다. 이 책이 그 대화의 출발점이 되기를 바란다.

미디어는 이제 단순한 통로가 아니라, 세상을 경험하는 방식 자체가 되었다. 우리는 미디어를 통해 세상을 보고, 느끼고, 판단하며, 행동한다. 그리고 그 미디어는 점점 더 정교해지고, 더 은밀해지며, 더 즉각적 반응을 보일 것을 요구하고 있다. 생성형 AI는 우리가 보지 못한 장면을 만들어 내고, 알고리즘은 우리가 듣고 싶어 하는 말만 들려준다. 기술은 빠르게 진화하지만, 그 기술을 마주하는 인간의 태도는 언제나 뒤따른다. 그렇기에 미래를 바꾸는 일은 기술의 문제가 아니라 인간의 문제다.

비판적 미디어 리터러시는 이러한 미래를 준비하는 인간의 힘이다. 그것은 새로운 앱을 배우는 능력이 아니라, 낯선 정보 앞에서 멈추어 질문을 던지는 힘이다. "이 정보는 왜 여기 있는가?", "나는 지금 어떤 프레임으로 세상을 보고 있는가?", "어떤 목소리가 이 장면에서 배제되었는가?" — 이러한 질문은 자동화된 삶에 균열을 내고, 자기 삶의 방향타를 다시 손에 쥐게 한다.

또한, 미래의 미디어 리터러시는 공동체성과 연결되어야 한다. 가짜 뉴스는 개인의 신념을 조작할 수 있지만, 신뢰는 공동체의 경험을 통해 형성된다. 지역 커뮤니티가 함께 뉴스를 해석하고, 부모와 아이가 함께 콘텐츠를 분석하며, 교사와 학생이 서로에게 배움을 묻는 구조가 있어야 진정한 자율성과 판단력이 생겨난다. 이 책은 그런 실천의 가능성을 제도와 정책, 교육 방법과 커리큘럼, 사례와 제안으로 구체화하고자 했다.

지금 우리는 기술과 인간, 정보와 권력, 자유와 책임 사이에서 다시 균형을 모색해야 하는 시점에 서 있다. 미디어 리터러시는 더는 선택이 아니라 생존의 언어이며, 교육은 그 언어를 함께 익히고 나누는 장소다. 미래는 기술이 만드는 것이 아니라, 그 기술을 이해하고 비판하며 함께 사용할 줄 아는 인간이 만들어 간다. 이 책이 그 미래를 함께 상상하고 준비하는 첫걸음이 되기를 바란다.

차례

1장

미디어 진화와 우리 삶

"미디어는 인간의 확장이며, 그 자체가 메시지다."

1960년대, 캐나다의 미디어 철학자 마셜 매클루언Marshall McLuhan 은 이렇게 말했다.[1] 당시 많은 이가 고개를 갸웃했다. 도대체 미디어 가 어떻게 메시지란 말인가? 하지만 오늘날, 스마트폰과 함께 하루를 시작하고 끝내는 우리에게 이 말은 더할 나위 없이 명확하게 다가온 다. 미디어는 이제 단순한 도구가 아니다. 우리는 미디어를 통해 세상 과 연결되고, 타인의 삶을 엿보며, 내 생각을 표현한다. 뉴스, 영화, 드 라마, 유튜브 영상, 인스타그램 스토리 — 이 모든 것이 우리와 세상 을 이어주는 다리가 된다. 하지만 정작 우리는, 그 미디어가 우리의 감 정과 사고, 행동에 얼마나 깊이 관여하고 있는지를 자주 잊곤 한다. 영 화를 보며 눈물을 흘리고, 광고를 보며 사고 싶은 욕망이 생기고, 누

---

1. McLuhan, 1964.

군가의 게시글에 공감하며 내 생각이 조금씩 바뀌는 순간. 우리는 그저 콘텐츠를 소비하는 것이 아니라, 그 안에 담긴 메시지를 받아들이고, 때로는 그 메시지에 의해 변화되기도 한다. 매클루언이 말한 것처럼, 미디어는 단순한 내용이 아니라, 그 존재 자체가 이미 메시지인 셈이다. 그리고 이 메시지는 우리의 문화까지 만들어 낸다. 어느 지역의 유행이 소셜 미디어를 타고 전 세계로 퍼져나가고, 수많은 사람의 옷차림과 말투, 가치관에 스며든다. 예컨대, 케이팝 아이돌이 입은 독특한 스타일이 하루아침에 전 세계 청소년들의 패션으로 자리 잡는 모습을 보자. 음악은 언어를 넘고, 스타일은 국경을 넘으며, 우리는 미디어를 통해 문화적 연결을 경험하게 된다.

하지만 모든 영향이 긍정적인 것만은 아니다. 수없이 반복되는 광고 속에서 우리는 자신도 모르게 "갖고 싶다"라는 욕망을 학습하고, 때로는 꼭 필요하지도 않은 것들을 '가져야만 할 것'처럼 느끼기도 한다. 왜곡된 정보와 가짜 뉴스는 사회적 신뢰를 무너뜨리고 불필요한 갈등과 불안을 만들어 낸다. 우리가 접하는 정보가 늘 옳지만은 않다는 사실, 그리고 그 정보가 감정을 자극할수록 더 빠르게 퍼진다는 사실은 때때로 두렵기까지 하다. 그래서 우리는 다시 매클루언의 말을 곱씹게 된다.

"미디어는 인간의 확장이다."

그 확장이 어떤 방향으로 나아갈지는 전적으로 우리에게 달려 있다.

1. 미디어의 역사와 현재: 정보 전달에서 삶의 일부로

미디어는 우리 삶에 변화를 몰고 오는 바람과도 같다. 독일의 록 밴드 스콜피언스Scorpions의 노래 "변화의 바람Wind of Change"이 그러했듯, 미디어 역시 시대의 흐름과 함께 우리의 삶을 끊임없이 변화시켜 왔다. 이 노래는 1989년 베를린 장벽 붕괴와 냉전 종식을 배경으로 탄생했으며, 변화의 바람이 어떻게 한 시대를 넘어 새로운 미래를 열어갈 수 있는지를 상징적으로 보여준다. 보컬리스트 클라우스 마이네Klaus Meine는 소비에트연방(소련)에서 열린 "모스크바 평화 음악제 Moscow Music Peace Festival"에서 수천 명의 러시아 젊은이들이 록 음악에 열광하는 모습을 보며 영감을 얻었다고 한다.[2] 당시 록 음악은 서방 자본주의의 상징처럼 여겨졌지만, 아이러니하게도 그 음악이 자유를 갈망하는 소련 청년들에게 희망이 되었다.

이처럼 미디어도 시대적 변화를 이끄는 바람과 같다. 라디오, 텔레비전, 컴퓨터, 인터넷 같은 기술의 등장은 우리가 정보를 주고받는 방식을 완전히 바꾸었고, 미디어 산업도 이에 따라 빠르게 진화했다. 과거에는 신문을 통해 하루 한 번 뉴스를 접하던 사람들이 이제는 실시간으로 전 세계의 소식을 확인하고, 다양한 형태의 콘텐츠를 소비하며 즉각적으로 반응할 수 있는 환경을 갖추게 되었다. 미디어는 단순히 정보를 전달하는 도구에 그치지 않고, 사람과 사람을 연결해 주는

---

2. Songfacts.(n.d.). Wind Of Change by Scorpions.

플랫폼인 동시에 메시지 그 자체가 되었다. 사람들은 미디어를 통해 새로운 네트워크와 커뮤니티를 형성하며, 정보 공유와 협업이 활발히 이루어졌다. 인터넷 포럼과 소셜 미디어는 전혀 모르는 사람들이 같은 관심사를 중심으로 하나의 공동체를 이루는 기회를 제공한다.

그러나 이 변화가 항상 긍정적인 결과만을 가져온 것은 아니다. 정보의 접근성이 높아지고, 표현의 자유가 확장된 오늘날 — 아이러니하게도 우리는 정보의 홍수 속에서 방향을 잃기도 한다. 넘쳐나는 콘텐츠 속에서 무엇이 진짜고, 무엇이 신뢰할 수 있는 정보인지 분별하기 어려워졌다. 특히 상업적 이해관계나 정치적 목적에 따라 콘텐츠가 조작되거나 편향될 가능성은 미디어 환경을 둘러싼 중요한 우려로 떠오르고 있다. 한 편의 뉴스, 하나의 영상도 이제는 그 안에 숨어 있는 의도와 맥락을 따져 보지 않으면 안 되는 시대가 된 것이다.

이러한 미디어 환경의 변화는 AI 기술의 발전과 함께 더욱 가속화되었다. 언제부터인가 우리의 일상 곳곳은 인터넷과 연결되기 시작했다. 스마트폰은 물론이고, 세탁기, 냉장고, 심지어 조명과 커피머신까지 — 서로 연결되어 반응하고 데이터를 주고받는 세상, 바로 사물인터넷Internet of Things, IoT 시대가 열린 것이다. 물리적 공간과 디지털 세계의 경계는 점점 더 흐려지고, 우리는 이전과는 전혀 다른 방식으로 기술과 소통하며 살아가고 있다. 그리고 그 변화의 중심에는 이제 생성형 AI가 있다. 간단한 명령어 몇 줄이면, 누구나 텍스트를 쓰고, 이미지를 만들고, 음악이나 음성을 생성할 수 있는 시대. 이러한 기술은 단지 콘텐츠 제작의 방식만을 바꾼 것이 아니다. 우리가 정보를 소비하고, 해석하고, 진실을 판단하는 방식 자체를 흔들어 놓고 있다.

미디어는 우리 삶의 거울과 같다. 편리함을 제공하는 동시에 수많은 과제를 안고 있는 이 거울을 우리는 어떻게 활용할 것인가? 미디어가 만들어 낸 정보의 흐름 속에서 우리는 무엇을 믿고, 어떻게 해석해야 할 것인가? 이것이 현대 사회를 살아가는 모든 사람이 풀어야 할 숙제이자 도전이다.

미디어는 인류의 역사에서 늘 중요한 역할을 해 왔다. 원시 시대 동굴 벽화부터 고대 피라미드, 성서, 중세의 양피지 서사시, 그리고 인쇄술의 발전에 이르기까지, 미디어는 사람들의 삶을 연결하고 이야기를 전달하는 매개체였다. 미디어 역사학자인 엘리자베스 아이젠스타인은 15세기 독일의 발명가 요하네스 구텐베르크Johannes Gutenberg의 이동식 금속활자 발명으로 인하여 미디어 역사에 새로운 전환점이 마련되었다고 설명했다.[3] 이 기술은 책의 대량 생산을 가능하게 했고, 지식의 문을 특권층에서 대중으로 확장하는 혁명의 기반이 되었다. 특히 책이 각국의 모국어로 인쇄되면서 정보는 더는 권력층만의 전유물이 아니었다. 모두가 공유할 수 있는 자산이 되었고, 이는 정치, 경제, 교육 등 사회 전반에 걸쳐 혁신을 불러일으켰다. 구텐베르크의 인쇄술은 서적, 잡지, 신문 등 다양한 매체의 대중화를 이끌며 정보의 경계를 허물었다.

한편, 브릭스와 버크Briggs & Burke는 금속활자 이후 20세기에 접어들며 라디오와 영화가 미디어 환경의 판도를 다시 재편했다고 설명한다.[4] 20세기 초, 세상은 소리로 이야기를 전달하는 새로운 기술을 마

---

3. Eisenstein, 1983.
4. Briggs, Briggs & Burke, 2009.

주하게 된다. 바로 라디오였다. 눈에 보이지 않지만, 귀로 들을 수 있
는 이 매체는 사람과 사람 사이의 거리를 단숨에 좁혔다. 소리는 전
파를 타고 도시를 넘어 시골로, 대륙을 넘어 바다 건너로 퍼져나갔고,
그 안에는 정보, 감정, 그리고 목소리 하나하나의 울림이 실려 있었다.
1910년, 이탈리아의 전설적 오페라 가수 엔리코 카루소Enrico Caruso
는 뉴욕 메트로폴리탄 오페라 하우스에서 노래를 부르며 라디오의 가
능성을 세상에 증명했다. 그의 목소리는 무대 너머, 극장을 벗어나 수
천 가정의 안방으로 실시간 전달되었다. 이 새로운 경험은 사람들에게
놀라움과 감동을 동시에 안겨주었다. 1920년, 디트로이트의 실험 방
송국 8MK는 미국 대선 결과를 라디오로 생중계했다. 공화당 하딩과
민주당 콕스Republican Harding vs. Democrat Cox의 대선 소식이 실시간
으로 퍼져나가자, 사람들은 처음으로 '동시에 함께 듣는 뉴스'라는 경
험을 하게 된다. 정보는 더 신문 지면에 갇히지 않았고, 즉각적 전달
이라는 혁신이 시작된 것이다. 이후의 프랭클린 D. 루스벨트Franklin
Delano Roosevelt 대통령은 라디오의 힘을 누구보다 잘 이해하고 활용
한 인물이었다. 대공황과 제2차 세계대전이라는 불안의 시대, 그는 국
민 앞에 "노변담화Fireside Chat"라는 이름의 라디오 연설로 다가섰다.
부엌 식탁 앞, 가족들이 모여 앉은 저녁 시간, 라디오에서는 대통령의
낮고 차분한 목소리가 흘러나왔다. 경제 회복 정책, 전쟁의 진전 상황
등을 마치 이웃에게 이야기하듯 설명하는 그의 말은, 국민에게 안정감
과 신뢰를 주었다. 사람들은 라디오를 통해 대통령이 바로 옆에 있는
것처럼 느꼈고, 루스벨트는 그 친밀감을 바탕으로 미국 역사상 가장
신뢰받는 대통령이 되었다.

그리고 얼마 후, 새로운 미디어가 등장한다. 텔레비전이었다. 이제는 단지 듣는 것을 넘어서, 직접 보는 시대가 열린 것이다. 이 변화는 정치의 무대에서도 큰 전환점을 가져왔다. 1960년, 미국 대선을 앞두고 존 F. 케네디와 리처드 닉슨이 텔레비전 앞에 섰다. 미국 역사상 첫 TV 대선 토론이었다. 닉슨은 병원 치료 후 얼마 지나지 않은 상태로, 창백한 얼굴과 흘러내리는 땀을 감추지 못한 채 화면에 등장했다. 카메라를 의식하지 못하고 진지하게 답변을 이어갔지만, 그의 모습은 어딘가 불안해 보였다. 반면, 케네디는 밝은 조명 아래서도 여유로웠다. 잘 정돈된 머리, 단정한 양복, 그리고 카메라를 향한 부드러운 미소. 그는 자신감 있는 태도로 국민 앞에 서 있었다. 토론이 끝난 후, 흥미로운 반응이 이어졌다. 라디오로 들은 청취자들은 닉슨이 더 논리적이고 설득력 있었다고 평했다. 하지만 TV로 본 시청자들은 케네디가 훨씬 대통령다웠다고 느꼈다. 같은 내용, 다른 인상. 이 토론은 미디어가 단순히 정보를 전달하는 매개체를 넘어, 이미지와 인식을 설계하는 강력한 도구가 되었음을 입증하는 역사적 순간이었다.

2. 디지털 혁명이 만든 새로운 풍경

인터넷과 모바일 기술의 발전은 미디어 생태계를 송두리째 뒤흔들었다. 스페인 출신의 사회학자 마누엘 카스텔스Manuel Castells는 이 변화를 단순한 기술의 진보가 아닌 '문화적 전환'이라고 불렀다.[5] 과거에는 소수의 방송국과 신문사가 정보를 생산하고 통제했으며, 대중은 그들이 선택한 뉴스와 시각을 수동적으로 받아들였다. 그러나 이제, 누구나 손안의 스마트폰 하나로 자신만의 '미디어'가 될 수 있는 시대가 열린 것이다. 유튜브, 인스타그램, 틱톡 같은 플랫폼은 더는 방송국의 허락 없이도, 전 세계 사람들과 이야기를 나눌 수 있는 공간을 제공한다. 카스텔스는 이런 플랫폼을 통해 기존 미디어 질서가 해체되었고, 새로운 정보의 흐름이 만들어졌다고 말한다.

특히 젊은 세대는 이 변화의 중심에 있다. 그들은 더 이상 저녁 9시 뉴스가 시작되기를 기다리지 않는다. 대신 유튜브에서 자신이 믿는 크리에이터의 해설 영상을 찾아보고, 인스타그램에서 다양한 관점을 훑어보며, 틱톡에서는 사회적 이슈를 짧은 영상으로 흡수한다. 이들에게 뉴스는 '보는 것'이 아니라, 직접 선택하고, 비교하고, 해석하는 대상이다. 이 새로운 세대는 단순한 정보 수용자가 아니다. 그들은 의견을 나누고, 댓글을 달고, 자신만의 콘텐츠를 만들어 낸다. 정보는 이제 일방적으로 흘러가지 않는다. 그들은 참여자며, 동시에 창조자다.

1) 롱테일 현상이 만든 새로운 성공 공식

한때, 문화 콘텐츠의 세계는 거대한 피라미드와도 같았다. 정상에는 소수의 대형 미디어 기업과 히트작들이 자리 잡고 있었고, 대중은 그들이 제공하는 음악, 영화, 책, 뉴스에 의존했다. 그러나 기술이 진화하면서 이 피라미드의 형태는 점차 평평해지기 시작했고, 그 밑바닥을 구성하던 수많은 '작은 콘텐츠'들이 고개를 들기 시작했다. 크리스 앤

---

5. Castells, 1996.

더슨Chris Anderson은 바로 이 변화를 '롱테일 현상'이라 명명했다.[6]

그의 통찰은 간단하지만 혁명적이었다. 전통적 시장에서는 재고와 유통의 한계 때문에 가장 인기 있는 소수의 상품 — '히트'만이 살아남을 수 있었다. 하지만 디지털 시대에는 그 한계가 무너졌다. 저장 공간은 무한에 가까워졌고, 유통은 클릭 한 번으로 이루어졌다. 그 결과, 과거에는 '너무 마이너해서' 시장에서 사라졌던 수많은 콘텐츠가 다시 생명을 얻게 된 것이다.

앤더슨은 아마존, 넷플릭스, 아이튠스 같은 플랫폼들이 롱테일 전략을 통해 어떻게 성공을 거두었는지를 보여주었다. 이들은 단지 인기 상품만을 앞세운 것이 아니라, 그 뒤에 길게 이어진 수많은 틈새 콘텐츠 — 예컨대 특정 장르의 다큐멘터리, 오래된 재즈 앨범, 소수 언어로 된 책 — 들까지 충실하게 서비스함으로써 전체적으로 막대한 수익을 창출할 수 있었다. 중요한 건, 각각의 콘텐츠는 적은 수의 고객에게만 소비되더라도, 그 수많은 '적은 수'가 모이면 거대한 시장이 된다는 사실이었다.

이 현상은 콘텐츠 생산 방식에도 지대한 영향을 끼쳤다. 블로그를 운영하는 개인, 유튜브에서 일상을 기록하는 브이로거, 독립적으로 책을 출판하는 작가들까지 모두 이 '롱테일'의 주역이 되었다. 과거에는 대형 미디어의 문턱을 넘지 못하면 세상에 나오지 못했을 콘텐츠들이 이제는 누구나 접근 가능한 플랫폼을 통해 세상과 만나고 있다. 이들은 자신의 관심사, 개성, 전문성을 살려 마이크로 타깃 시장을 형성하

---

6. Anderson, 2006.

고, 거기서 충성도 높은 독자나 구독자를 만들어 낸다.

흥미로운 것은, 이러한 롱테일 경제에서 '성공'의 정의도 달라졌다는 점이다. 반드시 수백만 조회 수를 올리거나 대중적 인기를 얻지 않아도 된다. 오히려 작은 커뮤니티 안에서 의미 있는 반응을 얻고, 지속 가능한 창작 활동을 이어가는 것이 새로운 형태의 성공으로 자리 잡았다. 플랫폼은 사용자의 선호 데이터를 분석해 개별 사용자에게 맞춤형 콘텐츠를 추천하며, 이러한 '개인화된 큐레이션'이 롱테일 콘텐츠를 더 잘 발견할 수 있게 돕는다.

앤더슨은 롱테일 현상이 단순한 판매 전략을 넘어, 문화와 사회 전반에 걸친 변화임을 강조한다. 콘텐츠의 중심이 '중앙'에서 '다양한 주변'으로 이동하고 있는 지금, 우리는 모두 과거라면 존재조차 몰랐을 수많은 목소리와 이야기들을 만날 수 있게 되었다. 이로써 콘텐츠의 세계는 좀 더 민주적이고, 좀 더 창의적 공간으로 확장되어 간다.

2) 빅데이터의 두 얼굴

디지털 기술은 우리의 일상을 더욱 편리하게 만들었다. 인터넷을 통해 우리는 정보를 쉽게 얻고 전 세계와 연결될 수 있게 되었다. 정보학자인 빅토어 마이어-쇤베르거Viktor Mayer-Schönberger와 저널리스트 케네스 쿠키에Kenneth Cukier는 이러한 변화를 깊이 있게 분석하고 있다.[7] 그들은 빅데이터가 단순한 기술적 진보를 넘어, 인간이 정보를 수집하고 활용하는 방식 자체를 근본적으로 변화시키고 있다고 주장한

---

7. Mayer-Schönberger & Cukier, 2013.

다. 과거에는 정보의 수집과 분석이 매우 제한적이었지만, 오늘날에는 디지털 기술의 비약적 발전으로 방대한 양의 데이터를 실시간으로 수집하고 분석할 수 있는 시대가 열렸다.

쇤베르크와 쿠키에는 빅데이터 시대의 특성을 '3V'로 정리한다. 데이터의 양Volume, 생성 및 처리 속도Velocity, 그리고 데이터의 다양성Variety이 그것이다. 예전에는 분석 가능한 데이터가 구조화된 소수에 국한되었지만, 지금은 소셜 미디어 게시물, 온라인 검색 기록, 스마트폰의 위치 정보 등 다양한 비정형 데이터까지 포함된다. 이러한 데이터는 실시간으로 생성되며, 즉각적 분석과 활용이 가능해져 사회 전반에 새로운 가능성을 열어주고 있다. 특히 마케팅과 소비자 행동 분석 분야에서 빅데이터는 막대한 영향을 끼치고 있다. 쇤베르크와 쿠키에는 기업들이 빅데이터를 통해 소비자에 대한 이해도를 높이고, 이를 바탕으로 맞춤형 마케팅 전략을 펼칠 수 있게 되었다고 분석한다.

대표적 사례로 넷플릭스Netflix는 사용자 개개인의 시청 이력을 정밀하게 분석하여, 개인 맞춤형 콘텐츠를 추천하는 알고리즘을 개발했다. 이를 통해 사용자들은 자신이 선호하는 콘텐츠를 더욱 쉽게 발견할 수 있었고, 넷플릭스는 시청 시간을 증가시켜 수익을 극대화하는 데 성공했다.[8]

전자상거래 분야 역시 빅데이터 기반의 추천 시스템을 통해 혁신적인 변화를 겪었다. 아마존Amazon은 고객의 검색 및 구매 이력을 분석해 그들이 관심을 보일 만한 상품을 선제적으로 추천한다. 예를 들어,

---

8. DataPillar, 2025.

사용자가 특정 도서를 검색하면, 같은 주제의 다른 책이나 해당 도서를 구매한 이들이 함께 구매한 상품을 자동으로 제안한다. 이는 단순히 편리함을 제공하는 것을 넘어, 소비자의 선택을 유도하고 새로운 소비 패턴을 형성하는 데 중요한 역할을 한다.[9]

한편, 쇤베르크와 쿠키에는 빅데이터가 개인 맞춤형 서비스를 제공하는 동시에, 프라이버시 침해와 데이터 남용이라는 심각한 문제를 초래할 수 있다고 경고한다. 기업들은 소비자 데이터를 분석하여 개인의 취향과 행동 패턴을 정밀하게 파악할 수 있지만, 이는 오히려 개인의 자율적 선택을 제약할 위험도 내포하고 있다. 사용자는 자신도 모르는 사이에 특정 광고나 정보에 반복적으로 노출되면서, 무의식적으로 특정 브랜드나 제품을 선호하게 될 수 있다. 다시 말해, 데이터 기반의 추천이 편리함을 넘어 행동을 유도하고 통제하는 수단이 될 수 있다는 것이다.

또한, 쇤베르크와 쿠키에는 빅데이터의 예측 분석 기능이 새로운 윤리적 쟁점을 불러일으킨다고 지적한다. 예를 들어, 보험사가 고객의 건강 데이터를 바탕으로 향후 질병 발병 우려를 예측한 뒤, 특정 개인에게 더 높은 보험료를 책정하는 방식을 현실화할 수 있다는 것이다. 이는 효율성을 내세운 데이터 활용이 오히려 차별을 강화하고, 개인의 권리를 침해하는 결과를 낳을 수 있음을 시사한다.

---

9. Retta, 2025.

3) 디지털 저항의 시대: 소셜 미디어가 이끄는 사회운동의 진화

한때 소셜 미디어는 친구들과의 근황을 나누는 소소한 창이었다. 하지만 이제 소셜 미디어는 단순한 소통 도구를 넘어, 사회 변화를 촉진하는 강력한 무기로 변모했다. 해시태그 하나로 세상을 바꿀 수 있다는 가능성 — 그것을 현실로 보여준 대표적 사례가 바로 2017년에 일어난 #미투MeToo 운동이다.[10] 이 운동은 2006년, 미국 사회운동가 타라나 버크Tarana Burke가 만든 표현에서 비롯되었다. 그는 성폭력 피해를 겪은 저소득층 흑인 여성과 소녀들이 서로의 고통에 공감하고 연대할 수 있도록 "Me Too"라는 말로 희망의 메시지를 건넸다. 하지만 이 용어가 세계적 운동으로 퍼진 건 2017년, 할리우드의 거물 제작자 하비 와인스틴Harvey Weinstein의 성범죄가 폭로되면서부터였다.

보도 직후, 배우 알리사 밀라노Alyssa Milano는 트위터에 한 문장을 올렸다. "성희롱이나 성폭력을 당한 적이 있다면, 'Me Too'라고 써주세요." 그 글은 단 하루 만에 전 세계를 휩쓸었다. 수많은 여성과 남성이 자신들의 경험을 해시태그 #me too와 함께 고백했고, 오래도록 침묵을 강요당했던 피해자들의 목소리가 드디어 터져 나왔다. 한국, 인도, 일본, 프랑스 등에서도 유사한 증언과 폭로가 이어졌으며, 권력형 성폭력에 대한 인식은 완전히 달라지기 시작했다.

한국에서는 2018년 1월, 검사 서지현의 폭로가 사회 전반을 뒤흔들었다. 연극계, 문학계, 정치권, 체육계까지 — 수면 아래 있던 피해자들의 증언이 연이어 쏟아졌고, 고은 시인, 연출가 이윤택, 전 충남지사

---

10. Retta, 2025.

안희정 등 사회적으로 영향력 있던 인물들이 성폭력 가해자로 지목되며 충격을 안겼다. 이 운동은 법과 제도의 개혁으로도 이어졌다. 피해자 보호법이 강화되고, 직장 내 성폭력 예방 교육이 의무화되는 등 구체적 변화가 뒤따랐다.[11]

2011년, 뉴욕 월스트리트에서 시작된 작은 시위가 전 세계로 번졌다. "우리는 99%다We are the 99%"라는 구호로 대변된 월스트리트 점령Occupy Wall Street 운동은 금융 위기와 불평등에 대한 분노에서 출발했다.[12] 수백 명이 모인 뉴욕의 주코티 공원에서 시작된 이 시위는, 트위터와 페이스북을 통해 미국 전역, 나아가 전 세계로 퍼져나갔다.

처음에는 전통 언론이 외면했던 이 시위는, SNS의 힘으로 인해 결국 CNN과 뉴욕타임스도 주목할 수밖에 없게 되었다. '1% 대 99%'라는 개념은 이후 세계적으로 불평등을 상징하는 핵심 언어가 되었고, 2016년 미국 대선에서도 버니 샌더스와 같은 진보 정치인들이 이 화두를 전면에 내세웠다.

하지만 무엇보다도, 월스트리트 점령 운동은 소셜 미디어가 사회적 분노와 문제의식을 결집시킬 수 있는 새로운 방식의 정치 참여 플랫폼이 될 수 있음을 증명했다. 그리고 같은 시기, 북아프리카와 중동에서는 또 다른 거대한 움직임이 인터넷과 SNS를 통해 퍼지고 있었다. 그것이 바로 아랍의 봄Arab Spring이다.[13]

2010년 12월, 튀니지의 청년 모하메드 부아지지Mohamed Bouazizi가

---

11. 채윤정, 2018. 12. 20.
12. Gitlin, 2012.
13. Howard & Hussain, 2013.

경찰의 부당한 단속에 항의하며 분신한 사건은, 소셜 미디어를 타고 전국으로 퍼졌고, 결국 23년간 독재를 이어온 벤 알리 대통령의 퇴진으로 이어졌다. 이 불길은 곧 이집트, 리비아, 시리아로 확산됐고, 특히 이집트에서는 #Jan25와 #Tahrir 해시태그를 통해 시위 일정이 실시간으로 공유되며 전 세계의 이목을 끌었다.

소셜 미디어는 시민들이 정부의 검열을 피해 정보를 교환하고, 거리로 나설 수 있게 만든 디지털 혁명의 도구였다. 시위의 메시지는 유튜브와 트위터를 통해 확산했고, CNN과 BBC 같은 전통 매체들도 결국, 이 흐름에 주목했다.

이집트의 무바라크, 리비아의 카다피 정권은 무너졌지만, 시리아는 내전으로 이어졌다. 소셜 미디어가 변화를 이끌 수는 있었지만, 그것이 항상 긍정적 결말로 이어지는 것은 아니었다. 소셜 미디어는 진실을 드러내는 수단이자, 동시에 정부에 의해 조작될 수 있는 도구가 될 수도 있었다.

그래서 우리는 지금도 명백히 자문해야 한다. 소셜 미디어는 민주주의를 위한 무기인가, 아니면 새로운 형태의 감시와 통제인가?

4) 디지털 공동체의 두 얼굴

우리는 때때로 한 번도 본 적 없는 사람들과도 깊은 유대감을 느낀다. 같은 국가, 같은 팀, 같은 신념을 공유한다는 이유만으로. 역사학자 베네딕트 앤더슨Benedict Anderson은 이처럼 물리적으로 연결되지 않았지만, 마음속으로 함께한다고 느끼는 공동체를 '상상된 공동체 Imagined Communities'라고 불렀다.[14] 그는 민족이 혈연이나 지리적 경계가 아니라, 공통의 언어와 이야기, 미디어 경험을 통해 형성되는 정체성이라고 말했다. 매일 아침 같은 신문을 읽고, 같은 이야기를 접하는 수백만 명이 서로를 '우리'라고 느끼게 되는 과정 — 앤더슨에게 미디어는 공동체 정체성을 구성하는 결정적 매개체였다.

이 개념은 디지털 시대에 들어서며 더욱 확장되었다. 스페인의 미디어 연구자 엔릭 카스텔로Enric Castelló는 앤더슨의 이론을 현대 미디어 환경에 적용해, 텔레비전, 영화, 뉴스, 지역 방송은 물론, 소셜 미디어까지도 새로운 공동체를 만들어 내는 역할을 한다고 보았다.[15] 예를 들어, 지역 뉴스는 특정 지역의 문제와 성과를 반복적으로 다룸으로써 지역 주민 간의 정서적 연대와 소속감을 형성한다. 국가 대표 경기를 함께 시청하고 환호하는 순간, 우리는 '하나의 국민'이라는 감정을 공유한다. BTS 팬클럽 '아미ARMY'처럼 전 세계에 흩어져 있는 사람들도 SNS를 통해 단단한 공동체를 이루며, 언어와 지리를 넘어선 '글로벌 소속감'을 느낀다.

하지만 이처럼 다양한 상상된 공동체는 항상 긍정적 모습만을 띠지는 않는다. 정치적 커뮤니티, 이념 집단, 혹은 극단적 온라인 커뮤니티들은 때때로 폐쇄적, 배타적 정체성을 강화한다. 대표적 사례가 바로 큐어논QAnon이다.[16] 큐어논은 2017년, 미국의 익명 게시판 4chan에 등장한 정체불명의 인물 "Q"의 게시물에서 시작되었다. 그는 미국 정부 안에 비밀 조직이 존재하며, 트럼프 전 대통령이 이들과 싸우고 있

---

14. Anderson, 1983.
15. Castelló, 2016.
16. Holoyda, 2025. 4. 15.

다는 음모론적 서사를 전파했다. 이 황당한 주장은 SNS를 통해 빠르게 퍼졌고, 많은 이들이 "기성 언론은 거짓말을 한다"라며 Q의 메시지를 진실로 믿게 되었다.

지지자들은 Q의 게시물을 신앙처럼 해석하고, 그 속에서 자신들이 '진실을 아는 내부자'라는 소속감과 정체성을 얻었다. 트럼프가 말하는 단어나 보이는 손짓 하나조차 Q의 예언으로 해석되었고, 큐어논은 가짜 뉴스, 음모론, 그리고 신념이 결합한 거대한 '디지털 공동체'로 성장했다.

그들은 마침내 현실에서도 움직였다. 2021년 1월 6일, 미 국회의사당 난입 사태에서 큐어논 지지자들이 주도적 역할을 하며, 온라인의 '상상된 공동체'가 현실 정치에 얼마나 큰 파장을 일으킬 수 있는지를 보여주었다.

5) 스크린 위의 정체성

요즘 청소년들의 하루는 대부분 화면 위에서 시작된다. 눈을 뜨자마자 인스타그램을 켜고, 친구들의 스토리를 넘기며, 어제 올린 사진에 달린 댓글과 '좋아요' 수를 확인한다. "예쁘다"라는 말이 쏟아지는 게시물도 있지만, 기대만큼 반응이 없을 때는 실망감이 따라온다. 그렇게 우리는 아침부터 세상이 나를 어떻게 보고 있는지를 확인하며, 그에 맞춰 나 자신을 조금씩 조정한다.

미국의 소셜 미디어 연구자 다나 보이드danah boyd는 이러한 디지털 속의 자아 형성 과정을 오랜 시간 연구했다. 그는 디지털 네이티브 세대, 특히 청소년들이 SNS를 단순한 소통의 수단으로 사용하는 것이 아니라, 자신의 정체성을 만들어 가는 무대로 활용하고 있다고 말한다. 그는 이를 "정체성의 네트워크화된 삶networked life of identity"이라 명명했다.[17] 과거에는 정체성이 주로 학교, 가족, 또래 집단처럼 오프라인의 사회적 맥락 안에서 형성되었다면, 오늘날은 온라인의 반응이 정체성에 지대한 영향을 미치는 시대다. SNS는 단순한 게시 공간이 아니라, 자신을 표현하고 타인의 반응을 통해 그 표현을 조율하는 실시간의 거울이 되었다.

예를 들어, 한 청소년이 인스타그램에 자신만의 스타일을 담은 사진을 올린다고 해보자. "너무 멋지다!", "완전 잘 어울려!" 같은 반응이 쏟아진다면, 그 스타일은 곧 '자신만의 정체성'으로 강화된다. 하지만 부정적인 댓글이나 반응 없음은 자신을 다시 검토하게 만든다. 사진을 삭제하거나 스타일을 바꾸게 되는 것 — 이 모든 과정은 정체성 조정identity negotiation이라는 이름의, 매우 인간적 반응이다.

보이드는 강조한다. "우리는 단지 SNS에 나를 표현하는 것이 아니라, 타인의 반응 때문에 끊임없이 나를 수정하고 재구성한다. 어떤 게시물을 올릴지, 어떤 글에 '좋아요'를 누를지, 어떤 댓글을 달고 지울지 — 그 모든 선택은 '나'를 만들어 가는 조각들이다".

하지만 이 정체성 조정의 과정은 그리 단순하지 않다. 오히려 디지털 환경은 정체성 형성을 더 복잡하게 만든다. 대표적 예가 "관객의 중첩Audience Collapse" 현상이다. 과거엔 학교, 가족, 친구 등 사회적 관계가 분리되어 있었지만, SNS에서는 이 모든 관계가 하나의 플랫폼

---

17. boyd, 2014.

위에 겹친다. 친구들과 가볍게 웃자고 올린 게시물이 직장 상사, 부모, 낯선 타인의 눈에 동시에 들어오는 상황. 우리는 한 공간에서 서로 다른 역할을 요구받으며, 서로 충돌하는 정체성 사이에서 균형을 잡기 위해 고군분투하게 된다.

'강화된 지속성Persistence' 역시 복잡성을 더하는 요인이다. 과거에는 실언이 흘러가고 묻혔다면, 이제는 몇 년 전 올린 게시물 하나가 현재의 '나'를 위협할 수도 있는 시대다. 유명인이 과거 트윗으로 논란을 겪거나, 취업 준비생이 예전의 SNS 활동 때문에 면접에서 탈락하는 일은 이제 낯설지 않다.

보이드는 우리에게 중요한 질문을 던진다.

"당신은 지금 어떤 방식으로 '나'를 표현하고 있는가? 그리고 그 '나'는 누구에게, 어떻게 보이는가?"

6) 뉴스의 빛과 그림자

언론은 사회의 거울이다.

그 거울은 때로 부조리를 드러내며, 우리가 마주해야 할 진실을 선명하게 보여준다. 하지만 어떤 날엔 그 거울이 왜곡되고, 비틀어진 얼굴로 현실을 반사할 때도 있다. 2018년, 〈뉴스타파〉가 단독으로 보도한 양진호 사건은 미디어가 가진 감시자 역할의 힘을 분명히 보여주었다.[18] 양진호는 한국의 한 IT 기업 대표로, 직원들에게 폭력을 행사하고 불법 촬영물 유통을 방조한 혐의로 큰 논란이 되었다. 해당 사건이 〈뉴스타파〉를 통해 폭로되면서 사회적 공분이 일었고, 결국 양진호는 법적 처벌을 받았다. 이 사건은 미디어가 사회적 부조리를 밝혀내고, 권력 남용을 감시하는 중요한 역할을 한다는 점을 다시 한번 확인시켜 주었다. 하지만 모든 미디어가 그렇게 정의롭고 중립적인 것은 아니다. 미디어 연구자 제임스 커런James Curran은 이에 대해 냉정한 시선을 던진다.[19] 그는 미디어가 민주주의를 지키는 수호자일 수 있지만, 동시에 민주주의를 위협하는 무기가 될 수도 있다고 말한다. 미디어는 언제나 특정한 권력과 이해관계 속에서 작동하는 사회적 제도이기 때문이다. 겉보기엔 '사실'처럼 보이는 뉴스도, 때로는 누군가에게 유리한 방향으로 포장되고 편집된다.

어떤 정보는 반복적으로 강조되고, 어떤 진실은 끝내 말해지지 않는다. 그렇게 만들어진 여론은 더 이상 '공론장'이 아니라, 감정과 편향이 휘감은 회전목마가 된다. 소셜 미디어는 이런 왜곡의 속도를 더하게 했다. 정보는 클릭 한 번으로 퍼지지만, 진실은 뒤따라오지 못한다. 플랫폼 알고리즘은 사실보다 '흥미'와 '반응'을 우선하고, 사람들은 사실보다 '자극'에 끌린다. 그 결과 우리는 분석보다 분노에, 진실보다 감정에 움직이는 세상 속에서 살아간다. 커런은 이 문제가 개인의 정보 해석 능력 부족 때문이 아니라고 말한다. 그는 이것이 미디어의 구조적 문제, 특히 광고 수익 중심의 상업 언론 확산과 독립 언론의 약화

18. 강혜인, 2018. 11.
19. Curran, 2002.

에서 비롯된다고 지적한다. 속도와 클릭 수가 공익과 정확성을 압도하는 이 환경에서는, 복잡한 사회 문제는 단순한 프레임에 갇히고, 다양한 관점은 이분법 속에 묻힌다. 그렇다면, 우리는 이 속에서 무엇을 할 수 있을까? 커런은 해답을 '비판적 시민성critical citizenship'에서 찾는다. 시민이 스스로 질문하고, 검증하고, 다양한 시각을 접하려는 노력을 기울일 때, 미디어는 비로소 그 본래의 역할 — 진실을 밝히고 권력을 감시하는 기능 — 을 회복할 수 있다고 말한다. 동시에, 그는 미디어 자율성과 공익성을 보장할 수 있는 제도적 기반 마련도 중요하다고 강조했다. 공공재로서의 언론, 독립적이고 책임 있는 저널리즘 환경이 마련될 때, 우리는 비로소 왜곡된 렌즈가 아닌 투명한 창을 통해 세상을 바라볼 수 있을 것이다.

진실의 위기: 가짜 뉴스, 딥페이크, 그리고 알고리즘의 시대

AI와 디지털 미디어의 발전은 현대 사회를 눈에 띄게 바꾸어 놓았다. 정보에 접근하는 방식은 빠르고 간편해졌으며, 인간의 창작이 중심이던 음악, 미술과 같은 영역에도 AI가 자연스럽게 진입하고 있다. 국내의 AI 작곡가 이봄EvoM, 스페인의 이아무스Iamus, 미국의 앰퍼 뮤직Amper Music은 이미 인간의 손을 거치지 않고 음악을 만들어 내고 있으며, 스페인의 AI 아티스트 보토Botto는 수백만 개의 예술 작품을 학습해 자신만의 그림을 창작하고 있다. 그 결과 우리는 이제, 화면에 비치는 콘텐츠가 진짜 사람의 손끝에서 만들어졌는지, 기계 알고리즘이 만들어 낸 산물인지 분간하기 어려운 시대에 살고 있다.

이러한 기술 환경의 변화는 단순히 창작 방식의 전환에 머물지 않는다. 우리는 지금, 정보의 진위를 가리기 힘들어진 시대를 살고 있다. 소셜 미디어와 뉴스 플랫폼, 블로그와 개인 미디어에서 하루에도 수십만 개의 메시지가 쏟아지고 있으며, 이러한 정보의 홍수 속에서 '포스트 트루스post-truth' 시대라는 개념이 점점 더 설득력을 얻고 있다. 포스트 트루스란 객관적 사실보다 개인의 감정과 신념이 여론 형성에 더 큰 영향을 미치는 현상이다. 예를 들어, 정치인의 구체적 정책보다 그가 주는 인상이나 분위기에 따라 지지 여부를 결정하는 경향은 이제 낯설지 않다. 이러한 환경을 강화하는 핵심 도구는 바로 알고리즘 기반 추천 시스템이다. 사용자 맞춤형 콘텐츠 제공은 편리함을 주지만, 동시에 '필터 버블filter bubble'이라는 새로운 문제를 야기한다. 사람들은 자신과 비슷한 의견만 반복해서 접하게 되고, 그 결과 다양한 시각에 노출될 기회를 잃는다. 점점 더 편향된 정보 속에서 살아가게 되며, 비슷한 생각만을 강화하면서 타인의 관점을 이해하기 어려운 상태로 빠지게 된다. 이처럼 정보의 다양성은 축소되고, 세상은 내가 보고 싶은 모습으로만 구성된다.

한때 진실은 그것을 직접 찾아 나서는 사람의 것이었다. 우리는 도서관에서 책을 찾고, 신문을 스크랩하며, 뉴스를 기다리며 '무엇이 사실인가'를 스스로 판단하려 했다. 그러나 지금은 정반대다. 정보가 먼저 우리를 찾아오고, 그 정보는 단순한 사실 전달이 아니라 알고리즘이 선별한 '나에게 맞는 이야기'로 구성된다. AI는 우리가 관심을 가질 만한 콘텐츠를 정교하게 분석해 제공하며, 그 결과 우리는 듣고 싶은 말만 듣고, 보고 싶은 것만 보며, 믿고 싶은 것만 믿게 되는 환경에 놓인다.

가짜 뉴스와 허위 정보는 이제 낯선 개념이 아니다. 가짜 뉴스는 의도적으로 조작된 거짓이며, 허위 정보는 오보, 왜곡된 이미지, 음모론처럼 사실이 아닌 내용이 다양한 방식으로 구성되는 현상이다. 철학자 케일린 오코너Cailin O'Connor와 제임스 위더럴James Owen Weatherall은 『거짓은 어떻게 확산되는가The Misinformation Age』에서 사람들이 정보를 혼자 판단하는 것이 아니라, 사회적 네트워크 속에서 형성된 믿음을 따라간다고 말한다.[20] 그 네트워크 안에서 잘못된 정보가 반복되면, 그것은 어느 순간 '진실처럼' 받아들여지고, 비판적 사고의 여지는 점점 사라진다.

사실, 허위 정보의 전략은 오래전부터 존재해 왔다. 19세기의 '황색 저널리즘Yellow Journalism'은 지금의 가짜 뉴스와 유사한 구조로 되어 있었다. 조지프 퓰리처Joseph Pulitzer와 윌리엄 랜돌프 허스트William Randolph Hearst가 이끌었던 선정적이고 과장된 언론은 독자의 관심을 끌기 위해 감정에 호소했고, 이는 결국 스페인-미국 전쟁과 같은 역사적 사건에까지 영향을 미쳤다. 사실보다 자극적인 서사에 집중한 이러한 보도는 언론이 어떻게\ 여론을 왜곡하고 정치적·경제적 이익을 도모할 수 있는지를 잘 보여준다.

오늘날 우리는 그보다 더 정교한 정보 왜곡 기술과 마주하고 있다. 딥페이크 영상은 사람의 얼굴과 목소리를 합성하여 실제와 구분하기 어려운 콘텐츠를 만들어 내고, 생성형 AI는 몇 초 안에 그럴듯한 뉴스, 이미지, 글을 생성한다. 이 정보들은 감정과 편향을 분석한 뒤, 개

---

20. O'Connor & Weatherall, 2019.

인의 신념을 강화하는 방식으로 작동하며, 다양한 시각이 들어설 여지를 좁혀간다. 이렇게 설계된 정보 환경은 우리가 균형 잡힌 판단을 내릴 기회를 제한하며, 오히려 우리의 확신을 강화하고 폐쇄적 신념 체계를 만들어 낸다.

우리는 지금, 중요한 질문을 던져야 할 시점에 서 있다. "내가 믿는 것이 과연 진짜 진실인가? 아니면 내가 믿고 싶은 것일 뿐인가?", "이 정보는 누가 만들었고, 왜 내 눈앞에 도달했는가?" 정보가 넘쳐나는 이 시대에 진실은 더는 눈앞에 쉽게 드러나지 않는다. 질문하고, 의심하고, 확인하지 않는다면, 우리는 거짓과 조작 속에서 길을 잃을 수밖에 없다. 진실은 기술이 제공하는 것이 아니라, 우리가 스스로 찾아내야 할 어떤 것이다. 그것이야말로 지금, 우리가 디지털 시대를 살아가며 가장 먼저 회복해야 할 능력이다.

2장

디지털 시대, 미디어 리터러시가 왜 중요한가?

1. 정보의 홍수 속에서 진실을 찾는 법

디지털 미디어와 AI의 등장은 우리를 수많은 정보와 목소리에 동시에 노출되게 했다. 소셜 미디어, 뉴스 웹사이트, 블로그 등에서 하루에도 수많은 메시지가 쏟아진다. 그중에 무엇이 진짜이고, 무엇이 조작된 것인지 가려내는 것은 점점 더 어려운 일이 되었다.

미국의 교육학자 데니스 레이더Dennis Rader[21]는 비판적 사고를 "무엇이 중요한지를 결정하는 능력"이라고 정의했다. 비판적 사고란 단순히 정보를 분석하고 해석하는 기술에 머무는 것이 아니라 삶의 중요한 선택을 내릴 때, 자신만의 나침반처럼 방향을 잡아주는 도구다. 수많은 정보 속에서 무엇이 진실인지 가려내는 것도 중요하지만, 그보다 더 본질적인 것은 '이 정보가 나의 가치관과 어떻게 연결되는가?', '나

---

21. Rader, 2010.

는 어떤 기준으로 선택하고 행동할 것인가'에 대한 깊은 질문이다. 예전에는 대부분의 사람이 신문이나 TV처럼 공신력 있는 매체를 통해 뉴스를 접했다. 하지만 이제는 누구나 뉴스를 만들고, 퍼뜨릴 수 있는 시대가 되었다. 스마트폰 하나만 있으면 정보의 생산자이자 소비자가 될 수 있는 디지털 환경 속에서, 정보는 넘쳐나지만, 진실은 흐릿해지기 쉽다. 검증되지 않은 이야기들, 자극적 가짜 뉴스, 그리고 음모론이 뒤섞여 있는 이 현실 속에서, 레이더는 "우리는 이제 정보를 비판적으로 바라보는 눈 없이는 살아갈 수 없는 시대에 살고 있다"라고 말한다. 그는 비판적 사고가 단지 "이게 진짜일까?"라고 묻는 수준에서 멈춰서는 안 된다고 강조했다. 대신, "이 정보는 나에게 어떤 영향을 줄까?", "내가 추구하는 삶의 방향과 어떻게 연결될까?" 같은 질문을 자신에게 던져야 한다는 것이다. 그렇게 질문을 거듭하는 과정이야말로, 각자가 자신의 삶을 스스로 이끌어가는 첫걸음이 된다고 그는 강조했다.

이처럼 디지털 생태계가 복잡해지는 가운데, 교육은 여전히 따라가지 못하고 있다. 바로 이런 문제의식에서 유네스코UNESCO는 2020년, '미디어와 정보 리터러시Media and Information Literacy, MIL'라는 새로운 교육 방향을 제시했다.[22] 단순한 미디어 사용법을 넘어, 정보를 이해하고 분석하며, 책임감 있게 활용할 수 있는 능력을 길러주는 커리큘럼이었다. 유네스코는 이 프로그램을 통해 전 세계 시민들이 비판적으로 사고하고, 신뢰할 수 있는 정보를 찾아내는 기술을 익히도록 지원하고 있다.

---

22. UNESCO, 2020.

청소년들은 MIL 교육의 가장 중요한 대상이다. 태어날 때부터 디지털 기기를 접한 이들은 정보 소비에는 능숙하지만, 동시에 허위 정보에 쉽게 노출될 위험도 안고 있다. 예컨대, 소셜 미디어 알고리즘은 사용자의 관심사에 맞춰 콘텐츠를 제공하는데, 이는 '필터 버블Filter Bubble'이라는 또 다른 문제를 낳는다. 자신이 보고 싶은 정보만 보게 되고, 다른 관점은 차단되기 때문이다. 유네스코는 이러한 문제를 해결하기 위해 청소년들을 위한 MIL 교육을 확대하고 있다. 전 세계의 청소년들이 다양한 언어로 된 온라인 강좌를 통해 비판적 사고와 정보 분석 능력을 익힐 수 있도록 돕는다. 이는 단지 정보를 잘 다루는 능력만을 의미하지 않는다. 사실에 기반한 결정을 내리고, 복잡한 사회 문제를 해결해 나가며, 심지어는 환경 문제와 같은 거대한 도전에도 스스로 목소리를 낼 힘을 기르는 과정이다. 실제로 유네스코는 MIL 교육을 통해 청소년들이 비판적으로 사고할 수 있게 되고, 그 힘이 환경 문제 해결, 기업가 정신 함양, 그리고 민주적 참여로까지 이어질 수 있다고 본다. 그래서 유네스코는 다양한 국가와 NGO, 학계, 미디어 기관들과 함께 글로벌 MIL 연합GAPMIL을 구성하고, MIL의 효과를 평가하고 개선하기 위한 연구와 프로젝트를 꾸준히 진행하고 있다. 매년 열리는 '세계 미디어와 정보 리터러시 주간Global Media and Information Literacy Week'은 그 성과를 공유하고, 국제적 논의의 장을 마련하는 자리다. 유네스코는 이 자리를 통해 하나의 분명한 메시지를 전한다. 지금은 정보와 미디어에 대한 신뢰가 흔들리는 시대며, 그 안에서 '비판적 미디어 리터러시'는 가장 강력한 방패이자 도구가 될 수 있다고.

2. 가짜 뉴스의 함정

최근 한국 사회에서는 충격적인 한 가지 소문이 온라인을 타고 빠르게 퍼졌다. "선관위에 침투한 중국인 99명이 체포됐다"라는 주장이었다. 이 이야기는 대통령 탄핵 논란이 한창이던 시기에 퍼져나갔고, 일부 보수 성향의 유튜버들과 윤석열 대통령의 열성 지지자들 사이에서 더욱 큰 반향을 일으켰다. 그 중심에는 'HMN뉴스'라는 온라인 매체가 있었다.[23]

HMN뉴스는 카카오톡과 텔레그램의 단체 대화방을 통해 활발히 공유되는 영상 콘텐츠를 제작하는 유튜브 채널이었다. 영상들은 주로 부정선거 의혹을 제기하는 내용이었고, 해당 채널은 '휴머니스트 방송회사'라는 이름으로 등록되어 있었다. 하지만 이 법인은 2025년 1월 20일을 기점으로 폐업 신고를 마쳤다. 논란의 시작은 같은 해 1월, HMN뉴스가 "선관위 체포된 중국인 99명"이라는 제목의 영상을 공개하면서였다. 영상에는 감시카메라CCTV로 추정되는 장면이 담겨 있었고, 이를 근거로 중국인들이 선거에 개입해 체포되었다는 주장이 펼쳐졌다. 영상은 공개된 지 사흘 만에 조회 수 96만 회를 넘겼고, 선거 조작을 의심하는 사람들 사이에서 '결정적 증거'처럼 회자되었다. 이 주장에 대해 주한미국대사관은 사실이 아니라고 공식적으로 반박했다. 이후 헌법재판소에서 윤석열 대통령 측 변호인이 해당 영상을 근거로 언급하자, 중앙선거관리위원회는 직접 사실관계를 검증한 자료

---

23. 정용인, 2025. 1. 26.

를 제출하며 이를 부인했다. 그런데도 대통령 측 변호인은 다음과 같이 발언해 논란을 더욱 키웠다.

"오키나와 미군 부대 시설 내에서 조사를 받았고, 부정선거에 대해 다 자백했다는. 그런 뉴스가 나왔다. 그게 팩트든 아니든……"

이 발언은 진위보다 '그럴듯한 이야기'에 기대려는 태도를 드러내며, 사실과 주장 사이의 경계가 얼마나 쉽게 무너질 수 있는지를 보여주는 단적인 사례가 되었다. 정보의 출처가 불분명하고 검증되지 않았음에도 불구하고, 정치적 긴장과 불신이 짙은 시기에는 이런 이야기들이 더욱 강하게 퍼져나간다.

역사적으로 보면, 가짜 뉴스는 새로운 현상이 아니다. 고대 그리스의 철학자 테오프라스토스는 인간의 성격을 관찰하고 날카롭게 풍자한 책 『성격의 유형들The Characters』을 남겼다.[24] 이 책은 총 30가지 성격 유형을 다루고 있으며, 그 대부분은 인간의 부정적 면모를 드러내는 데 초점을 맞추고 있다. 그중에서도 "헛소문을 퍼뜨리는 자"는 특히 눈길을 끄는 성격이다. 테오프라스토스는 이 유형을 사실 확인 없이 이야기를 꾸며내고, 과장된 정보를 퍼뜨리는 사람으로 묘사했다. 이들은 자신이 알고 있는 이야기가 특별하다고 주장하며, 사람들의 관심을 끌기 위해 거짓 정보를 만들어 내거나, 때로는 신뢰를 얻기 위해 권위 있는 출처를 인용하는 듯한 행동을 보인다. 오늘날 우리가 직

---

24. Theophrastos, 2019.

면한 '가짜 뉴스' 현상은 테오프라스토스가 수천 년 전 묘사한 "헛소문을 퍼뜨리는 자"와 놀라울 정도로 닮았다. 디지털 미디어는 정보의 속도를 비약적으로 끌어올렸고, 익명성은 책임 없는 주장들이 손쉽게 퍼져나가는 배경이 되었다. 가짜 뉴스 생산자들은 출처를 애매하게 만들거나, 일부 사실을 교묘히 왜곡해 대중을 현혹한다. 과장과 조작, 정서적 자극은 온라인 공간에서 클릭 수와 공유의 증가를 낳고, 이는 곧 더 큰 확산으로 이어진다. 여기에 더해 알고리즘은 문제를 더욱 복잡하게 만든다. 사용자의 취향과 관심에 맞춰 정보가 노출되는 시스템은 우리가 접하는 세상을 좁혀버린다. 이른바 '필터 버블Filter Bubble' 현상이 그것이다. 다양한 관점은 가려지고, 익숙한 주장만 반복되면서, 정보 소비자는 자신도 모르는 사이에 편향된 시선 속에 갇히게 된다.

미국의 저널리스트이자 미디어 연구자인 길모어Gilmor는 그의 저술, 『미디액티브Mediactive』[25]에서 디지털 시대의 뉴스 소비자는 단순한 정보 수용자가 되어서는 안 된다고 강조한다. 그는 독자들이 정보를 능동적으로 해석하고 비판적으로 분석하는 태도를 갖춰야 한다고 말한다. 과거에는 뉴스 소비자들이 신문이나 텔레비전을 통해 일방적으로 정보를 받아들이는 것이 일반적이었다. 하지만 이제는 누구나 뉴스를 만들고 퍼뜨릴 수 있는 시대가 되었다. 인터넷과 소셜 미디어는 뉴스의 유통 구조를 완전히 바꾸어 놓았으며, 뉴스 생산과 소비의 경계마저 흐려지고 있다. 이러한 변화 속에서 길모어는 뉴스 소비자가 정보

---

25. Gillmor, 2010.

를 마주할 때, 그 맥락과 출처를 함께 분석해야 한다고 주장한다. 뉴스가 어떤 이해관계를 반영하는지, 어떤 관점에서 쓰였는지를 비판적으로 따져 보는 능력이 그 어느 때보다 중요해졌다는 것이다.

그는 이를 '뉴스 리터러시News Literacy'라는 개념으로 설명한다. 뉴스 리터러시는 단순히 뉴스를 받아들이는 것이 아니라, 그것을 검토하고 평가하며 스스로 탐색해 나가는 과정이다. 어느 날, "정부가 환경 보호 정책을 강화한다"라는 뉴스가 보도되었다고 가정하자. 이때 뉴스 리터러시를 갖춘 독자는 단순히 기사의 표면적 메시지를 받아들이지 않는다. 그는 다음과 같은 질문을 스스로 던진다. 이 기사를 쓴 기자는 누구인가? 정부의 입장을 그대로 전달하는 것인가, 아니면 비판적 분석이 포함되어 있는가? 반대 의견은 소개되었는가? 이 뉴스는 특정 광고주나 정치 세력의 영향을 받을 가능성은 없는가? 길모어는 이러한 질문을 던지는 습관이야말로, 우리가 가짜 뉴스와 조작된 정보의 홍수 속에서 길을 잃지 않게 만드는 힘이라고 말한다.

3. 미디어 편향의 뿌리와 전략

미디어 편향성의 역사는 생각보다 오래되었다. 19세기 미국, 산업화의 물결과 함께 신문이 대중 속으로 본격적으로 들어오기 시작한 시기였다. 그 중심에는 '페니 페이퍼Penny Paper'라 불리는 저가 신문들이 있었다. 당시 처음 등장한 〈뉴욕 선New York Sun〉은 단돈 1페니에 뉴스를 제공하며 대중의 이목을 끌었고, 그 뒤를 이어 수많은 유사 신문이 속속 등장했다.

이들 신문은 단순히 정보를 전달하는 것을 넘어, 독자의 시선을 끌기 위한 전략을 적극적으로 활용했다. 선정적 제목, 과장된 표현, 사건의 극적 재구성은 독자의 관심을 단숨에 붙잡는 데 탁월했다. 신문사들은 독자를 더 많이 확보하면 할수록 광고 수익이 따라온다는 사실을 빠르게 파악했고, 그 결과 뉴스는 점차 '팔리는 이야기'가 되어 갔다. 저널리즘은 대중화라는 이름 아래 상업적 논리에 깊이 물들기 시작했고, 이는 미디어 편향성을 강화하는 시작점이 되었다. 그리고 오늘날, 그 경향은 더 정교하고 강력해졌다. 디지털 기술의 발달은 뉴스 생산과 유통을 눈 깜짝할 새에 가능하게 만들었고, 동시에 미디어 간의 경쟁은 그 어느 때보다 치열해졌다. 여기에 이념적 갈등까지 더해지면서, 미디어는 더욱 '의도적 편향'을 설계하게 되었다. 현대의 언론은 단순히 무엇을 보도할지를 넘어, 어떻게 보도할지를 전략적으로 설계한다. 어떤 사건은 대서특필되지만, 어떤 이슈는 아예 언급되지 않는다. 이것이 바로 '선택적 보도'다. 뉴스가 독자에게 전달되기 전, 이미 프레임이 갖춰지고, 의제가 설정되며, 자극적 감정 표현이 덧입혀진다. 어떤 소스를 인용할지도 치밀하게 고심된다. 그리고 이 모든 요소는 독자에게 특정한 방향의 해석을 유도하기 위해 동원된다.

선택적 보도는 언론이 특정 사실만을 강조하고, 나머지 맥락은 생략함으로써 하나의 관점이나 의제를 부각하는 전략이다. 2003년 이라크전쟁 당시가 그 대표적 사례였다. 당시 언론은 이라크가 대량살상무기WMD를 보유하고 있을 가능성에 집중했다. 미국 정부의 공식 발표는 반복적으로 인용되었고, 대중은 이를 기정사실로 받아들였다. 그러나 전쟁 이후 밝혀진 바에 따르면, 이라크에는 그런 무기가 존재하지 않았다.[26] 만약 언론이 외교적 해결책이나 전쟁의 부작용에 대해서도 균형 있게 보도했다면, 대중의 판단은 달라졌을지도 모른다.

또 하나의 전략은 프레이밍Framing이다. 이는 사건을 어떤 틀 안에 담느냐에 따라 독자의 해석을 바꾸는 방식이다. 예를 들어, 여성 대상 범죄가 발생했을 때, 이를 개인적 사건으로 다루는 언론이 있는가 하면, 사회적 문제로 연결해 보도하는 매체도 있다. 같은 사건이지만 해석의 프레임에 따라 대중의 인식은 전혀 달라진다.

미디어는 또한 '의제 설정Agenda Setting'이라는 방식으로 사회적 관심사를 설계한다. 미디어 연구자 맥콤과 쇼McCombs & Shaw는 1972년 발표한 연구에서 이 개념을 정리했다.[27] 1968년 미국 대선 당시, 이들은 노스캐롤라이나주 채플힐 지역의 유권자들이 어떤 이슈를 가장 중요한 선거 의제로 생각하는지를 조사했고, 그 결과는 명확했다. 유권자들이 중요하다고 여긴 이슈는 지역 뉴스에서 가장 많이 보도된 주제와 거의 일치했다. 미디어가 특정 이슈에 집중하면, 사람들은 그 주제를 자연스럽게 중요한 사회 문제로 인식하게 된다는 사실이 입증된 것이다.

2020년 미국 대선에서도 뉴스 프레임은 극명하게 나타났다. 〈CBS 뉴스〉와 〈폭스뉴스Fox News〉는 같은 인물을 다루면서도, 전혀 다른 색의 렌즈를 통해 시청자들에게 이야기를 전달한다. 이 두 매체의 프레이밍 방식은 특히 트럼프와 바이든을 다루는 방식에서 뚜렷한 차이

---

26. 김재명, 2003. 9.
27. McCombs & Shaw, 1972.

를 보인다.[28]

먼저, 트럼프 중심의 보도가 눈에 띈다. 두 네트워크 모두 트럼프에 대한 보도량이 압도적으로 많았으나, 〈CBS뉴스〉는 트럼프를 주로 부정적 시선에서 다뤘다. 그의 발언, 행동, 정책 모두가 비판의 대상이 되었고, 전체 보도 중 95%가 부정적 톤으로 구성되었다. 반면 〈폭스뉴스〉는 트럼프에 대해 상대적으로 우호적 톤을 유지하려 했다. 물론 비판이 완전히 배제된 것은 아니지만, 보다 긍정적 시각에서 그를 조명하려는 시도가 있었다. 바이든에 대한 보도에서도 차이는 명확하게 드러난다. 〈CBS뉴스〉는 바이든에 대해 긍정적 메시지를 주로 전달했다. 그의 안정감 있는 리더십, 정책의 타당성, 선거 전략의 유효성이 강조되었으며, 그의 이미지는 희망적이고 낙관적으로 그려졌다. 반대로 〈폭스뉴스〉는 바이든의 정책과 개인적 자질에 대해 좀 더 비판적 시각을 취했다. 때로는 그의 발언을 꼬집고, 때로는 정책의 실현 가능성에 의문을 제기하면서, 그의 정치적 입지를 부정적으로 평가했다.

선거철이 다가오면, 텔레비전 화면과 소셜 미디어 피드가 정치 광고로 가득 찬다. 그중에서도 감정의 버튼을 누르듯 시청자의 마음을 자극하는 광고들이 유난히 눈에 띈다. 단순히 정책을 설명하는 것이 아니라, 우리 안의 두려움, 분노, 희망 같은 감정을 불러일으키는 방식이다.

독일의 정치 커뮤니케이션 연구자 그뤼닝과 슈베르트Grüning and Schubert는 감성 중심의 정치 광고 전략을 분석했다.[29] 그들은 정치 광

28. Patterson, 2020. 12. 17.
29. Grüning & Schubert, 2022.

고가 이성보다는 감정을 자극함으로써 유권자의 선택에 영향을 미친다고 설명한다. 그들의 연구에 따르면, 정치 광고에는 크게 세 가지 감정 전략이 사용된다. 첫 번째는 공포 조성이다. 이 전략은 특정 정당이나 후보자가 권력을 잡게 되면 사회가 불안정해지고 혼란에 빠질 것이라는 두려움을 유권자에게 심어준다. 범죄 증가, 경제 붕괴, 안보 위협 같은 이미지를 강조하며, 유권자들이 냉정하게 정책을 비교하기보다는 감정적으로 반응하게 만든다. "이대로 가면 나라가 망한다"라는 식의 메시지가 대표적이다. 두 번째는 분노 유발이다. 이 전략은 유권자가 이미 가지고 있는 불만과 실망을 자극해, 특정 대상에게 그 분노를 집중시키도록 유도한다. 예를 들어, 세금 인상, 부패 스캔들, 불공정한 제도 등을 강조하며, "당신이 화내야 할 대상은 바로 저들이다"라는 메시지를 전한다. 특히 기존 정부나 기득권 정치인에 대한 분노가 클수록, 이 전략은 강력한 효과를 발휘한다.

세 번째는 희망과 구원의 메시지다. 혼란과 분노 속에서 한 사람의 후보를 구원자로 부각하는 방식이다. 이 전략은 "바로 이 후보가 당신의 문제를 해결해 줄 수 있다"라는 믿음을 심어준다. 유권자들에게 미래에 대한 희망을 심고, 선택의 이유를 제공하는 것이다. 밝은 배경음악, 따뜻한 가족 이미지, 미소 짓는 아이들과 함께 있는 장면 등은 이런 메시지를 시각적으로 강화한다.

2016년, 전 세계의 이목이 쏠린 한 장면이 있었다. 바로 영국의 유럽연합 탈퇴를 묻는 국민투표, 이른바 브렉시트였다. 이 중대한 결정을 앞두고, 영국 전역에서는 치열한 캠페인이 벌어졌고, 그 중심에는 감정을 자극하는 정치 광고들이 자리하고 있었다.

브렉시트 찬성 진영은 유권자의 마음속 깊은 두려움을 건드렸다. 그들이 내세운 대표적 메시지는 "터키 난민이 몰려온다"라는 것이었다. 캠페인 광고에는 수많은 난민이 국경을 넘어 행진하는 모습이 반복적으로 등장했고, "EU에 남아 있으면, 머지않아 영국이 이민자들로 넘쳐날 것이다"라는 메시지를 강조했다.[30] 그런데 사실 터키는 당시 EU 가입을 실제로 추진하고 있지도 않았다. 그런데도 이 광고는 유권자들에게 강한 인상을 남겼고, 이민에 대한 불안감을 증폭시켰다. 결과는 모두가 알고 있듯, 브렉시트 찬성의 승리였다.

이 사건은 정치 광고가 얼마나 강력하게 감정을 자극하고, 유권자의 선택에 영향을 줄 수 있는지를 보여주는 대표적 사례가 되었다.

이처럼 감정 중심의 메시지가 선거 결과를 좌우하는 시대, 우리가 할 수 있는 일은 무엇일까? 해답은 바로 미디어 리터러시 교육에 있다. 사람들은 정치 광고가 단지 '정보 전달'이 아니라 '감정 설계'라는 사실을 인식해야 하며, 그것을 비판적으로 평가하는 능력을 키워야 한다. 예를 들어, 광고를 접할 때는 다음과 같은 질문을 자신에게 던져볼 필요가 있다:

- 이 광고는 나의 어떤 감정을 자극하려 하는가?
- 이 메시지는 사실에 기반하고 있는가, 아니면 조작된 이미지에 의존하고 있는가?
- 반대 측 의견은 왜 포함되지 않았는가?

---

30. 현소은, 2019. 10. 19.

4. 포스트 트루스 시대

요즘 우리는 자주 이런 질문을 던지게 된다. "진실이란 과연 무엇일까?" 그런데 아이러니하게도, 많은 사람은 자신이 듣고 싶은 이야기, 자신이 믿고 싶은 이야기만을 진실로 받아들이는 경향이 있다. 사실보다 감정이, 증거보다 믿음이 더 큰 힘을 발휘하는 시대. 이것이 바로 오늘날 우리가 살아가는 '포스트 트루스Post-truth'의 풍경이다.

2016 도널드 트럼프와 힐러리 클린턴이 맞붙은 미국 대통령 선거에서, 소셜 미디어를 통해 수많은 가짜 뉴스가 확산되었다. 특히 클린턴이 범죄에 연루되었다는 근거 없는 음모론은 순식간에 퍼졌고, 일부 유권자들은 진실 여부를 따지기보다 '그럴듯하다'라는 느낌에 따라 판단을 내렸다. 결국, 객관적 사실보다 감정적 호소와 개인적 신념이 더 강한 영향력을 발휘한 것이다.[31] 이처럼 진실보다 믿음이 앞서는 상황은 2016년 옥스퍼드 사전이 '포스트 트루스'를 올해의 단어로 선정할 만큼 전 세계적 관심을 불러일으켰다.[32]

포스트 트루스 현상은 소셜 미디어의 발달과 함께 더 빠르게 확산되었다. 소셜 미디어에서는 사람들은 자기 생각과 비슷한 의견만 골라 듣기 쉽고, 비슷한 성향의 사람들과만 대화를 나누게 된다. 그 결과, 자신의 신념은 점점 더 강화되고, 반대 의견은 점점 더 낯설고 불쾌하게 느껴진다. 이것이 바로 '에코 체임버echo chamber' 현상이다. 결국 사람들은 '보고 싶은 것만 보고, 믿고 싶은 것만 믿는' 확증편향

---

31. Allcott & Gentzkow, 2017.
32. Oxford University Press, 2016.

confirmation bias에 빠지게 된다. 진실은 뒷전으로 밀리고, 가짜 뉴스는 확산되며, 우리는 점점 진실을 판별하는 능력을 잃어간다.

미국의 철학자이자 과학철학 연구자인 리 매킨타이어Lee McIntyre는, 현대 사회에서 진실과 허위 정보가 어떻게 뒤섞이며 대중의 인식에 영향을 미치는지를 연구해 왔다. 그의 저서 『포스트 트루스 Post-Truth』[33]는 사실보다 감정과 개인적 신념이 더 큰 영향을 미치는 시대적 현상을 분석하며, 미디어 리터러시의 중요성을 강조한다. 매킨타이어는 단순히 "사람들이 가짜 뉴스를 믿는다"라는 현상에 머물지 않는다. 그는 우리가 지금 맞이한 이 시대 자체가 '진실이 점점 중요하지 않게 여겨지는 시대'라고 말한다. 그리고 그 원인은 감정, 신념, 그리고 무엇보다 의도된 조작에 있다고 진단한다.

그는 우리가 이러한 상황에 맞서기 위해 먼저 버려야 할 것이 있다고 말한다. 그것은 바로 "모두가 다 거짓말을 한다"라는 식의 양비론적 태도다. 언론과 정치, 학문 모두가 똑같이 불신의 대상이 된다는 생각은 결국 진실을 지키려는 노력까지 무력화시키며, 오히려 조작과 기만을 일삼는 세력에게 힘을 실어주는 결과를 낳는다. 진실은 여전히 존재하며, 우리는 그 진실을 가려내기 위해 싸워야 한다.

그렇다면 우리는 무엇을 할 수 있을까? 매킨타이어는 가짜 뉴스에 맞서는 가장 효과적인 방법은 '진짜 뉴스'로 그것을 압도하는 것이라고 말한다. 단순히 필터링이나 차단에만 의존하는 것이 아니라, 사람들이 다양한 관점과 맥락 속에서 사실을 마주할 수 있도록 더 많은

---

33. McIntyre, 2018.

고품질 뉴스가 유통되어야 한다는 것이다. 이를 위해 매킨타이어는 우리가 〈뉴욕타임스New York Times〉나 〈워싱턴포스트Washington Post〉 같은 저널리즘 기관에 적극적으로 구독료를 지불해야 한다고 조언한다. 진실에는 비용이 따르며, 그 가치를 지지하는 실천이 필요하다는 뜻이다.

AI는 이미 우리의 일상에 깊숙이 자리 잡고 있다. 텍스트 생성 AI는 사실처럼 보이는 가짜 정보를 만들어 낼 만큼 정교해졌고, 이미지와 동영상 조작 기술도 끊임없이 발전하고 있다. 2022년, 미국 연방거래위원회(FTC)는 가족이나 친구를 사칭한 사이버 사기가 36,000건 이상 발생했다고 보고했다. 이 중 5,100건이 전화 사기로, 피해액은 1,100만 달러(약 143억 원)에 달했다. AI가 음성을 정교하게 복제하면서, 가족을 사칭해 돈을 요구하는 전화 사기가 급증한 것이다. 생성형 AI는 미디어와 콘텐츠 제작 방식을 완전히 바꾸고 있다. 구글은 2023년 5월 "생성형 AI 자주 묻는 질문Generative AI FAQs"을 발표하며, 생성형 AI가 기계 학습(ML)을 통해 기존 데이터에서 학습한 내용을 바탕으로 텍스트, 이미지, 음악, 코드 등 새로운 콘텐츠를 만들어 낼 수 있다고 설명했다. AI는 이제 단순한 자동화 도구가 아니라, 예술, 엔터테인먼트, 광고, 교육 등 다양한 분야에서 창작을 돕고 있다.[34]

진짜 같은 가짜, 아니면 가짜 같은 진짜 — 오늘날 우리는 그 경계가 점점 흐려지는 세상에 살고 있다. 그 중심에 있는 것이 바로 딥페이크Deepfake 기술이다. 2017년, 인터넷 커뮤니티 레딧Reddit에 한 사

---

34. 홍은주, 2023. 8. 18.

용자가 조용히 등장했다. 그의 아이디는 '딥페이크Deepfake'였다. 처음엔 그저 호기심 많은 이용자 중 한 명처럼 보였지만, 곧 그는 전혀 새로운 기술을 세상에 드러냈다. 유명인의 얼굴을 다른 사람의 몸에 합성한 영상을 만들어 공유하기 시작한 것이다. 그의 게시물은 순식간에 관심을 끌었고, 얼마 지나지 않아 그는 이 영상을 공유할 수 있는 전용 서브레딧까지 개설했다. 사람들은 처음 보는 이 기술에 놀라워하면서도 동시에 불안해했다. 그 영상들은 너무나 정교해서, 보는 사람이 "이게 진짜일까?"라는 질문을 던지게 했다. 곧 윤리적 논란이 불거졌고, 결국 레딧은 해당 서브레딧을 삭제하기에 이르렀다.

하지만 이미 늦었다. '딥페이크'라는 이름은 하나의 고유명사를 넘어, AI 기술로 생성된 조작 미디어 전반을 가리키는 일반 명사로 자리 잡았다. 그리고 그날 이후, 딥페이크 기술은 단지 신기한 장난감이 아닌, 현실과 가상의 경계를 흐리는 무서운 가능성으로 주목받기 시작했다.

이 사건은 단순한 기술의 발견 그 이상이었다. 그것은 우리가 무엇을 보고 믿을 수 있는지에 대한 믿음을 흔들어 놓은 순간이었고, 동시에 딥페이크의 윤리적 문제와 악용 가능성에 대한 본격적인 사회적 논의가 시작되는 계기가 되었다.[35]

딥페이크는 단지 장난이나 조작을 위한 도구만은 아니었다. 영화 산업은 가장 먼저 이 기술의 가능성을 알아봤다. 2016년 개봉한 영화 〈로그 원: 스타워즈 스토리〉에서는 이미 1994년에 세상을 떠난 배

---

35. Regan, 2024. 6. 1.

우 피터 쿠싱Peter Cushing의 얼굴이 놀라운 정교함으로 재현되었다. 관객들은 극장에서 그를 마주했고, 생전과 거의 다름없는 표정과 말투에 적잖이 놀랐다. 과거의 배우가 현재의 스크린에 되살아난 순간이었다.[36]

이 기술은 더 나아가 글로벌 콘텐츠 시장에서도 주목받고 있다. 예를 들어, 한 배우가 영어로 연기한 장면에서 딥페이크 기술을 활용하면, 입 모양까지 자연스럽게 바뀌가며 한국어나 스페인어를 말하는 것처럼 보이게 만들 수 있다. 자막 없이도, 더 몰입감 있게, 더 자연스럽게 전 세계의 관객들과 만날 수 있는 새로운 길이 열린 것이다.

하지만 이 기술이 악용될 경우 진실과 거짓을 뒤섞고, 유권자의 감정을 조작하며, 사회적 혼란을 일으킬 수 있는 위험한 도구가 되기도 한다. 정치적 선동이나 명예훼손을 위해 사용될 가능성이 크며, 특히 선거철에는 가짜 AI 음성이나 영상이 유권자를 혼란스럽게 만들 수 있다.

2024년 미국 대선은 단순한 정치적 대결 그 이상이었다. 이 선거는 인공지능AI이 선거 과정에서 어떤 역할을 할 수 있는지를 보여주는 역사적 시험대가 되었다. 후보자들은 전통적 방식에 머무르지 않았다. 조 바이든 대통령과 도널드 트럼프 전 대통령, 두 캠프 모두 AI 기술을 적극적으로 도입하며 유권자들에게 다가가는 방식을 완전히 새롭게 바꾸어 나갔다.

AI는 캠페인의 거의 모든 영역에 활용되었다. 선거 전략 수립, 유권

---

36. Edwards, 2016.

자 정보 분석, 메시지 제작, 그리고 감정적 호소까지 — AI는 사람의 손으로는 불가능했을 세밀한 타깃팅과 빠른 반응을 가능하게 했다. 이를 통해 각 캠프는 보다 효율적으로, 보다 정교하게 유권자와 소통할 수 있었다. 하지만 그 이면에는 또 다른 그림자가 드리워져 있었다. AI가 만들어 낸 가짜 정보와 딥페이크 영상은 선거의 공정성을 위협하는 도구로 작용하기 시작한 것이다.

트럼프 캠프는 AI를 활용해 유권자들과의 감성적 거리를 줄이려는 전략을 폈다. 그 대표적 사례가 온라인에 퍼진 한 장의 사진이었다. 트럼프가 흑인 청년들과 다정하게 웃으며 사진을 찍고 있는 장면 — 그 이미지는 마치 진짜처럼 보였지만, 사실은 AI가 만들어 낸 합성 이미지였다.[37] 이 사진은 트럼프가 흑인 커뮤니티로부터도 지지를 받고 있다는 인상을 주기 위해 고안된 것이었다. 한 장의 사진이지만, 그것이 유권자에게 주는 정서적 인상은 결코 적지 않았다. AI는 그렇게 감정을 조작할 수 있는 강력한 도구가 되어 있었다.

반면 바이든 캠프는 AI를 보다 전략적 방향으로 활용했다. AI는 유권자 개개인의 관심사와 지역별 우선순위를 분석했고, 그 데이터를 바탕으로 맞춤형 메시지를 생성해 냈다. 어떤 주에서는 환경 문제가 핵심 이슈였다. 그곳 유권자들에게는 바이든의 친환경 정책이 강조된 메시지가 전달되었다. 다른 지역에서는 경제가 더 중요했다. 그때는 일자리 창출과 경제 회복에 관한 메시지가 전면에 나섰다. AI는 유권자의 관심을 읽고, 거기에 정확히 맞는 언어로 다가갔다.[38] AI 기반 허위 정

---

37. 마리아나 스프링, 2023.
38. 이종훈, 2024. 7. 1.

보의 확산은 이미 여러 나라에서 문제가 되고 있었지만, 이번 미국 대선에서는 더욱 정교하고 조직적인 방식으로 사용되었다.

한국에서도 AI와 딥페이크 기술로 인한 문제가 심각하게 나타나고 있다. 방송통신심의위원회에 따르면, 허위 영상 정보에 대한 심의 건수는 2020년 473건에서 2023년 11월에는 6,000건에 달할 정도로 급격히 증가했다.[39] 이에 따라 한국 정부는 2024년 선거를 앞두고 공직선거법을 개정해 선거일 90일 전부터 딥페이크로 제작된 가짜 음향, 영상, 이미지를 금지하는 조치를 시행했다.[40] 이는 AI 기반 허위 정보가 선거의 공정성을 위협할 가능성이 크다는 점을 고려한 조치다.

2023년 한국에서는 딥페이크 기술이 성범죄에 악용되는 사건이 발생했다. 서울대 'N번방' 사건과 인하대 딥페이크 사건에서는 여성들의 얼굴이 음란물에 합성되어 유포되었고, 그 피해는 상상 이상이었다. 법원은 각각 징역 10년과 1년의 실형을 선고했고, 이 사건은 한국 사회에 깊은 충격을 안겼다. 이후 한국은 2024년 9월부터 성폭력처벌법을 개정해, 딥페이크 음란물을 단순히 소지하는 것만으로도 처벌할 수 있도록 법적 기준을 강화했다. 기술의 남용을 막기 위한 법적 대응이 점차 구체화하기 시작한 것이다.[41]

AI는 학계에서도 논란을 불러일으켰다. 세계적 과학 학술지인 『네이처Nature』와 『사이언스Science』는 AI를 논문의 공동 저자로 인정하지 않겠다고 선언했다. AI가 생성한 텍스트나 분석은 인간 연구자의 창의

39. 이정현, 2023. 12. 27.
40. 최평천·안채원, 2023. 12. 20.
41. 유서영, 2024. 10. 30.

적 사고와 독립적 연구 과정과는 다르기 때문이라는 입장이었다. 이는
학문의 본질이 '기계적 결과'가 아니라 '사람의 사유'라는 점을 다시금
상기시킨 사건이었다.[42]

5. 팩트체크와 미디어 리터러시

가짜 뉴스는 단순한 '허위 기사'만을 의미하지 않는다. 때로는 사실
을 의도적으로 과장하거나, 특정 집단의 의견을 배제하고, 감정적 언
어와 자극적 이미지를 사용함으로써 여론을 조작하는 방식으로 작동
한다. 뉴스의 구호가 "진실만 보도합니다"라고 말할지라도, 실제로는
보도되지 않은 뉴스가 더 많고, 강조된 사실과 은폐된 정보 사이에서
진실은 왜곡되기도 한다.

가장 무서운 점은, 우리가 그것을 인식하지 못할 때다. 독자들은 종
종 뉴스에 감정적으로 반응하게 되고, 그렇게 미디어가 짜놓은 프레임
안에 갇히게 된다. 특정 시각만 반복해서 접하게 되면, 우리는 자연스
럽게 그것이 '사실'이라고 여기게 된다. 그리고 그 순간, 우리는 진실과
거짓의 경계에서 멀어지게 되는 것이다.

2024년 1월, 바이든 미국 대통령을 사칭한 가짜 음성 메시지가 전
세계를 놀라게 했다. 이 메시지는 바이든 대통령이 뉴햄프셔 유권자
들에게 민주당 예비선거는 투표하지 말라고 촉구하는 내용으로 구성

---

42. 김동원, 2023. 1. 29.

되었다. 이는 AI 기술이 얼마나 정교하게 허위 정보를 만들어 낼 수 있는지를 보여주는 대표적 사례다. 이후에 미 연방통신위원회FCC는 전화 마케팅에 오디오 딥페이크를 사용하는 것을 금지하는 조치를 했다.[43] 딥페이크 기술에 대해 퍼블릭 시티즌Public Citizen의 로버트 와이스먼Robert Weissman 대표는 "민주주의에 대한 중대한 위협"이라고 말했다.[44]

가짜 뉴스가 넘쳐나는 시대, 팩트체크는 진실을 가려내는 가장 신뢰할 수 있는 도구 중 하나로 떠올랐다. 미국과 유럽에는 이 일을 전문적으로 수행하는 기관들이 활발히 활동하고 있다. 그중에서도 눈에 띄는 곳이 있다. 바로 폴리티팩트PolitiFact. 이 사이트는 2008년, 미국의 지역 언론사 '탬파베이 타임스Tampa Bay Times'가 창립한 팩트체크 전문 플랫폼이다. 설립 이후 줄곧 정치권의 발언을 검증하는 데 집중해왔으며, 이제는 미국의 공적 담론에 없어서는 안 될 존재가 되었다.[45]

폴리티팩트가 특히 유명한 이유는 독특한 평가 시스템 덕분이다. 그들은 각 발언을 '진실의 저울Truth-O-Meter' 위에 올려 평가한다. 저울은 "사실True"에서 시작해, "대체로 사실Mostly True", "절반의 진실Half True", "대체로 거짓Mostly False", "거짓False"까지 다섯 단계로 나뉘고, 여기에 특별한 경고 등급까지 추가된다. 바로, "완전 거짓Pants on Fire"이다. 이 등급이 붙은 발언은 완전히 사실에 반하고, 대중을 오도할 가능성이 크다고 판단된 것이다.

---

43. 현윤경, 2024. 5. 23.
44. Fortis, 2023. 8. 12.
45. PolitiFact.(n.d.)

이 시스템이 빛을 발한 대표적 사례가 있다. 2020년 미국 대선 이후, 도널드 트럼프 전 대통령은 "우편투표가 대규모 선거 사기를 일으켰다"라고 주장했다. 많은 이들이 이 발언에 충격을 받았지만, 폴리티팩트는 곧바로 이 주장을 검증했다. 다양한 선거 감시 단체의 자료와 법원의 판결을 인용한 결과, 대규모 선거 사기가 발생한 증거는 없었다는 점이 드러났다. 그리고 폴리티팩트는 이 발언에 "Pants on Fire", 즉 '완전 거짓'이라는 평가를 매겼다.[46]

팩트체크.Org FactCheck.org는 2003년 펜실베이니아 대학교 애넌버그 공공정책센터 Annenberg Public Policy Center에서 설립한 비영리 팩

등급	내용
사실 (True)	• 발언이 완전히 사실일 경우에 부여 • 해당 발언이 사실을 기반으로 하며, 검증 과정에서 오류나 왜곡이 발견되지 않은 상황에 해당
대체로 사실 (Mostly True)	• 기본적으로 사실에 근거하지만, 일부 세부적 내용이 부정확하거나 맥락이 완전히 설명되지 않았을 때 사용
절반만 사실 (Half True)	• 발언 일부가 사실과 일치하지만, 중요한 맥락이 빠지거나 전달 방식이 왜곡되어 청중이 잘못된 결론을 내릴 수 있는 상황에 해당 • 일부 사실을 포함하고 있지만, 표현 방식이 오해를 불러일으킬 가능성이 있는 발언
대체로 거짓 (Mostly False)	• 발언이 일부 사실에 기반하고 있지만, 전체적으로 보면 왜곡되었거나 오해를 초래할 가능성이 클 때 부여
거짓 (False)	• 발언이 사실과 전혀 맞지 않을 때 사용 • 해당 발언이 명백히 거짓이며, 이를 뒷받침할 근거가 전혀 없을 때 적용
완전 거짓 (Pants on Fire)	• 발언이 완전히 사실과 다를 뿐만 아니라, 추가적 조작이 포함된 경우에 부여 • 단순한 실수나 오해가 아니라, 의도적으로 조작된 정보나 가짜 뉴스와 같은 심각한 허위 정보를 포함할 때 사용

---

46. Sherman, 2020. 11. 6.

트체크 프로젝트다.[47] 이 프로젝트의 목표는 정치적 수사 속에 숨겨진 진실을 파헤치고, 대중이 신뢰할 수 있는 정보에 접근할 수 있도록 돕는 것이다. 팩트체크.org는 단순히 정치인들의 발언만 검증하는 것이 아니다. 선거 광고, 대중 연설, TV 토론, 뉴스 보도, 심지어 소셜 미디어 게시물까지 — 사람들이 접할 수 있는 거의 모든 정보를 분석하고 평가한다. 그들의 가장 큰 강점은 단순히 "참" 혹은 "거짓"이라는 스탬프를 찍는 데 그치지 않는다는 것이다. 오히려 맥락을 제공하고, 근거를 제시하며, 사건의 배경을 설명해 주는 심층 분석 기사를 중심으로 운영된다. 2020년 미국 대선 당시 조 바이든 대통령은 "트럼프 행정부는 코로나19에 거의 아무런 대응을 하지 않았다"라고 주장했다. 이 말은 강한 인상을 남겼지만, 과연 사실일까? 팩트체크.org는 이 발언을 곧바로 검증했다. 그들은 연방 정부가 실제로 '오퍼레이션 워프 스피드Operation Warp Speed'라는 백신 개발 프로그램을 운영했음을 확인했다. 이 프로그램은 백신 연구와 유통에 일정한 성과를 냈고, 트럼프 행정부가 아무것도 하지 않았다는 주장은 과장되었음을 보여주었다. 그래서 그들은 이 발언에 "부분적으로 사실Half True"이라는 평가를 했다. 이처럼 팩트체크.org는 명쾌한 판단을 내리되, 그것이 어떻게 도출되었는지를 자세히 설명한다. 단편적 발언을 뜯어보고, 관련 정책과 실행 과정을 추적하며, 결국 독자가 스스로 판단할 수 있도록 정보를 제공한다.

　　스노프스Snopes는 1994년 데이비드 미켈슨이 설립한 미국 최초의

---

47. FactCheck.org., 2003.

온라인 팩트체크 플랫폼 중 하나로, 주로 도시 전설, 루머, 인터넷 밈, 음모론 등을 검증하는 데 집중한다. 특히 인터넷에서 퍼지는 가짜 뉴스와 소셜 미디어를 통해 확산하는 거짓 정보를 판별하는 데 초점을 맞춘다.[48] 코로나19 팬데믹 당시, "마스크를 착용하면 산소 공급이 차단되어 위험하다"라는 주장이 온라인에서 확산되었다. 스노프스는 미국 질병통제예방센터CDC와 세계보건기구WHO의 연구 자료를 바탕으로 명확하게 결론을 내렸다. "이 주장은 완전히 거짓False입니다."[49]

유럽에서는 'EU팩트체크EUFactCheck'라는 프로젝트가 눈에 띈다. 유럽저널리즘교육협회EJTA가 운영하는 이 프로젝트는 유럽 30개국의 70여 개 저널리즘 교육 기관이 협력하여, 예비 언론인들이 직접 팩트체크를 수행하는 프로그램이다. 이 기관들의 가장 큰 특징은 언론의 오보와 편향된 보도를 바로잡는 데 집중한다는 점이다. 예비 언론인들은 단순히 뉴스 기사를 소비하는 데 그치지 않고, 그것이 진짜인지, 허구인지를 직접 검증한다. 그들은 미래의 언론인으로서, 어떻게 정확한 정보를 제공할 수 있을지를 배운다.[50]

영국에는 풀 팩트Full Fact라는 독립적 팩트체크 기관이 있다. 이 기관은 정치, 건강, 교육 등 다양한 분야에서 정보를 검증하며, 그 정확성의 기준을 세운다. 특히 그들이 개발한 '풀팩트 인공지능Full Fact AI'은 AI 기반 실시간 팩트체크 시스템으로, 가짜 뉴스가 퍼지는 즉시 그 진위를 파악할 수 있는 도구를 제공한다. 이 시스템 덕분에 빠르게 확

---

48. Mikkelson, 1994.
49. Ibrahim, 2020. 5. 8.
50. European Journalism Training Association.(n.d.).

산하는 허위 정보에 즉각적으로 대응할 수 있다.[51]

2019년 영국 총선 당시, 한 주장 — "보리스 존슨이 NHS국민건강보험를 민영화할 계획을 하고 있다" — 이 빠르게 퍼졌다. 이 주장은 많은 사람에게 충격을 안겼지만, 풀 팩트는 곧바로 이를 검증했다. 그들은 존슨이 NHS 예산을 증액하겠다고 발표한 자료를 근거로, 이 주장이 사실이 아님을 입증했다. 이처럼 풀 팩트는 단순히 의혹을 제기하는 것이 아니라, 관련 데이터를 추적하고 철저히 검증하여 진실을 밝혀낸다.[52]

이탈리아에서 팩트체크의 중요성은 더욱 두드러진다. '파젤라 폴리티카Pagella Politica'는 이탈리아의 정치 뉴스와 공공 정책을 중심으로 팩트체크를 수행하는 전문 사이트다. 이곳은 특히 이탈리아 정치인들의 발언과 EU 관련 허위 정보를 검증하는 데 집중한다.[53] 2023년 말 피에르루이지 베르사니Pier Luigi Bersani 전 민주당 비서장이 한 발언에 대한 검증은 파젤라 폴리티카의 정교한 분석 능력을 잘 보여주는 대표적 사례다. 2023년 12월 29일, 베르사니는 〈라스탐파La Stampa〉와의 인터뷰에서 유럽 자동차 산업 위기를 언급하며 이렇게 말했다.

"중국에서는 이미 자동차의 절반 이상이 전기차로 달리고 있다."

그는 유럽연합이 저렴한 소형 전기차 플랫폼을 구축하기 위해 자동차 제조사들과 협력해야 한다고 주장하면서 이 통계를 근거로 제시했다. 하지만 파젤라 폴리티카는 이 발언에 의문을 품고 사실 검증에 착

---

51. Full Fact.(n.d.).
52. Full Fact. 2019. 11. 22.
53. Pagella Politica.(n.d.).

수했다. 그 결과는 명확했다. "자동차의 절반 이상이 전기차"라는 주장은 사실이 아니었다. 국제에너지기구IEA의 최신 통계에 따르면, 2023년 현재 중국 도로를 실제로 달리는 자동차 중 전기차는 7.6% 수준에 불과했다. 이는 순수 전기차와 하이브리드 차량을 모두 포함한 수치로, 베르사니가 언급한 "50% 이상"과는 큰 차이가 있었다. 그렇다면 베르사니는 왜 이런 수치를 인용했을까? 파젤라 폴리티카는 그가 "중국에서 판매되는 자동차의 절반 이상이 전기차일 것이라는 전망"과 혼동했을 가능성에 주목했다. 실제로 〈파이낸셜 타임스Financial Times〉와 일부 이탈리아 언론은, 2025년까지 중국에서 판매되는 신차의 50%가 전기차가 될 것이라는 예측을 보도한 바 있다. 게다가, 2023년 8월 한 달 동안은 전기차 판매 비율이 일시적으로 51.1%에 도달하기도 했다. 하지만 이는 어디까지나 신차 판매 비중이며, 중국 전체 자동차 수의 절반이 전기차라는 의미는 아니다.[54]

국내에서는 서울대학교 언론정보연구소가 운영하는 SNU팩트체크 SNU FactCheck, 각 언론사의 팩트체크 서비스, 그리고 시민사회와 협력한 팩트체크넷FactCheckNet이 대표적 팩트체크 기관이다. SNU팩트체크는 2017년 3월, 제19대 대통령 선거를 앞두고 설립되었다.[55] 당시 허위 정보가 사회 전반에 확산되면서 객관적이고 중립적인 검증이 필요하다는 목소리가 커졌고, 이에 따라 정치인의 발언, 언론 기사, 소셜 미디어 내용을 검증하는 서비스가 도입되었다. 이 서비스는 정치뿐만 아니라 경제, 과학, 사회 등 다양한 분야의 공적 사안을 확인하는 데

---

54. Canepa, 2024. 12. 30.
55. 서울대학교 아시아연구소, 2017.

초점을 맞춘다. 팩트체크 결과는 '전혀 사실 아님'부터 '사실'까지 총 여섯 단계로 나뉘며, 다른 언론사도 결과에 대한 의견을 추가로 제출할 수 있다. 한 사안에 대한 평가가 크게 엇갈릴 때 "논쟁 중"으로 표시된다.

팩트체크넷은 2021년 한국기자협회, 방송 기자연합회, 한국PD연합회, 사회적 협동조합 빠띠Parti가 공동 출자해 설립되었다. 이 기구는 시민이 직접 콘텐츠를 검증하고 기사를 작성할 수 있는 참여형 플랫폼으로 주목받았다. 하지만 안타깝게도 2023년 2월 해산되었다. 초기에는 정부 예산으로 운영되었지만, 독립성이 훼손될 수 있다는 우려와 함께 예산 삭감이 이어지면서 결국 운영이 중단되었다.[56] 팩트체크넷의 해산은 아쉬운 일이지만, 가짜 뉴스 문제를 해결하려는 노력은 여전히 중요하다.

인터넷이 일상이 된 세상, 우리는 하루에도 수십 개의 뉴스와 게시물, 영상 속에서 살아간다. 어떤 정보는 우리를 웃게 만들고, 어떤 정보는 분노하게 만들며, 또 어떤 정보는 진실처럼 보이지만 사실은 거짓일 수 있다. 그래서 지금, 우리는 그 어느 때보다 중요한 질문을 스스로 던져야 한다. "이 정보, 믿을 수 있을까?" 그 질문에 답하기 위한 첫걸음은 생각보다 간단하다. 바로 출처 확인하기다. 어떤 뉴스를 보았을 때, 그것이 어디서 나왔는지, 신뢰할 수 있는 언론사나 기관의 보도인지 확인하는 습관을 들이는 것이다. 출처가 불분명하다면, 팩트체크 사이트를 찾아보는 것도 좋은 방법이다. 폴리티팩트PolitiFact, 팩

---

56. 최승영, 2025. 4. 8.

트체크FactCheck.org, 스노프스Snopes, 이유팩트체크EUFactCheck 같은 플랫폼에서는 이미 검증된 정보들을 찾아볼 수 있다.

사실을 향한 우리의 노력은 거창할 필요 없다. 질문하는 습관, 확인하는 태도, 그리고 한 번 더 생각해 보는 여유 — 그것만으로도 우리는 훨씬 더 나은 결정을 내릴 수 있다. 팩트체크와 미디어 리터러시는 그 도구가 되어준다. 『포스트 트루스』의 저자 매킨타이어는 이렇게 이야기했다.

"디지털 미디어를 통한 정보의 유통은 거짓을 퍼뜨리는 데 사용될 수 있지만, 진실을 전파하는 데도 사용될 수 있다. 우리가 지켜야 할 가치 있는 이상이 있다면, 그것을 위해 싸우자. 우리의 도구가 무기로 사용되고 있다면, 그것을 되찾아 오자."[57]

그리고 그렇게, 우리는 포스트 트루스 시대를 살아가는 법을 조금씩 배워가고 있다.

---

57. McIntyre, 2018.

3장

디지털 시대의 미디어 권력과 시민적 상상력

1. 플랫폼 자본주의와 언론의 위기

1) 코로나19가 바꾼 뉴스 소비의 풍경

코로나19 팬데믹은 어느 날 갑자기 찾아와 우리의 일상을 뒤흔들었다. 학교는 문을 닫았고, 사무실은 비워졌으며, 사람들은 익숙했던 일상에서 갑작스레 멀어졌다. 그 변화의 중심에는 '비대면'이라는 낯선 단어가 있었다. 사람들은 집 안에 머무르며 TV를 켜고 라디오를 들었다. 또 손에서 스마트폰을 놓지 않은 채, 끝도 없이 뉴스 앱을 스크롤하며 세상의 소식을 접했다. 장을 보러 마트에 가던 발걸음도 멈췄다. 대신 클릭 몇 번으로 온라인 장바구니를 채우고, 현관 앞에 놓인 배달 상자를 열며 새로운 일상에 적응해 갔다.

비대면 경제는 순식간에 우리의 삶 깊숙이 들어왔다. 정보는 넘쳐 났다. 어디를 가든, 무엇을 하든 뉴스와 데이터, 의견과 소문이 끝없이 밀려들었다. 하지만 이상하게도, 정말로 필요한 정보는 오히려 찾기 어려웠다. 손에 쥔 스마트폰은 온갖 콘텐츠를 쏟아냈지만, 그 속에서 내가 원하는 정확한 사실 하나를 골라내는 일은 점점 더 복잡해지고 있었다. 정보의 홍수 속에서, 우리는 점점 더 방향을 잃어갔다.

팬데믹의 한가운데서, 사람들은 불안한 마음을 달래기 위해 줄곧 뉴스를 찾았다. 확진자 수는 몇 명일까? 마스크는 어디서 구할 수 있을까? 정부의 지침은 또 어떻게 바뀌었을까? 질문은 쏟아졌고, 사람들은 답을 원했다. 전통적 뉴스 미디어도 그 요구에 응하려 애썼다. 기자들은 위험을 무릅쓰고 현장을 취재했고, 뉴스룸은 밤낮없이 돌아갔다. 하지만 현실은 녹록지 않았다.

2020년 로이터 보고서에 따르면, 많은 언론사는 디지털 플랫폼과의 경쟁에서 점점 밀려나고 있었다.[58] 특히 지역 언론은 심각한 재정난에 직면했고, 그 결과 뉴스의 깊이와 품질이 눈에 띄게 떨어졌다. 뉴스가 필요한 순간, 오히려 뉴스는 자취를 감추고 있었다. 그 틈을 파고든 것은 대형 디지털 플랫폼들이었다. 그들은 사용자의 클릭과 시선을 분석해, 사람마다 다른 뉴스 피드를 만들어 냈다. 정확한 정보보다는 관심을 끌 수 있는 내용이 우선되었고, 광고는 그 주위를 맴돌았다. 그렇게 사용자 데이터는 소중한 자산이 되었고, 플랫폼 기업들은 그 자산을 손에 쥔 채 뉴스 유통의 주도권까지 손에 넣었다. 정보는 많았지만, 진짜 이야기는 점점 사라져가고 있었다.

---

58. Newman, 2020. 5. 22.

2) 디지털 플랫폼 시대의 지역 언론

2000년대 초반. 디지털화의 물결이 밀려오면서 지역 언론의 지반이 흔들리기 시작했다. 특히 구글과 페이스북(지금의 메타) 같은 거대한 디지털 플랫폼들이 무섭게 성장하며 광고 시장의 판도를 바꾸었다. 사람들의 관심은 종이 신문에서 스마트폰 화면으로 옮겨갔고, 광고주들도 지역 신문보다는 클릭 수를 따지는 알고리즘을 택했다. 문제는 여기서 끝나지 않았다. 대형 플랫폼들은 방대한 사용자 데이터를 바탕으로 광고 효과를 극대화하며, 광고 수익을 사실상 독점하기 시작했다. 한때 광고로 운영비를 충당하던 지역 언론은 점점 숨이 막혔다. 기사 품질을 유지할 여력도 줄었고, 기자들은 줄줄이 해고되었다. 마을의 작은 신문사들은 그렇게 조용히 문을 닫아갔다.

광고주는 더 이상 인쇄된 지면을 바라보지 않는다. 대신 그들은 구글의 검색창 너머를 바라보고, 페이스북의 알고리즘이 제시하는 숫자를 믿는다. 구글은 우리가 무엇을 찾는지, 어떤 웹사이트를 방문하는지, 심지어 얼마나 오래 머무는지를 알고 있다. 이 데이터를 활용해 '지금 당신에게 딱 맞는' 광고를 던져준다. 페이스북은 우리가 "좋아요"를 누른 게시물, 친구들과 나눈 대화, 머문 시간까지도 분석해 더 정밀한 맞춤형 광고를 설계한다. 광고주 입장에서 보면, 이런 정교한 타깃팅은 마치 마법과 같다. 예산은 자연스럽게 구글과 페이스북으로 몰리고, 지역 언론은 한 푼, 두 푼 수익을 잃기 시작했다. 광고 수익이 빠져나간 자리는 공백으로 남았다. 기자는 줄고, 지면은 얇아졌으며, 깊이 있는 취재는 사치가 되어버렸다. 그렇게 지역 언론은 점점 목소리를 잃어갔다.

2007년, 〈뉴욕타임스〉도 흔들렸다. 미국을 대표하는 이 거대 언론사조차 디지털 시대의 파도 앞에서는 무력해 보였다. 온라인 광고 시장이 폭발적으로 성장하면서, 신문 지면의 광고 수익은 눈에 띄게 줄어들기 시작했다. 〈뉴욕타임스〉는 돌파구를 찾기 위해 자사의 온라인 콘텐츠를 무료로 공개하기로 했다. 더 많은 독자를 끌어모아 광고 수익을 늘리겠다는 전략이었다.[59]

하지만 문제는 광고주들이 이미 다른 곳으로 눈을 돌리고 있었다는 점이다. 구글과 페이스북 — 이 두 기술 공룡은 사람들의 관심과 데이터를 손에 쥔 채, 광고 시장을 조용히 잠식해 가고 있었다. 사용자가 검색하거나 '좋아요' 버튼을 클릭할 때마다 그것이 광고 수익으로 이어지는 정교한 시스템은 전통적 언론사보다 훨씬 더 강력한 영향력을 발휘했다. 〈뉴욕타임스〉조차도 광고 수익의 많은 부분을 이 플랫폼들에 빼앗기면서, 오랜 시간 유지해 온 운영 모델의 근본부터 흔들렸다. 이 여파는 지역 언론사들에 훨씬 더 가혹했다. 〈필라델피아 인콰이어러〉는 결국 커뮤니티 뉴스데스크를 폐쇄하고, 수십 명의 기자를 해고하며 간신히 버티려 했다.[60] 지역 언론사들의 수익 구조는 점점 불안정해졌고, 많은 언론사가 운영을 계속하기 어려운 상황에 놓이게 되었다.[61] 2010년대 초반, 미국 곳곳의 작은 신문사들이 하나둘씩 문을 닫기 시작했다. 오래된 인쇄기 소리는 멈췄고, 기자들이 오가던 사무실엔 정적이 흘렀다. 몇몇은 대기업에 인수되었고, 또 어떤 신문은

---

59. 송한수, 2007. 9. 20.
60. Edmonds, R., 2025. 3. 24.
61. Anderson, Bell & Shirky, 2014.

조용히 역사 속으로 사라졌다.

이 조용한 붕괴의 물결을, 언론 연구가인 맥체스니Robert Waterman McChesney와 니콜스John Nichols는 언론 생태계의 위기로 보았다.[62] 그들의 연구에 따르면, 이러한 변화는 단순한 산업 구조의 재편이 아니었다. 지역 언론이 무너진 자리에 남은 것은 정보의 공백이었다. 예전 같으면 취재되었을 마을 의회 이야기, 주민들의 목소리, 지역의 갈등과 희망 — 이 모든 것이 더 이상 기록되지 않게 된 것이다.

전 세계적으로 지역 언론은 플랫폼 자본주의의 거센 물결에 흔들리고 있었고, 이는 결국 민주주의의 근간인 정보 접근성과 공공 담론의 다양성마저 위협하는 수준에 이르렀다. 한국언론진흥재단의 2021년 연구는 이러한 변화를 조명한다. 보고서에 따르면, 우리나라 지역 언론은 디지털 플랫폼을 제대로 활용하지 못하고 있고, 특히 경제적으로 점점 더 어려운 상황에 부닥쳐 있는 것으로 나타났다.[63] 그 중심에는 네이버와 카카오가 있다. 이 두 거대한 플랫폼은 방대한 사용자 데이터를 바탕으로 정교한 광고 타깃팅 기술을 개발했다. 네이버는 사용자의 검색 기록과 관심사를 분석해 광고를 뿌리고, 카카오는 카카오톡, 카카오스토리 등 다양한 앱을 통해 사용자 행동을 추적하며 광고 효과를 극대화한다. 광고주들에게 이 시스템은 그야말로 '가성비 최고'다. 누구보다 정확히 타깃을 겨냥할 수 있고, 반응도 즉각적이다. 그렇게 광고 예산은 대형 플랫폼으로 빨려 들어갔고, 지역 언론은 그 자리에 남겨졌다 — 수익 없이, 독자 없이. 광고 수익의 붕괴는 단순한

---

62. McChesney & Nichols, 2011.
63. 한국언론진흥재단, 2021.

숫자의 문제가 아니었다. 수익이 줄어들자 기자 채용도 줄었고, 탐사 보도는 사라졌으며, 지역 뉴스의 품질은 급격히 하락했다. 결국, 지역 사회는 자신들의 이야기를 전할 창을 잃어갔다.

광고 수익이 점점 줄어들자, 지역 언론사들은 생존을 위한 선택의 기로를 맞이했다. 깊이 있는 탐사 보도를 할 여력은 없었고, 기자 수 는 줄었으며, 마감은 더 촉박해졌다. 결국, 이들이 택한 건, 클릭을 부 르는 기사였다. 화려한 연예인 사진, 자극적 제목, 스포츠 경기의 극적 순간들 — 이런 콘텐츠는 빠르게 조회 수를 올려주었다. 뉴스의 본질 보다는 노출이 중요해졌고, '클릭이 몇 번 되었는가'가 기사 성공의 기 준이 되었다. 그러다 보니 정말 중요한 이야기는 뒷전으로 밀렸다. 동 네 주민들의 갈등, 지방자치단체의 정책, 조용히 사라지는 공공 서비 스 같은 지역 이슈들은 제대로 보도되지 않았다. 대신 가십성 기사가 메인 화면을 차지했고, 뉴스는 점점 더 피상적인 소문과 감정적 반응 으로 채워졌다. 언론은 여전히 '뉴스'를 제공하고 있었지만, 그 뉴스는 더는 지역사회의 맥박을 담고 있지 않았다. 사람들은 뉴스를 보면서 도, 자신이 사는 동네에서 무슨 일이 벌어지고 있는지 알 수 없었다. 경제적 어려움은 단지 숫자의 문제가 아니었다. 그것은 뉴스의 품격을 흔들었고, 신뢰를 무너뜨렸으며, 지역 공동체를 연결하던 언론의 본래 역할마저 잊게 했다. 그렇게, 우리는 뉴스라는 이름 아래 점점 더 얕고 시끄러운 세계로 밀려가고 있었다.

지역 언론의 플랫폼 활용 현황을 연구한 오세욱, 유용민, 천현진의 보고서[64]에 따르면, 한국 언론의 많은 문제가 이미 수면 위로 드러나 고 있었다. 디지털 광고 수익이 급감하자 〈경향신문〉은 인력 감축에 나섰고, 그 여파로 콘텐츠 품질도 낮아지는 악순환에 빠졌다. 이건 단지 한 신문사만의 이야기가 아니었다. 전국 곳곳의 지역 언론사들이 겪고 있는 현실이기도 했다. 이들 언론사는 네이버와 카카오 같은 대형 플랫폼에 콘텐츠를 제공하면서, 플랫폼이라는 거대한 유통망에 기댄 채 하루하루를 이어가고 있다. 그러나 콘텐츠를 제공해도, 광고 수익은 대부분 플랫폼이 가져간다. 보고서는 이러한 구조적 불균형이 지역 언론의 협상력 부재에서 비롯되었음을 지적한다.

뉴스는 만들어지지만, 그 가치는 언론이 아닌 플랫폼의 수익으로 환산되고 있다. 플랫폼은 사용자 데이터를 무기로 삼아, 광고 시장을 사실상 독점하고 있다. 지역 언론은 경제적 독립을 이루어 내기 어려워졌고, 궁극적으로 뉴스의 깊이와 신뢰성마저 위협받고 있다. 지역 언론은 중요한 갈림길에 서 있다. 보고서는 지금이야말로 지역 언론이 독립적 저널리즘을 회복하기 위한 새로운 수익 모델과 운영 전략을 고민해야 할 시점이라고 강조한다.

2. 허위 정보, 알고리즘, 그리고 비판적 사고

1) 왜곡된 정보, 흔들리는 민주주의

디지털 환경에서 허위 정보와 과학적 사실의 왜곡은 민주주의를 위협하는 중대한 문제로 대두되고 있다. OECD는 최근 「가짜가 아닌 사

____
64. 오세욱·유용민·천현진, 2020.

실: 허위 정보 대응과 정보 무결성 강화」라는 보고서[65]를 통해 잘못된 정보의 확산이 공공정책 실행을 저해하고, 민주적 제도의 신뢰를 약화시킬 수 있다고 경고하며, 우리 사회가 직면한 현실을 짚어냈다. 보고서는 서문에서 이렇게 말한다.

> "이러한 도전 과제는 그 성격상 전 지구적이기 때문에, 더 정확하고 신뢰할 수 있으며 믿을 만한 정보를 촉진하고, 민주주의를 강화하려는 보다 큰 노력에 기여하는 환경을 조성하기 위해, 가치와 목표를 공유하는 국가 간의 강력한 글로벌 연대가 필요하다."[66]

여기서 말하는 '정보 무결성information integrity'은 단순히 거짓 정보를 걸러내는 기술적 문제를 넘어서, 시민들이 다양한 출처의 정보에 접근하고, 그 정보를 바탕으로 스스로 생각하고 판단할 수 있는 사회적 기반을 만드는 일이다. 보고서는 팬데믹과 선거라는 두 가지 주요 사례를 통해 허위 정보가 사회 전반에 어떤 식으로 영향을 미쳤는지를 구체적으로 보여준다. 팬데믹 시기에는 백신과 관련된 허위 정보가 온라인을 통해 광범위하게 퍼졌다. 단순한 오해를 넘어서 음모론 수준의 이야기까지 퍼졌고, 그 결과 많은 사람이 접종을 주저하게 되었다.

---

65. OECD, 2024.
66. "The global nature of the challenges will require a strong global coalition of like-minded countries to work together to create environments that promote more accurate, trustworthy, and reliable information and that support the larger effort to reinforce democracy."

백신 접종률은 생각보다 낮았고, 그 그림자에는 '사실이 아닌 정보'가 자리하고 있었다.

보고서는 팬데믹과 선거, 이 두 가지 사회적 사건을 통해 허위 정보가 얼마나 광범위하게 영향을 미쳤는지를 조명한다. 특히 흥미로운 점은, 사람들이 자신이 공유하는 정보가 사실이 아닐 수도 있다는 걸 알고 있으면서도 여전히 공유한다는 것이다. 그 행위 뒤에는 '혹시나' 하는 불안과, '이건 좀 알려야 하지 않을까?' 하는 감정이 숨어 있었다. OECD는 캐나다와 프랑스 정부와 함께 이 현상을 실험적으로 검증했다. 참가자 중 일부에게 미디어 리터러시 팁이나 사실 확인 방법을 알려주자, 허위 정보를 공유하려는 의도가 무려 21%까지 줄어든 것이다. 이 결과는 중요한 사실을 시사한다. 단순히 정보 유통을 막거나, 규제하는 것만으로는 허위 정보의 확산을 막을 수 없다. 근본적으로는 사람들의 '정보를 소비하고 판단하는 습관' 자체를 바꾸어야 한다는 것이다. 교육이, 그리고 미디어 리터러시가 필요한 이유다.

선거와 관련된 사례는 허위 정보가 민주주의의 심장부를 어떻게 위협할 수 있는지를 극명하게 보여준다. 2017년 프랑스 대선에서는 마크롱 후보를 겨냥한 조직적 해킹과 허위 정보 캠페인이 벌어졌다. 선거 종료를 불과 이틀 앞둔 시점, 그의 선거캠프에서 유출된 2만 건 이상의 이메일이 온라인에 유포되었고, 이 중에는 위조된 문서와 근거 없는 루머도 포함돼 있었다. 특히 이 공격은 선거운동이 금지되는 '침묵 기간'에 맞춰서 이루어졌고, 트위터에서는 단 하루 만에 "#MacronLeaks" 해시태그가 거의 50만 건이나 퍼졌다. 이는 정보의 진위를 가릴 시간조차 없이 대중의 판단을 흐리게 만들려는 전략적

의도가 개입된 사례였다.[67]

허위 정보가 민주주의의 근간인 선거에까지 영향을 미치고 있다는 인식은 전 세계적으로 퍼지고 있다. 2023년 유네스코와 여론조사기관 IPSOS가 공동 시행한 조사 결과에 따르면, 16개국 유권자의 무려 85%가 허위 정보가 선거에 영향을 줄 것을 우려하고 있다고 답했다. 더 나아가 87%는 이미 자국의 정치 과정이 허위 정보로 인해 심각한 영향을 받고 있다고 느끼고 있었으며, 88%는 정부가 소셜 미디어를 보다 강력하게 통제해 이 위협에 대응해야 한다고 믿고 있었다.[68]

2) 허위 정보와 알고리즘의 위험한 공모

허위 정보가 빠르게 확산한 배경에는 우리가 매일 사용하는 소셜 미디어 플랫폼의 알고리즘 구조가 있다. 우리가 어떤 콘텐츠에 '좋아요'를 누르거나 오래 머무르는지 플랫폼은 꼼꼼히 기록하고, 이를 토대로 더 자극적이고 감정적인 정보를 추천한다. OECD는 보고서를 통해, 이런 알고리즘이 허위 정보 확산의 주범이라고 지적하며, 이를 막기 위해 플랫폼의 투명성과 책임성을 높이는 규제가 필요하다고 제안했다.

문제의 핵심은 알고리즘만이 아니다. 바로 '사람'이다. OECD 보고서는 핀란드, 프랑스, 에스토니아 등의 사례를 들어, 미디어 리터러시 교육이 허위 정보 대응의 핵심이라고 강조한다. 프랑스에서는 교육 및 미디어 정보 연락 센터Center de liaison de l'enseignement et des medias

67. Jeangène Vilmer, 2019. 6. 20.
68. UNESCO, 2023.

d'information: CLEMI를 통해 전국적으로 미디어 교육을 하고 있고, 에스토니아 고등학생들은 '미디어와 조작'이라는 필수과목을 통해 허위 정보를 판단하는 법을 배운다.

디지털 플랫폼이 우리의 생활을 지배하면서, 정보의 흐름을 결정하는 '게이트키퍼Gatekeeper'의 역할을 하게 되었다. 이러한 게이트키퍼의 위험성을 보여준 대표적 사례가 바로 2016년 미국 대선 당시의 케임브리지 애널리티카 사건이다. 당시 이 회사는 페이스북(현 메타)의 사용자 데이터 8,700만 건을 수집하여 맞춤형 정치 광고를 제공했고, 이 과정에서 사용자의 정치적 성향과 심리적 취약점까지 활용했다.[69] 결과적으로 이는 도널드 트럼프의 선거 캠페인의 핵심 전략으로 작용했다. 이 사건이 폭로된 이후 페이스북은 막대한 배상금을 지불했고, 대중은 소셜 미디어 기업이 단순한 정보 제공자가 아니라 여론을 조작할 수 있는 거대한 힘을 가졌다는 것을 깨달았다. 이에 유럽연합EU은 플랫폼의 독점적 영향력을 규제하기 위해 디지털 서비스법DSA과 디지털 시장법DMA을 도입했다.[70] 하지만 여전히 데이터 기반의 맞춤형 정치 광고 문제는 해결되지 않고 있다.

MIT 슬론 경영대학원의 연구는 허위 정보가 진실보다 70% 더 빨리 퍼진다는 놀라운 사실을 밝혀냈다.[71] 연구진은 사람들이 자극적이고 충격적인 정보에 더 큰 반응을 보이며, 이는 단지 유명인의 영향력이 아니라 일반 사용자들 사이에서도 동일한 현상임을 확인했다. 또

---

69. 하선영, 2018. 5. 21.
70. European Commission, 2020.
71. MIT Sloan, 2018. 3. 8.

한, 플랫폼의 알고리즘은 사람들이 많이 클릭하거나 댓글을 다는 콘텐츠를 먼저 보여주기 때문에 자극적이거나 거짓된 정보가 더 쉽게 퍼질 수 있어, 허위 정보의 확산을 키운다고 지적한다.

이러한 현상은 전 세계적 문제로 자리 잡았다. 갤럽Gallup의 조사에 따르면 전 세계 인터넷 사용자의 57%가 허위 정보를 심각하게 우려하고 있으며[72], 실제로 허위 정보는 국경을 넘어 전 세계적 피해를 일으키고 있다.

3) 비판적 사고와 미디어 리터러시

코로나19 팬데믹이 막 시작되었을 무렵, 전 세계적으로 공포와 불확실성이 극대화되었다. 바이러스의 정체도, 치료법도 제대로 밝혀지지 않은 상황에서 사람들은 다양한 가설과 설명을 찾으려 했다. 그런데 그중 하나가 과학적 근거 없이 급속도로 퍼진 음모론이었다. 바로 "5G 전파가 코로나19를 확산시킨다"라는 주장이었다.[73]

이 음모론은 2020년 초 영국과 미국의 소셜 미디어를 중심으로 빠르게 확산되었다. 일부 사람들은 5G 네트워크의 전자기파가 인체 면역력을 약화시키고, 이를 통해 코로나19 바이러스가 더 쉽게 퍼질 수 있다고 믿었다. 또 다른 일부는 5G가 직접 바이러스를 퍼뜨리는 역할을 한다는 황당한 주장을 펼쳤다. 과학적으로는 전혀 말이 안 되는 이 가설은, 그러나 놀랍게도 상당한 영향을 미쳤다. 영국에서는 이 음모론이 극단적 행동으로까지 이어졌다. 2020년 4월, 버밍엄, 리버풀,

---

72. Jones, 2020. 10. 13.
73. 김준엽, 2020. 4. 5.

벨파스트 등 여러 도시에서 5G 기지국이 방화 공격을 받는 사건이 발생했다. 일부 사람들은 기지국이 코로나19 확산의 원인이라고 믿고 이를 파괴해야 한다고 주장했다. 기지국 근처에서 일하는 통신 엔지니어들이 협박받거나 신체적 위협을 당하는 일도 있었다.

이러한 공격은 영국 정부와 통신사들에게 큰 충격을 주었다. 정부는 즉각적으로 "5G는 코로나19와 아무런 관련이 없다"라는 공식 성명을 발표하며 음모론을 반박했다. 영국의 주요 이동통신사인 EE, O2, Vodafone, Three 등은 5G 네트워크가 공중보건과 관련이 없으며, 오히려 팬데믹 상황에서 원활한 커뮤니케이션을 유지하는 데 필수적 인프라라고 강조했다. 하지만 이 음모론은 쉽게 사라지지 않았다. 페이스북, 유튜브, 트위터 등 주요 소셜 미디어 플랫폼에서도 "5G와 코로나19"를 연관 짓는 게시물이 수백만 건 공유되었으며, 유명인까지 이 주장에 동조하는 사례가 나왔다. 예를 들어, 미국의 한 유명 래퍼는 자신의 인스타그램에서 "5G와 바이러스가 관계가 있을 수 있다"라는 내용을 올렸고, 이 게시물은 수십만 명에게 공유되며 논란을 일으켰다. 소셜 미디어 기업들은 사태의 심각성을 인식하고 허위 정보가 포함된 게시물을 삭제하기 시작했다. 유튜브는 "5G와 코로나19를 연결하는 모든 콘텐츠를 삭제한다"라는 정책을 발표했고, 페이스북과 트위터도 비슷하게 조처했다. 이미 퍼질 대로 퍼진 음모론을 완전히 차단하는 것은 어려운 일이었다.

미국의 사회 이론가 벨 훅스bell hooks는 『경계를 넘는 교육Teaching to Transgress』[74]에서 비판적 사고란 단지 기존의 지식에 반대하거나 의심하는 태도가 아니라, 지식을 능동적으로 탐구하고, 해석하며, 도전적으로 바라보는 태도라고 강조했다. 우리는 그저 주어진 정보를 받아들이는 존재가 아니라, 그 정보가 어떻게 만들어졌고, 어떤 맥락 속에서 우리에게 다가오는지를 끊임없이 물어야 한다는 것이다. 예컨대 미디어 속에서 특정 집단이 반복적으로 부정적 묘사가 이어진다면, 단순히 "이건 차별이야"라고 외치기보다는 이렇게 질문해야 한다. "왜 이런 이미지가 만들어졌을까?", "이 이미지가 사람들의 인식에 어떤 영향을 미칠까?" 훅스는 이러한 질문이야말로 비판적 사고의 시작점이라고 보았다. 예를 들어, 인터넷을 돌아다니다 "세계 경제가 다음 달에 붕괴할 것"이라는 자극적 기사를 발견했다고 하자. 이때 비판적 사고를 하는 사람은 단순히 놀라지 않는다. 그들은 먼저 기사의 출처를 확인하고, 제시된 근거를 살펴보며, 다른 전문가들의 평가를 비교한다. 누가 썼는가? 무슨 데이터를 근거로 했는가? 비슷한 주장을 뒷받침하는 다른 정보는 있는가? 그렇게 정보를 하나의 퍼즐처럼 조각조각 맞춰보며 전체 그림을 그리는 것, 그것이 바로 비판적 사고다.

비판적 사고는 단순히 정보를 분석하는 데 그치지 않는다. 우리가 살아가는 사회와 문화의 맥락을 이해하는 데에도 필수적인 도구다. 미디어가 단순히 사실을 전달하는 중립적 도구라고 믿는다면, 우리는 중요한 것을 놓치고 있다. 미디어는 언제나 특정한 시각과 가치를 담고 있다. 어떤 이야기를 선택하고, 어떤 목소리를 배제하는지, 어떤 이미지로 세상을 그리는지는 결코 우연으로 만들어지는 것이 아니다. 미디어는 정보를 전달할 뿐 아니라 여론을 형성하고, 사회적 규범을 설정

---

74. hooks, 1994.

하며, 권력과 연결된 이해관계를 반영한다. 그래서 비판적 사고는 묻는다.

"이 뉴스는 누구의 시선을 반영한 것인가?"

"이 콘텐츠는 누구의 어떤 이익을 위해 만들어졌는가?"

4) 디지털 제국과 권력의 비대칭성

"누가 권력을 가졌는가?"라는 질문은 곧 "누가 변화를 만들어 낼 수 있는가?"라는 물음과 맞닿아 있다. 미국의 소셜 미디어 학자 크리스티안 푹스Christian Fuchs는 권력을 단순히 강요하거나 통제하는 힘으로 보지 않았다.[75] 푹스에 따르면, 권력은 본질적으로 비대칭적이다. 즉, 일부가 더 많은 이익을 얻기 위해 다른 누군가가 희생해야 하는 구조라는 것이다.

이 비대칭은 단순한 개인 간의 문제가 아니다. 그것은 국제 무역에서, 보건 정책에서, 그리고 우리가 매일 사용하는 디지털 플랫폼 속에서도 그대로 드러난다. 예를 들어, 국제 무역을 보자. 강대국들은 자신들에게 유리한 조건으로 무역 협정을 체결하고, 개발도상국은 그 안에서 불리한 위치에 머물러야 한다. 개발도상국이 경제적 종속에서 벗어나기 어려운 이유는 바로 이 구조적 불균형 때문이다. 강한 자는 계속해서 더 많은 것을 가지게 되고, 약한 자는 그 이면에서 점점 더 희생을 강요당한다. 그것이 바로 오늘날 우리가 마주한 세계의 권력

---

75. Fuchs, 2021.

지도다.

　보건 분야에서도 권력의 비대칭성은 뚜렷하게 드러난다. 코로나19 팬데믹 당시, 백신은 인류 과학의 눈부신 성과였다. 이 소중한 성과는 모든 이에게 똑같이 주어지지 않았다. 백신은 있었지만, 모두의 것이 아니었다. 위기의 순간, 각국은 자신을 먼저 지키고자 했다. 선진국들은 앞다투어 백신을 사들였고, 그 과정에서 '백신 민족주의Vaccine Nationalism'라는 단어가 등장했다. 유럽연합은 백신 수출을 통제하기 위해 수출 허가제를 도입했고, 실제로 2021년 3월, 이탈리아는 자국 내에서 생산된 아스트라제네카 백신의 호주 수출을 막았다. 국민을 먼저 보호하겠다는 결정이었다. 한편, 세계 최대 백신 생산국 중 하나인 인도는 많은 개발도상국에 백신을 공급해 오고 있었다. 하지만 2021년 3월, 인도도 자국의 위기를 견디지 못했다. 코로나19 확산이 걷잡을 수 없이 악화하자, 정부는 백신 수출을 전면 중단했다. 그 결과, 아프리카와 아시아의 수많은 개발도상국은 한순간에 공급망이 끊기며 접종 계획에 큰 차질을 빚었다. 이것이 바로 권력의 비대칭이 만들어 낸 현실이었다. 선진국들은 충분히 백신을 확보해 국민 대부분이 접종을 받을 수 있었지만, 개발도상국에서는 여전히 수많은 사람이 첫 접종조차 받지 못한 채 위기를 견뎌야 했다. 백신을 나누지 않음으로써, 집단 면역의 형성은 전 세계적으로 지연되었고, 바이러스는 새로운 변이를 만들어 내며 다시 확산했다.[76]

　'권력의 비대칭성'은 단지 돈이나 자원의 차이에서 끝나지 않았다.

---

76. 김필구, 2020. 8. 11.

그것은 누가 생명을 보호받을 수 있는가, 누가 치료받을 기회를 가질 수 있는가로 이어졌다.

디지털 플랫폼의 세계에서도 이 같은 현상은 더욱 극명하게 드러난다. 우리는 매일 구글에서 정보를 검색하고, 페이스북(현 메타)에서 친구들의 소식을 확인하며, 아마존에서 클릭 몇 번으로 물건을 산다. 겉보기엔 모든 게 무료다. 우리는 돈 한 푼 들이지 않고도 다양한 서비스를 누리는 것처럼 보인다. 하지만 진짜 대가는 눈에 보이지 않는 방식으로 지급되고 있다. 바로, 우리의 데이터다. 사용자들이 남긴 검색 기록, 클릭한 게시물, 머문 시간, 심지어는 멈칫했던 화면까지 — 모든 것은 거대한 플랫폼 기업의 자산이 된다.

이 데이터는 단순한 숫자가 아니다. 그것은 사람들의 취향, 관심, 행동 패턴을 읽을 수 있는 정교한 지도와 같다. 기업들은 이 지도를 활용해 사람마다 다른 광고를 보여주고, 그로부터 막대한 수익을 올린다. 푹스는 이 현상을 단순한 기술 혁신이 아닌 권력의 비대칭 구조로 설명한다. 플랫폼 기업들은 데이터를 독점함으로써 디지털 경제의 주도권을 쥐고 있지만, 일반 사용자는 자신이 어떤 방식으로 감시당하고, 어떤 알고리즘이 무엇을 보여주는지조차 정확히 알 수 없다. 알고리즘은 우리에게 '당신이 관심 있을 만한 콘텐츠'를 제공하는 척하지만, 사실은 기업의 이익을 극대화하기 위해 설계된 도구다. 우리는 선택하고 있다고 느끼지만, 알고리즘은 이미 우리에게 무엇을 볼 것인지 조용히 결정하고 있다.

디지털 플랫폼의 사용자는 소비자이자 동시에 상품이다. 우리는 피동적으로 콘텐츠를 소비하면서도, 우리의 관심과 주의력은 기업이 팔

수 있는 자원이 된다. 이 구조는 사용자에게 더 많은 자유를 주는 것이 아니라, 오히려 더 큰 종속과 통제로 이어진다. 디지털 세계에서도 권력은 평등하지 않다. 그리고 우리는 그 안에서 얼마나 알고, 얼마나 선택할 수 있는지를 끊임없이 되묻게 된다. "무료"라는 환상 뒤에 숨겨진 데이터 권력의 실체, 그것이 오늘날 우리가 마주한 디지털 시대의 또 다른 얼굴이다.

디지털 기술의 발전은 세상을 연결해 주었지만, 동시에 누구에게 어떤 정보를 보여줄 것인가를 결정하는 새로운 권력을 탄생시켰다. 바로 알고리즘이다. 우리가 유튜브를 켰을 때, 화면에 뜨는 영상은 단순한 우연이 아니다. 알고리즘은 우리의 시청 이력과 관심사를 분석해 '당신이 좋아할 만한 콘텐츠'를 정교하게 추천한다. 하지만 문제는, 이 추천 시스템이 때로는 사람들을 더 편향된 정보로 몰아가는 구조라는 데 있다.

2020년 미국 대선은 이러한 위험성을 보여주는 대표적 사례였다. 선거가 끝난 뒤, 도널드 트럼프 전 대통령과 그의 지지자들은 선거가 조작되었다고 주장했다. 이 주장은 유튜브를 포함한 다양한 플랫폼을 통해 퍼져나갔고, 특히 유튜브의 추천 알고리즘은 이 혼란에 기름을 부었다. 뉴욕대학교 소셜 미디어 정치 센터의 연구에 따르면, 유튜브는 이미 부정선거 의혹을 가진 사용자에게 더 많은 부정선거 관련 영상을 추천하고 있었다.[77] 연구진은 2020년 10월 말부터 12월 초까지 361명의 사용자 데이터를 분석했고, 그 결과는 충격적이었다. 대선 결

77. Brown, Bisbee, Lai, Bonneau, Nagler, & Tucker, 2022.

과에 의심을 가진 참가자들은 평균적으로 부정선거 음모론이 담긴 영상을 12편이나 보았지만, 그렇지 않은 사람들은 단 4편에 그쳤다. 다시 말해, 의심을 가진 사람일수록 알고리즘은 그 의심을 키울 수 있는 영상들을 더 많이 보여주었다는 것이다. 연구를 이끈 제임스 비스비James Bisbee는 "유튜브의 알고리즘은 음모론에 수용적인 이들에게 트럼프 전 대통령의 주장을 퍼뜨릴 수 있는 길을 열어줬다"라고 밝혔다.

유튜브는 2020년 대선을 둘러싼 혼란 이후, 허위 정보의 확산을 막기 위한 여러 조치를 발표했다. 하지만 플랫폼을 움직이는 알고리즘의 본질적인 문제 — 즉, 극단적 콘텐츠를 더 잘 퍼뜨리는 구조 — 에 대한 비판은 여전히 계속되고 있다. 무엇이 추천되고, 무엇이 보이지 않는가. 이 단순한 메커니즘이 지금은 사회적 담론의 방향을 결정짓는 막강한 힘이 되었다. 알고리즘은 클릭과 반응을 수치로 환산하고, 더 자극적인 콘텐츠에 보상을 준다. 그 결과, 사용자들은 점점 더 비슷한 시선만을 접하게 된다. 폭스가 경고하듯, 정보가 특정한 이익에 따라 선별적으로 제공되기 시작할 때, 우리는 더는 다양한 관점을 가진 사회에 사는 것이 아니다. 소수의 권력자가 디지털 공간의 흐름을 결정하고, 다수의 인식과 행동까지 좌우할 수 있는 환경이 만들어진다. 그래서 지금, 우리는 다시 질문해야 한다.

"나는 무엇을 알고 있는가?"
"나는 왜 그것만 알고 있는가?"

3. 디지털 시대와 교육의 역할

1) 비판적 사고를 강조한 두 교육자: 존 듀이와 파울로 프레이리

존 듀이John Dewey와 파울로 프레이리Paulo Freire는 서로 다른 시대와 환경에서 활동했지만, 교육을 단순한 지식 전달이 아닌 인간과 사회를 변화시키는 과정으로 봤던 점에서 공통점을 가진다. 이 두 교육자는 모두 교육을 통해 비판적 사고를 기르고, 학생이 주체적으로 현실에 참여할 힘을 길러야 한다고 강조했다.

존 듀이는 교육을 '민주주의의 연습'이라고 보았다. 그는 학교를 사회의 축소판으로 이해하며, 교실에서의 토론과 협력 활동을 통해 학생들이 실제 민주주의를 경험할 수 있다고 믿었다. 듀이는 교육의 핵심을 '경험'에 두었다. 단순히 책을 읽고 외우는 것이 아니라, 학생들이 직접 문제를 탐구하고, 친구들과 소통하며, 삶의 맥락 속에서 배워야 한다고 본 것이다. 그는 이를 연속성과 상호작용의 원리로 설명했다. 경험은 이전의 학습과 이어지고, 타인과의 관계 속에서 의미가 있다. 과학 수업이라면 실험을 통해 원리를 확인하고, 사회 수업이라면 지역사회와 연결된 활동을 통해 문제를 고민해야 한다는 것이 듀이의 입장이었다.[78]

한편 브라질의 교육자 파울로 프레이리는 교육을 '해방의 도구'로 보았다. 그는 지식 주입 중심의 '은행적금식 교육'을 비판하고, 현실에 질문을 던지고 대화 속에서 배움을 끌어내는 '문제제기식 교육'을 주장했

---

78. Dewey, 1938; Dewey, 1916.

다. 프레이리는 교육이 현실에 순응하게 하는 것이 아니라, 그 현실을 넘어서려는 의지를 키워야 한다고 강조했다. 그는 학생이 단순한 수용자가 아닌, 자신이 살아가는 세상을 비판적으로 읽고 변화시킬 수 있는 주체가 되어야 한다고 믿었다. 리터러시 또한 단지 글을 읽는 기술이 아니라, 세상의 구조를 읽고 해석할 수 있는 능력이라고 본다.[79]

듀이와 프레이리는 모두 교사가 일방적으로 지식을 전달하는 존재가 아니라, 학생과 함께 질문하고 배우는 '동료이자 길잡이'가 되어야 한다고 주장했다. 이들은 학생들이 삶 속에서 의미 있는 질문을 던지고, 스스로 해답을 찾아가며, 세상을 더 나은 방향으로 만들어 가는 존재가 되기를 바랐다. 정보가 넘쳐나는 디지털 시대, 이들의 교육철학은 더욱 절실하게 다가온다. 학생들이 유튜브 알고리즘이나 SNS 뉴스 속에서 흔들리지 않고, 비판적으로 정보를 읽고 판단할 수 있는 능력을 기르는 것 — 그것이 오늘날 우리가 추구해야 할 교육의 방향임을, 듀이와 프레이리는 오래전부터 말하고 있었다.

2) 버트와 빈 라덴 사이: 밈, 재현, 그리고 슈퍼 디지털 시민의 탄생

2001년 가을, 전 세계를 놀라게 한 기이한 장면이 뉴스 화면에 등장했다. 방글라데시의 반미 시위 현장에서 한 시위자가 들고 있던 피켓에는, 다름 아닌 〈세서미 스트리트〉의 캐릭터 버트Bert와 미국이 테러 단체로 지정한 탈레반의 수장인 오사마 빈 라덴이 함께 등장한 등장한 합성 이미지가 담겨 있었다. 이 이미지는 장난처럼 시작된 프로젝

---

79. Freire, 2000.

트 '버트는 사악해Bert is Evil'에서 나온 것이었다. 1997년, 필리핀의 미술학도 디노 이그나시오Dino Ignacio는 디지털 아트 연습 삼아 버트를 악당들과 합성한 이미지를 웹사이트에 게시했고, 이 사이트는 순식간에 인터넷 밈meme으로 퍼져나갔다.[80]

예상치 못한 방식으로 그 이미지가 현실에 소환되면서, 이 사건은 디지털 콘텐츠가 어떻게 새로운 의미를 입고 정치적 상징으로 재구성될 수 있는지를 보여주는 전환점이 되었다. 이그나시오의 장난스러운 창작물이 〈CNN〉, 〈NPR〉, 〈Fox News〉 같은 주요 매체에 보도되며, 디지털 콘텐츠가 갖는 예측 불가능성과 파급력을 여실히 드러낸 것이다.

문화이론가 스튜어트 홀Stuart Hall은 미디어 재현representation이 단순히 현실을 반영하는 것이 아니라, 현실을 어떻게 '보여줄 것인가'를 선택하고 구성하는 행위라고 설명한다.[81] 같은 이미지를 두고도 어떤 맥락에 놓이느냐에 따라 전혀 다른 의미로 해석될 수 있다는 것이다. 실제로 영화 〈아르고〉2012는 미국에서는 영웅적 구출극으로 소비되었지만, 이란에서는 서구 중심의 역사 왜곡으로 비판받았다. 수용자는 단순한 소비자가 아니라, 자신만의 문화적 배경과 경험을 바탕으로 의미를 다시 만드는 '공동 생산자'다. 이처럼 디지털 시대의 미디어는 단순히 '보는 것'이 아니라 '해석하고, 반응하고, 재구성하는 것'이 된다. 헨리 젱킨스Henry Jenkins는 이를 '컨버전스 컬처convergence culture'라 명명하며, 개인과 집단이 콘텐츠의 생산자이자 소비자가 되는 새로운

---

80. Bert is Evil!, 2022. 2. 26.
81. Hall, 1997.

미디어 환경을 설명했다.[82] 〈버트는 사악해〉 사건은 이러한 '컨버전스' 문화를 극적으로 보여주는 사례다. 콘텐츠는 창작자의 손을 떠나 수용자의 해석에 의해 다시 새로운 현실을 만들어 낸다.

이러한 현상을 교육학적으로 풀어내면, 파울로 프레이리Paulo Freire 의 '문제제기식 교육'과 연결된다. 그는 학생이 수동적 정보 수용자가 아니라, 현실을 비판적으로 바라보고 질문할 수 있는 존재가 되어야 한다고 강조했다.[83] 예컨대 한 학생이 인터넷 밈을 접했을 때, 그것의 출처, 맥락, 의도를 분석하고 질문하는 힘 — 바로 그 비판적 문해력이 지금 필요한 능력이다.

이런 의미에서 카렌 모스버거Karen Mossberger가 말한 '슈퍼 디지털 시민'은 단지 기술을 잘 다루는 사람이 아니라, 디지털 공간에서 비판적으로 사고하고 책임 있게 행동하는 시민을 의미한다.[84] 오늘날 학생들은 단지 콘텐츠를 소비하는 데서 그치지 않고, 콘텐츠를 만들고, 해석하고, 사회적 메시지를 전하는 주체로 자라야 한다. 2018년 미국 플로리다주 파크랜드에서 발생한 학교 총기 난사 사건 이후, 생존 학생들이 중심이 되어 시작한 "생명을 위한 행진March for Our Lives" 캠페인은 디지털 플랫폼과 소셜 미디어를 통해 전국적 공감과 지지를 끌어낸 대표적 사례다.[85] 이들은 단순한 피해자가 아니라, 직접 콘텐츠를 제작하고, 정치인에게 메시지를 보내며, 거리로 나아가 시위를 주도함으로써 미국 사회 내 총기 규제 논의에 직접적 영향을 주었다.

---

82. Jenkins, 2006.
83. Freire, 2000.
84. Mossberger, Tolbert & Mcneal, 2007.
85. Grinberg, & Muaddi, 2018. 5. 26.

이 사례는 학생들이 미디어를 통해 자기 생각을 알리고, 사회를 바꾸는 데 앞장선 대표적 예라고 할 수 있다. 학생들은 자신이 보고 들은 내용을 바탕으로 의견을 만들고, 이를 디지털 캠페인이나 사회운동에 참여하는 방식으로 표현하면서 사회를 변화시키는 주체가 되어 간다. 디지털 시대, 우리는 모두 '버트'와 함께 뉴스에 등장할 수 있다. 그것이 단순한 해프닝이 아닌 사회적 영향력을 지닌 사건이 되지 않도록, 우리는 미디어를 읽는 법을 배워야 한다.

3) 비판적 미디어 리터러시: 시민성을 위한 질문의 교육

우리가 직면한 오늘날의 문제 — 팬데믹, 기후 위기, 불평등, 혐오와 차별 — 는 단지 과학이나 정치만의 과제가 아니다. 이 모든 이슈는 우리가 매일 접하는 미디어 속 정보와 깊이 연결되어 있다. 그래서 '비판적 미디어 리터러시'는 단지 읽고 보는 능력이 아닌, 질문하고 해석하며 행동하는 힘으로 간주해야 한다.

1930년대, 프랑크푸르트학파 철학자들은 나치즘과 자본주의 아래에서 대중이 어떻게 미디어에 의해 조작될 수 있는지를 경고했다. 테오도르 아도르노Theodor W. Adorno와 막스 호르크하이머Max Horkheimer는 『계몽의 변증법』[86]에서 과학과 기술의 발전이 오히려 사람들을 순응하게 만들고 있다고 비판했다. 아도르노는 대중음악을 예로 들며, 반복적이고 단순한 구조가 사고를 마비시킨다고 주장했다.

1950년대에 이르러, 이러한 비판을 넘어서는 새로운 시각이 영국에

---

86. Adorno & Horkheimer, 1944.

서 등장한다. 바로 현대문화연구센터cccs의 설립과 함께 대중문화에 대한 새로운 해석이 시작된 것이다. 영국의 문화 연구자 리처드 호가트Richard Hoggart와 스튜어트 홀Stuart Hall은 문화란 단순히 예술이나 고급 문학만이 아니라, 사람들이 살아가는 일상에서 자연스럽게 형성되고 변화하는 것이라고 보았다.[87] 특히 이들은 미디어 수용자가 수동적 존재가 아니라, 각자의 사회적 위치에 따라 미디어 메시지를 해석하고 재구성할 수 있다고 강조했다.

영국 BBC는 1980년대 런던 동부의 노동자 계층을 배경으로 한 새 TV 드라마 〈이스트엔더스EastEnders〉를 방송했다. 이 드라마는 도시의 가난한 지역에서 가족 갈등, 복잡한 인간관계, 경제적 어려움 속에 살아가는 사람들의 일상을 보여주었다. BBC는 이 작품을 통해 당시 사회에서 잘 드러나지 않던 노동 계층의 삶을 비추고, 도시 내 계급 불평등과 사회적 긴장을 대중에게 인식시키고자 했다. 사회 현실에 대한 일종의 '문화적 개입'이었던 셈이다. 하지만 이 드라마를 바라보는 시청자들의 반응은 제각각이었다. 어떤 시청자들은 극중 인물들의 대사와 사건 전개 속에서 노동 계층이 겪는 차별과 사회 구조의 불합리함을 읽어냈다. 그들은 이 드라마를 통해 현실을 비판적으로 성찰하고, 사회적 변화를 상상해 보기도 했다. 반면, 또 다른 시청자들은 이 드라마를 단순히 흥미로운 '막장극'쯤으로 받아들였다. 인물들 간의 갈등, 연애, 이혼, 배신 같은 자극적 요소에 집중하며, 사회적 맥락보다는 캐릭터 사이에서 보이는 드라마에 몰입했다.

---

87. Hall, 2016.

1970년대 초반에는 미디어의 본질과 역할에 대한 새로운 논의가 활발히 이루어졌다. 영국의 미디어 교육자인 렌 매스터만Len Masterman은 그의 저서 『미디어 교육Teaching the Media』에서 미디어는 단순히 정보를 전달하는 매체가 아니라, 그 안에 특정한 이데올로기가 숨겨져 있을 수 있으므로 반드시 분석의 대상이 되어야 한다고 주장했다.[88] 그는 미디어 리터러시 교육의 필요성을 강하게 주장했으며, 이것이 이후 교육과정 속에 본격적으로 도입되는 계기를 마련했다. 미국의 저널리스트 빌 코바치Bill Kovach와 탐사 보도 전문가 톰 로젠스틸Tom Rosenstiel은 그들의 공저 『저널리즘의 기본 원칙The Elements of Journalism』[89]에서 "미디어에 대한 신뢰의 시대는 끝났고, 이제는 확인의 시대로 접어들었다"라고 경고했다. 이 말은 우리가 이제 미디어를 비판 없이 믿어서는 안 되며, 정보를 스스로 분석하고 확인하는 능력이 필수적이라는 점을 일깨운다.

같은 맥락에서, 미국의 미디어 리터러시 센터Media Literacy Center는 학생들이 미디어 메시지를 비판적으로 생각하도록 돕기 위해 다음과 같은 다섯 가지 질문을 제시했다.[90]

- 누가 이 메시지를 만들었는가?
- 우리의 관심을 끌기 위해 어떤 창의적 기법이 사용되었는가?

---

88. Masterman, 1985.
89. Kovach & Rosenstiel, 2021.
90. Jolls & Thoman, 2005.

- 다른 사람은 이 메시지를 나와 어떻게 다르게 이해할 수 있는가?
- 이 메시지는 어떤 생활 양식, 가치관, 관점을 표현하거나 생략했는가?
- 이 메시지를 만든 목적은 무엇인가?

이와 함께 미디어 리터러시 교육에 유용한 다섯 가지 핵심 개념도 소개했다.

- 모든 미디어 메시지는 의도적으로 만들어진 것이다.
- 미디어 메시지는 고유한 규칙을 가진 창의적 언어를 사용해 만들어진다.
- 사람들은 같은 미디어 메시지를 각자 다르게 경험한다.
- 미디어에는 특정한 가치와 관점이 담겨 있다.
- 대부분의 미디어 메시지는 수익이나 권력을 위해 만들어진다.

비판적 미디어 리터러시에 관해 이야기할 때, 영국의 교육학자 데이비드 버킹엄David Buckingham의 통찰은 중요한 출발점이 된다. 그는 미디어 리터러시를 단순히 TV 프로그램이나 광고, 뉴스 기사를 분석하는 기술적 능력으로만 보지 않았다. 오히려 그것은 우리가 세상을 어떻게 인식하고 사회 안에서 어떤 방식으로 권력이 작동하는지를 이해하는, 보다 깊은 사고방식이라고 설명했다. 다시 말해, 비판적 미디어 리터러시는 '이 미디어는 무슨 말을 하고 있는가?'를 넘어서 '왜 이런 방식으로 말하는가?', '누가 이 메시지를 만들었고, 누구의 목소리는 배제되었는가?'와 같은 질문을 던지는 힘이다.

학자들의 연구는 결국 하나의 공통된 방향으로 향한다. 바로, 비판적 미디어 리터러시가 질문에서 출발한다는 것이다. "이 메시지는 누가 만들었는가?", "무엇이 보이고, 무엇이 보이지 않는가?", "어떤 가정과 가치가 전제되어 있는가?" ― 이러한 질문들이 비판적 리터러시의 핵심을 이룬다. 이 질문들은 우리가 단순한 정보 해독을 넘어서 세상을 해석하고 행동하는 방식을 새롭게 성찰하도록 이끄는 힘이 된다.

개념적 이해	질문
1. 사회구성주의(Social Constructivism) 모든 정보는 사회적 맥락 속에서 선택의 주체가 되는 개인이나 집단에 의해 구성	텍스트를 만드는 선택의 과정에는 누가 관여하는가?
2. 언어/기호학 모든 미디어는 특정한 문법과 의미론을 지닌 고유의 언어를 가짐	텍스트는 어떻게 만들어지고, 전달되며, 사람들이 접하게 되는가?
3. 수용자/사회적 위치(Positionality) 다양한 사회적 맥락에 따라 개인과 집단은 미디어 메시지를 유사하게 혹은 다르게 이해함	텍스트가 다르게 이해되는 과정은 무엇인가?
4. 재현의 정치학(Politics of Representation) 미디어 메시지와 이를 전달하는 매체는 언제나 편향성을 지니며 지배층의 권력, 특권, 즐거움을 두둔하거나 비판함	매체의 영향으로 텍스트에서 누락되거나 재현되는 가치, 관점, 그리고 이데올로기는 무엇인가?
5. 생산/제도 모든 미디어 텍스트는 종종 이윤이나 권력과 연관된 목적이 있으며, 이러한 목적은 텍스트가 작동시키는 체제 혹은 제작자에 의해 실현함	텍스트가 만들어지고 공유되는 이유는 무엇인가?
6. 사회환경적 정의 미디어 문화는 사람, 집단, 그리고 이슈에 대한 부정적 혹은 긍정적 아이디어를 강화하거나 도전하는 투쟁의 장임. 그것은 결코 가치 중립적일 수 없음	텍스트는 누구에게 유리하고 누구에게 불리한가?

디지털 시대의 미디어 리터러시는 기술적 교육을 넘어서, 인간적이며 철학적 접근이 필요하다. 그것은 단지 정보를 이해하는 것이 아니라, 학습자의 삶과 경험, 사회적 맥락을 반영하며, 이론과 실천을 잇는 다리 역할을 한다. 우리는 이제 미디어를 '사용'하는 것이 아니라, 미디어가 만들어 내는 서사와 재현하는 세계관을 함께 성찰하는 과정에 들어서야 한다.

이와 같은 변화는 '공감의 시대'를 더욱 선명하게 만든다. 미국의 경제학자 제러미 리프킨Jeremy Rifkin은 "존재한다는 것은 교류하는 것"이라고 말했다.[91] 우리가 소셜 미디어를 통해 서로 만나고, 다양한 네트워크를 통해 정체성을 형성하는 이 시대에, 미디어 리터러시는 단순히 정보 해독 능력을 넘어서, 우리 삶의 핵심적 소통 도구로 자리 잡고 있다. 이제 미디어를 이해하는 능력은 우리 자신을 이해하고, 서로를 이해하는 중요한 열쇠가 되고 있다.

1995년 일본 애니메이션 〈공각기동대〉의 마지막 대사는 이 시대를 상징적으로 보여준다. "네트워크는 네트워크다." 이제 우리는 네트워크 속에서 살아가며, 그 안에서 생각하고, 느끼고, 행동한다. 이런 시대에 미디어를 단순히 소비하는 것으로 그쳐서는 안 된다. 우리는 그것을 분석하고, 질문하고, 때로는 저항할 줄도 알아야 한다.

이러한 능력을 '비판적 미디어 리터러시'라 한다. 그것은 단지 뉴스가 진짜인지, 가짜인지를 구분하는 기술이 아니다. 그것은 미디어가 우리의 사고방식과 문화, 나아가 사회 전체에 미치는 영향력을 통찰

---

91. Rifkin, 2010.

하는 힘이다. 그 힘은 결국, 민주주의를 지키고 더 나은 세상을 상상
하게 만드는 데 꼭 필요한 능력이 된다. 교육이 희망의 실천이라면, 비
판적 미디어 리터러시는 오늘날 우리가 가져야 할 가장 중요한 희망의
언어다.

4장

디지털 세대를 위한 미디어 리터러시

1. 어린이와 미디어: 스크린 너머의 성장 이야기

디지털 세계는 이제 우리의 삶 깊숙이 들어와 있다. 우리는 스마트폰을 켜는 순간부터, 뉴스를 읽고 영상을 시청하며 친구들과 메시지를 주고받는 일상에서 미디어와 끊임없이 마주한다. 이처럼 미디어는 단순히 정보를 전달하는 창구가 아니라, 우리가 세상을 바라보는 방식, 사람들과 소통하는 방식, 그리고 자신을 이해하는 방식에까지 영향을 미치는 중요한 환경이 되었다.

이제는 눈앞에 보이는 화면 이면의 메시지를 꿰뚫어 보고, 숨겨진 의도와 편향을 분별하며, 그 정보가 불러올 결과까지 예측할 수 있는 능력이 필수가 되었다. 이러한 역량을 길러주는 것이 바로 '비판적 미디어 리터러시'다. 그것은 미디어라는 넓고 깊은 디지털 바다를 항해할 때 꼭 필요한 나침반과 같다.

비판적 미디어 리터러시는 단지 미디어 콘텐츠를 해석하는 기술을 넘어서, 학습 전반의 방식을 새롭게 확장한다. 과학, 사회, 역사, 문학 같은 다양한 분야에서도 미디어는 중요한 학습 도구로 활용되며, 이를 통해 학생들은 더 깊이 사고하고 더 넓게 세상을 이해할 힘을 기르게 된다. 특히 미디어가 사회적 맥락 속에서 어떤 영향을 주고받는지 살펴보는 과정은, 청소년들이 자신의 가치관을 정립하고 독립적 판단력을 키우는 데 중요한 밑거름이 된다.

한때는 미디어 리터러시 교육이 특별한 선택처럼 여겨졌지만, 지금은 그 누구에게도 예외일 수 없는 필수 역량으로 자리 잡았다. 디지털 환경에서 살아가는 학생들이 단순한 정보 소비자가 아니라, 책임감 있는 참여자로 성장하려면 가짜 뉴스를 구별하고, 콘텐츠 속 편향성을 인식하며, 다양한 정보를 비판적으로 분석하고 활용하는 능력이 꼭 필요하다.

최근에는 지방자치단체들도 디지털 미디어 리터러시 확산을 위한 정책 마련에 적극적으로 나서고 있다. 단순히 학교 교육에 국한되지 않으며, 전 세대를 아우르는 리터러시 교육의 필요성이 대두되면서, 2021년부터 전국 곳곳에서 '디지털 미디어 리터러시 조례'가 제정되기 시작한 것이 그 대표적 사례다. 그중에서도 부산광역시의 '디지털 미디어 리터러시 교육 지원 조례'는 지역 차원의 제도적 기반을 마련한 중요한 예로 주목할 만하다. 이 조례는 제1조에서 명확히 밝히듯, 시민들이 사회 현안에 맞춰 관련 디지털 정보를 올바르게 이해하고, 그 진위를 판단하여 비판적으로 사고할 수 있는 능력을 기르는 것을 목적으로 한다. 이는 단지 기술적 '정보 활용법'을 넘어, 사회와 현실을 해석하고 대응하는 시민의 역량을 기르는 방향으로 나아가고 있다는 점에서 의미가 깊다. 조례의 제2조는 '디지털 미디어 리터러시 교육'을 단순한 기술 교육이 아닌, 비판적 사고력 함양의 교육으로 정의하며, 이를 통해 시민들이 사회 현상을 주체적으로 해석할 수 있는 기반을 마련한다. 특히 청소년뿐만 아니라 전 세대가 참여할 수 있는 '전 생애적 교육 접근'을 명시했다는 점에서 기존의 학교 중심 리터러시 교육을 넘어서는 시도라고 볼 수 있다. 부산광역시의 사례는 디지털 시대 시민 교육의 방향성을 잘 보여준다. 디지털 정보의 양이 기하급수로 증가하는 만큼, 정보의 질과 해석력, 그리고 그에 기반한 행동의 책임감 역시 중요해진 오늘날, 지방정부 차원에서도 비판적 미디어 리터러시를 공공의 과제로 인식하고 제도화하려는 움직임은 그 자체로 교육 민주주의를 향한 실천이라 할 수 있다.

미디어 리터러시 교육을 통해 사람들은 단순히 정보를 수동적으로 받아들이는 데 그치지 않고, 디지털 세계를 더 깊이 이해하고, 스스로 책임 있는 메시지를 만들어 내는 능력을 갖추게 된다. 이제 우리는 더 미디어를 소비하는 존재에 머무르지 않는다. 우리는 그것을 읽고, 해석하고, 때로는 거부하며, 스스로 새로운 이야기를 만들어 가는 시민으로 성장하고 있다.

1) 유아기와 초등 시기의 미디어 경험

디지털 세상은 이제 신생아의 눈을 동영상의 세계로 이끈다. 태어난 지 채 여섯 달도 되지 않은 아기들이 스크린의 빛에 반응하기 시작하는 모습은 놀랍다. 세 살 무렵이 되면, 이 어린 탐험가들은 하루 두 시간씩 스크린을 보며 세상을 탐구한다. 이 시기의 아이들은 움직이는 화면, 선명한 색깔, 흥미로운 소리, 독특한 목소리에 끌린다. 아직 이야기를 깊이 이해하지는 못하지만, 그들은 스크린 속에서 일어나는 움직임과 시각적, 청각적 요소에 온 신경을 집중한다. 마치 어린 정원사가 꽃의 향기와 색보다는 그 형태에 매료되듯, 아이들은 행동과 감각적 부분을 통해 세상을 배운다.

두 살 무렵의 아이들은 스토리의 복잡한 구조보다는 단순하고 명확한 자극에 더 크게 반응한다. 그들은 이야기를 분석하기보다는 화면에서 펼쳐지는 순간적 시각과 청각의 재미를 즐긴다. 이 시기에 미디어 콘텐츠를 선택할 때는 단순히 재미를 넘어서 언어 발달, 감정 인식, 그리고 사회적 상호작용 능력을 키울 수 있는 요소를 포함해야 한다. 이는 마치 어린 화가에게 단순히 그림 그리는 법을 가르치는 것이 아니라, 그림 속 이야기와 감정을 이해하는 법을 알려주는 것과 같다. 아이들에게 제공하는 영상과 음향은 그들의 인지적 성장에 씨앗을 뿌리는 일이다. 이 씨앗은 언어, 감정, 그리고 사회적 능력의 열매를 맺게 한다.

네 살 무렵, 아이들은 작은 탐험가에서 조금 더 지혜로운 탐색자로 자라난다. 눈빛은 여전히 호기심으로 반짝이지만, 이제는 단순히 '무엇이 재미있을까'에서 '이건 왜 이런 걸까?'라는 질문과 호기심을 품기 시작한다. 이야기를 따라가며 흐름을 이해하고, 광고와 프로그램 사이의 미묘한 차이를 어렴풋이 느끼기 시작하는 것도 이 무렵이다. 물론 처음엔 그 경계가 흐릿하지만, 그것이야말로 미디어 세계를 향한 첫걸음이다. 마치 정원에 씨를 뿌리는 것처럼, 이 시기에 시작하는 미디어 리터러시 교육은 아이의 사고에 튼튼한 뿌리를 내려준다.

아동의 인지 발달 과정을 구분한 스위스의 발달심리학자 장 피아제 Jean Piaget는 7세에서 11세를 '구체적 조작기'라 불렀다.[92] 이 시기의 아이들은 눈에 보이는 것들을 중심으로 논리적 사고를 시작하며, 감정과 인식에서도 큰 전환점을 맞는다. 하지만 여전히 아이 중 절반가량은 텔레비전 프로그램과 광고의 차이를 명확히 구분하지 못한다. 많은 경우, 화면 속 모든 콘텐츠는 그저 재미있는 이야기일 뿐이다. 그래서 이 시기에는 아이들에게 올바른 방향을 제시해 주는 어른의 역할이 중요하다. 어린나무가 비와 바람을 견디며 뿌리를 내리듯, 아이들도 지도를 통해 점차 미디어 콘텐츠를 분석하고 판단하는 힘을 기른다.

아이들은 종종 미디어에서 본 이야기를 현실로 끌어온다. 인기 애니메이션 〈캐치! 티니핑〉을 본 아이들이 티니핑 캐릭터를 흉내 내며 노는 모습은 아주 익숙한 풍경이다. 그 모습은 아이들이 미디어 속 세계와 현실을 자연스럽게 연결하고 있다는 것을 보여준다. 하지만 이 두 세계의 경계가 흐려질수록, 그것을 제대로 구분하고 이해하는 교육이 더욱 필요해진다. 아이들이 상상의 세계를 자유롭게 탐험하면서도 현실에 튼튼히 발을 딛도록 돕는 것, 그것이 바로 미디어 리터러시 교육의 핵심이다.

초등학교에 입학한 아이들은 시간이 지날수록 미디어에 담긴 메시지를 점점 더 깊이 이해하게 된다. 3학년쯤이면 프로그램의 장르를 구분할 수 있고, 4학년 무렵에는 허구와 현실을 분명히 구별하는 능력이 생긴다. 예를 들어, 장난감 광고를 보며 단순히 "재미있겠다"라는 반응

---

92. Piaget, 1952.

을 넘어서 "이건 나에게 사게 만들려고 하는 거야"라고 인식하기 시작한다. 아이는 마침내 묻기 시작한다. "이건 누가 만들었을까?", "왜 이런 장면이 나올까?", "이건 진짜일까, 아니면 꾸며진 걸까?". 이러한 질문들은 매우 소중하다. 이는 단순히 지식을 쌓는 것을 넘어, 세상을 비판적으로 바라보고 자신만의 생각을 키워가는 과정이기 때문이다. 그리고 이 과정의 첫걸음은 아이들이 미디어라는 창을 통해 세상을 볼 때, 그 창 너머를 스스로 생각하고 느낄 수 있도록 이끌어주는 따뜻한 안내에서 시작된다.

2) 디지털 네이티브의 학습과 놀이

디지털 시대에 태어난 아이들에게 미디어는 삶의 동반자다. 아이들은 하루 평균 약 3시간을 이 디지털 친구들과 보내며 세상을 탐험한다. 2023년 한국언론진흥재단의 조사에 따르면, 어린이의 77.6%가 스마트폰을 사용하고, 65.6%가 스마트 TV를 시청하며, 57.1%가 태블릿 PC를 통해 세상을 본다고 한다. 그들이 가장 자주 찾는 디지털 놀이터는 유튜브이고, 소통의 창으로는 네이버 메신저, 가상현실에서는 로블록스Roblx를 즐긴다.

로블록스는 사용자가 게임을 프로그래밍하고, 다른 사용자가 만든 게임을 즐길 수 있는 온라인 게임 플랫폼 및 게임 제작 시스템이다. 데이비드 바수츠키David Baszucki와 에릭 카셀Erik Cassel이 2004년에 설립하고 2006년에 출시한 이 플랫폼은 루아 프로그래밍 언어로 코딩된 여러 장르의 사용자 제작 게임을 호스팅한다. 텔레비전은 빠르면 생후 6개월, 보통은 1~2년 사이에 아이들 앞에 등장하고, 스마트폰 사용은 다섯 살쯤 시작된다. 17.6%의 어린이가 온라인 동영상 콘텐츠를 직접 제작해 보았으며, 이들은 주로 부모나 친구들과 함께 미디어 제작의 길에 나섰다. 이 모든 것이 디지털 시대의 아이들이 어떻게 자신만의 항해를 시작하는지 보여준다.

캐나다의 미래학자 돈 탭스콧Don Tapscott은 디지털 세상 속에서 태어나고 자란 아이들을 가리켜 '디지털 네이티브 세대'라 불렀다.[93] 그가 이 용어를 처음 사용했던 1990년대 후반만 해도, 스마트폰은 없었고, 인터넷은 낯선 기술이었다. 하지만 지금, 그의 말은 현실이 되었다.

오늘날 아이들은 마치 공기를 들이마시듯 디지털 기술을 자연스럽게 활용한다. 무언가 궁금한 것이 생기면 "구글링 해 볼까?"라는 말이 자동으로 입에서 튀어나오고, 모르는 것이 있으면 유튜브에서 영상을 찾아본다. 질문을 두려워하지 않고, 오히려 질문을 통해 배우는 데 익숙하다. 탭스콧은 이런 아이들이 열린 상호작용을 통해 창의력을 키우고, 협업의 감각을 익히며 성장한다고 보았다. 실제로 아이들은 지금, 전혀 다른 방식으로 세상을 배우고 있다. 누군가는 로블록스에서 게임을 만드는 동시에, 코딩의 원리를 자연스럽게 익힌다. 또 누군가는 유튜브에 자신이 만든 장난감 리뷰나 만들기 과정을 올리며, 또래 친구들과 지식을 나눈다. 인스타그램에서는 짧은 글과 사진으로 오늘의 감정을 표현하고, 때로는 사회 문제에 대한 자기 생각을 담기도 한다. 이 아이들에게 디지털 공간은 단순한 놀이터가 아니다. 그것은 곧 확장된 학습의 공간이자, 정체성을 형성하는 무대다. 탭스콧은 이러한

---

93. Tapscott, 2008.

환경이 아이들에게 지식에 대한 문턱을 낮추고, 새로운 방식을 학습할 수 있게 하며, 궁극적으로는 디지털 안에서 '나'라는 존재를 건강하게 만들어 가는 데 기여한다고 설명한다.

　디지털 세대에 대한 낙관적 시선만 있는 것은 아니다. 미국의 영문학자 마크 바우어라인Mark Bauerlein은 오히려 디지털 기술이 청소년의 지적 성장을 가로막고 있다고 주장한다. 그는 도발적 제목의 저서 『가장 멍청한 세대The Dumbest Generation』[94]에서, 디지털 환경이 젊은 세대를 역사, 문학, 예술 등 인류의 중요한 문화적 유산으로부터 멀어지게 만들고 있다고 우려를 표했다. 청소년들은 더 이상 도서관에서 책을 찾지 않는다. 대신, 구글 검색이나 생성형 AI를 통해 몇 초 안에 정보를 찾고, 위키피디아 요약 글이나 챗GPT 같은 AI의 간단한 설명 몇 줄만으로 복잡한 개념을 '이해했다'라고 여긴다. 이런 즉각적 정보 접근은 깊은 사유의 여지를 빼앗고, 비판적 사고의 근육을 약화시키며, 무엇보다 '생각하는 습관'을 잃게 만든다는 것이다. 바우어라인은 특히 소셜 미디어와 스마트폰의 과잉 사용이 큰 문제라고 본다. 청소년들은 하루에도 수십, 수백 번 스마트폰 알림에 반응하며, 끝없이 업데이트되는 콘텐츠에 휘둘리고 있다. 유튜브의 짧은 영상, 틱톡의 몇 초짜리 클립은 처음엔 흥미롭지만, 시간이 지날수록 집중하는 시간을 단축시키고, 인내심을 약화시킨다. 그는 이것이 바로 "생각하기에는 너무 바쁜 세대"가 된 근본 원인이라 본다. 특히 바우어라인은 청소년들이 디지털 공간에서 동료 또래와만 교류하며, 자신들의 세계에 갇혀

---

94. Bauerlein, 2011.

있다는 점을 강조한다. 그들은 뉴스나 고전 문학, 철학적 논의보다는 친구의 셀카, 밈, 유행하는 챌린지에 더 많은 시간을 소비한다. 이런 폐쇄적 디지털 문화는 세대를 잇는 지식의 흐름을 단절시키며, 결과적으로 젊은 세대를 깊이와 넓이를 상실한 존재로 만든다는 것이 그의 경고다.

탭스콧과 바우어라인, 두 사람의 시선은 마치 서로 다른 창으로 디지털 세대를 바라보는 듯하다. 한쪽에서 탭스콧은 디지털 네이티브들이 새로운 가능성의 문을 여는 세대라고 말한다. 그들은 질문을 두려워하지 않고, 협업하며, 창의적으로 자신만의 길을 만들어 간다. 유튜브와 로블록스, 소셜 미디어는 단지 놀이 공간이 아니라 학습과 표현, 연결과 성찰의 무대가 된다는 것이다. 탭스콧은 이러한 변화를 통해 자율적이고 개방된 미래 사회의 시민이 길러질 것이라고 본다. 반면, 바우어라인은 그 창 너머에 드리운 그늘을 주목한다. 아이들이 더는 고전을 읽지 않고, 깊이 있는 대화를 나누지 않으며, 짧고 자극적인 콘텐츠에 익숙해진 나머지 집중력과 비판적 사고력을 잃어가고 있다는 그의 경고는 결코 가볍지 않다. 그는 우리가 아이들을 "정보의 홍수 속에 고립된 존재"로 만들고 있는 것은 아닌지 되묻는다. 이처럼 두 사람의 관점은 뚜렷하게 엇갈리지만, 공통된 메시지도 분명하다. 디지털 환경은 아이들에게 새로운 세계를 열어주는 동시에, 그 속에 잠재된 위험 또한 함께 존재한다는 점이다.

디지털 미디어는 학습을 촉진할 수 있지만, 동시에 비판적 사고와 깊은 성찰을 방해할 가능성도 품고 있다. 기술은 가능성을 확장하지만, 그 방향과 균형을 잃게 되면 아이들은 쉽게 길을 잃을 수 있다.

영국의 철학자 존 로크John Locke는 아이들을 '하얀 도화지tabula rasa'에 비유했다.[95] 그는 아이들이 세상을 살아가며 경험과 교육이라는 붓으로 자신만의 색을 덧입혀 간다고 보았다. 이 비유는 오늘날에도 깊은 울림을 지닌다. 이제 아이들은 활자보다 먼저, 손안의 작은 화면을 통해 세상과 마주한다. 유튜브에서 세상의 이면을 엿보고, SNS를 통해 또래의 감정과 생각을 공유하며, 이 모든 디지털 경험을 재료 삼아 자신만의 세계를 그려나간다.

하지만 이 여정이 언제나 평탄한 것은 아니다. 잘못된 정보와 가짜 뉴스에 무방비로 노출될 때, 아이들의 눈은 세상을 비뚤어진 렌즈로 바라보게 된다. 그래서 더욱 절실한 것이 있다. 바로 미디어를 읽고, 그 이면을 헤아리는 힘 — 미디어 리터러시다. 어린 시절부터 다양한 미디어 메시지를 마주하고, 그것을 스스로 분석하고 되짚어보는 경험은 아이들이 세상에 휩쓸리지 않고, 자신만의 기준과 목소리를 지니게 하는 든든한 나침반이 되어준다.

이 여정에서 부모와 교사는 단순한 지식의 전달자가 아니라, 아이들의 길을 비추는 따뜻한 등대와 같은 존재다. 아이들이 정보에 휩쓸리지 않고 그 의미를 스스로 헤아리며 판단할 수 있도록 이끌어주는 역할이 그 어느 때보다 중요하다. 디지털 공간 속에서 아이들이 수동적인 소비자에 머무르지 않고, 책임감 있는 정보의 생산자로 자라날 수 있도록 돕는 일 — 그것이야말로 미디어 리터러시 교육의 진정한 목적이다.

---

95. Locke, 1998.

2. 청소년과 미디어:
자아, 정체성, 그리고 디지털 파도

1) 잘파 세대와 미디어 감수성

오늘날의 청소년들은 '잘파Zalpha 세대'라고 불린다.[96] Z세대와 알파 세대 사이에 걸쳐 있는 이들은, 태어날 때부터 손에 디지털 기기를 쥐고 자란다. 스마트폰은 그저 기계가 아니라 친구와 연결하는 고리며, 태블릿은 세상을 탐험하는 창이다. 그들에게 소셜 미디어는 단순한 플랫폼이 아니다. 감정을 나누고, 존재를 표현하며, 소속감을 확인하는 무대이다. 이 세계는 현실과는 별개의 가상이 아니라, 실시간으로 이어진 또 하나의 생활세계다. 반면, 전통적 매체인 신문이나 텔레비전은 낯설고 느리게 느껴진다. 대신, 빠르게 변화하고 즉각 반응을 주고받을 수 있는 디지털 콘텐츠 속에서 청소년들은 훨씬 더 자연스럽고 편안하게 자신을 펼친다.

청소년기는 마치 다리를 건너는 시기와 같다. 한쪽 발은 아직 어린 시절에 남아 있고, 다른 한쪽은 어른의 세계를 향해 내딛고 있다. 한국 사회에서는 대체로 12세에서 19세까지를 청소년기로 보고, 이를 청년기의 시작으로 간주한다. 이 시기는 단순한 성장의 시간이 아니다. 학교에서 지식과 규범을 익히는 동시에, 삶에 대해 질문을 던지고 자신만의 생각을 키워가는 변화의 시기이다. 프랑스 철학자 장 자크 루소Jean-Jacques Rousseau는 청소년을 '작은 어른'으로 보지 않았다. 그

------

96. Leyts, 2023.

는 이 시기의 청소년을 독립된 인격체로 바라보며, 이 시기가 자아를 형성하고 사회에서의 자기 위치를 고민하는 전환점이라고 말했다.

실제로 이 시기의 청소년들은 신체적으로, 정서적으로, 인지적으로 거대한 변화를 겪는다. 12세에서 15세 사이에는 몸이 빠르게 자라고, 이성과 자의식이 또렷해지기 시작한다. "나는 누구일까?"라는 질문은 점차 자주, 또 더 깊게 마음속에 떠오른다. 친구 관계가 달라지고, 나와 세상을 바라보는 시선에도 변화가 생긴다. 15세 이후에는 정서가 더 성숙해지고, 도덕적 가치관이 자리 잡기 시작한다. 동시에, 불안이나 갈등, 자기비판 같은 감정도 자주 찾아온다. 그러나 이 모든 복잡한 감정의 굴곡을 지나며, 청소년은 조금씩 자신의 정체성을 확립해 간다.

스위스의 심리학자 장 피아제는 이 시기를 '형식적 조작기'라고 불렀다. 청소년은 이때부터 추상적 사고를 할 수 있고, 가설을 세우고 논리적으로 문제를 해결할 수 있다. 세상에 대해 철학적으로 질문하고, 자신의 가치와 신념을 정립하려는 노력을 시작한다. 이는 단순한 공부의 차원을 넘어, 자신이 누구인지, 어떻게 살아야 할지를 고민하는 과정이다.

신체의 변화와 함께, 성적 발달도 중요한 과제가 된다. 성에 대한 호기심이 생기고, 성 정체성에 대한 고민이 시작된다. 아이들은 점점 '나'와 '타인'을 의식하면서, 자신이 어떤 사람인지, 어떤 존재로 인식되고 싶은지를 탐색한다. 이 과정에서 부모와 교사의 올바른 정보 제공과 정서적 지지가 절실하다. 성에 대해 부끄러움이나 회피가 아닌, 건강하고 책임감 있는 인식이 자리 잡을 수 있도록 도와주는 일이 필요하다.

이 시기의 또 다른 중심축은 '또래'다. 부모의 영향력에서 조금씩 벗어나 친구들과의 관계가 삶의 중심에 놓이기 시작한다. 또래는 단순한 친밀한 존재를 넘어, 청소년에게 소속감을 주고, 자아를 실험할 수 있는 거울이자 무대가 된다. 친구들과 함께 시간을 보내고, 유행을 따라 하며, 때론 서로를 흉내 내는 것처럼 보이지만, 그 안에는 자신만의 문화를 만들고 독립된 정체성을 만들어 가는 과정이 담겨 있다. 물론 또래의 영향력은 양면적이다. 긍정적 자극이 될 수도 있지만, 때로는 충동적 선택이나 부정적 행동으로 이끌기도 한다. 그래서 이 시기에는 올바른 가치관과 비판적 사고를 기를 수 있도록 섬세한 지도가 필요하다.

청소년기는 '정보의 파도'를 처음으로 온몸으로 맞으며 나아가는 시간이다. 디지털 정보는 거침없이 넘실대고, 감정은 복잡하게 흔들린다. 그러나 이 격랑 속에서 방향을 잡고, 나만의 항로를 만들어 가는 법을 배우는 것, 그것이 바로 이 시기가 지닌 의미다. 청소년은 스스로 정체성을 찾아가고, 사회 속에서 자신의 자리를 모색하며 성장한다. 그렇기에 이 여정을 함께하는 가정과 학교, 사회의 역할은 무엇보다도 중요하다. 청소년들이 자신을 믿고, 세상과 건강하게 연결될 수 있도록, 우리는 그들이 지나가는 다리 위에 조심스럽게, 그러면서도 단단한 발판을 놓아야 한다.

2) 중2병과 정체성 탐색의 여정

청소년기의 초반과 중반은 마치 두 개의 세계 사이를 오가는 다리

위에 서 있는 시기다. 아직 어린 시절의 익숙함을 간직하고 있지만, 어느덧 어른 세계의 문턱에 발을 들이민 아이들. 그들은 여전히 장난을 좋아하면서도, 때로는 세상을 진지하게 고민하고, 자신이 누구인지에 대해 질문을 던지기 시작한다.

중학생이 되면, 아이들의 눈빛은 조금씩 달라진다. 단순히 외운 것을 반복하던 아이들은 이제 기억하고, 추리하고, 창의적으로 생각하는 법을 배운다. 이해력과 표현력도 눈에 띄게 자라나며, 자신을 '특별한 존재'로 인식하게 된다. "나는 남들과 다르다"라는 생각은 단지 자기만족이 아니라, 자아 정체성을 찾아가는 여정의 시작이다.

이 시기 아이들 사이에서 특히 두드러지는 심리적 변화가 있다. 바로 '상상적 청중' 현상이다.[97] 마치 자신이 무대 한가운데 서 있고, 모든 사람이 조용히 자신만을 바라보는 것 같은 감정. 한 마디 한 마디, 작은 행동 하나까지도 누군가가 보고 있고, 평가한다고 느끼는 것이다. 그래서 사소한 실수에도 얼굴이 붉어지고, 친구들의 웃음소리에 민감해진다. 혹시 나를 비웃은 건 아닐까, 내 옷차림이 이상한가, 머리는 괜찮은가 ─ 이런 생각들이 하루에도 몇 번씩 마음속을 오간다. 하지만 이러한 모습은 청소년들이 사회 속 자신의 위치를 고민하고 정체성을 형성해 가는 자연스러운 과정이다. 아직은 자기중심적 사고가 강하긴 하지만, 시간이 지나면 그들 역시 깨닫게 된다. 세상은 생각보다 나에게 집중하지 않고, 다른 사람들도 각자의 고민으로 바쁘다는 사실을. 그 순간부터 아이들은 조금씩 타인의 시선을 객관화하며, 자

---

97. Issa & Nadal, 2011.

기만의 색깔과 생각을 키워나간다.

이 '상상적 청중'의 감정은 디지털 미디어 사용 습관에도 영향을 준다. 자신이 항상 누군가의 시선에 놓여 있다고 느끼는 청소년은 외모와 스타일에 더욱 민감해진다. 자신을 표현하는 방식에 신중해지고, 남들과는 다른 무언가로 인정받고 싶어 한다. 2016년 한국언론진흥재단의 조사[98]에 따르면, 청소년들은 특히 미용과 패션 관련 1인 방송(12.2%)에 높은 관심을 보였다. 이는 단순한 취향을 넘어, 또래 집단에서의 존재감을 찾고 싶은 마음, 그리고 자신만의 개성을 만들어 가고 싶은 욕구에서 비롯된다.

'상상적 청중'이라는 심리 현상은 중학교 2학년 무렵, 그러니까 청소년기의 한가운데에서 가장 강하게 나타난다. 이 시기의 청소년들은 마치 세상의 중심에 자신이 서 있는 것처럼 느끼며, 모든 시선이 자신을 향하고 있다고 생각한다. 일본의 방송인 이주인 히카루伊集院光는 1999년 자신의 라디오 프로그램 〈이주인 히카루의 심야의 엄청난 힘 伊集院光 深夜の馬鹿力〉에서 이 독특한 심리 상태를 가리켜 "나는 중2병에 걸려 있다"라는 농담 섞인 말로 표현했고, 이후 '중2병'이라는 단어가 하나의 문화적 키워드로 자리 잡았다.

중2병은 단순한 장난이나 유행어가 아니다. 이 시기의 청소년들이 겪는 감정과 사고의 흐름을 잘 보여주는 표현이다. 반항심은 짙어지고, 상상력은 끝없이 펼쳐지며, 감수성은 유난히 예민해지는 시기. 자신만의 독특한 세계관을 만들고, 남들과는 다른 '특별한 존재'가 되고 싶

---

98. 한국언론진흥재단, 2016.

다는 욕구가 자연스럽게 솟아오른다. 자기만의 방식으로 세상과 소통하고 싶어 하고, 강한 자기표현을 통해 자신의 존재를 증명하려 한다.

이런 감정과 사고의 흐름이 지나치게 극단으로 치닫게 되면, 현실과의 괴리가 생긴다. 세상이 이해해 주지 않는 것 같고, 자신은 어디에도 속하지 못하는 존재처럼 느껴지기도 한다. 이로 인해 우울감, 고립감, 때로는 과도한 자의식과 과대망상이 찾아오기도 한다. 타인의 시선을 과도하게 의식하며 불안해지거나, 자기 안의 생각에 갇혀 현실과의 연결을 놓치는 예도 있다.

3) 사이버 폭력과 뷰티 밈의 그림자

이처럼 감정과 인식이 예민한 청소년기에는 시각적 자극에도 쉽게 흔들리기 마련이다. 눈부시게 화려한 영상, 자극적인 이야기, 거침없는 표현이 가득한 온라인 세계는 청소년들의 호기심을 강하게 자극한다. 친구들이 어떤 콘텐츠를 보는지, 어떤 영상이 유행하는지에 따라 관심이 달라지고, 그 흐름에 뒤처지지 않기 위해 애쓰기도 한다.

하지만 그 속에는 보이지 않는 위험이 숨어 있다. 방송통신위원회의 「2023년 사이버 폭력 실태조사」에 따르면, 청소년의 40.8%가 사이버 폭력을 경험했고, 그중 특히 중학생 비율이 가장 높았다. 온라인 게임이나 SNS, 메타버스와 같은 공간에서는 욕설, 조롱, 따돌림 같은 언어 폭력이 빈번하게 일어난다. 익명의 가면 뒤에서 쉽게 던져지는 말들은 상대에게 깊은 상처를 남기고, 때론 정서적 불안과 고립으로 이어진다.

사이버 폭력은 주로 온라인 게임이나 메타버스 같은 가상공간에서 발생하며, 그 형태는 대부분 언어 폭력이다. 채팅창을 통해 오가는 욕설, 조롱, 비난, 그리고 집단 따돌림까지 — 눈에 보이지 않지만 깊은 상처를 남기는 말들이 가장 흔하게 나타나는 유형이다. 더 큰 문제는, 이러한 폭력이 종종 '그저 장난'으로 치부되며 그 심각성이 제대로 인식되지 않는다는 점이다.

청소년들은 얼굴을 마주하지 않는 디지털 환경 속에서 상대의 감정을 놓치기 쉽다. 눈빛도, 표정도 보이지 않는 공간에서는 말 한마디가 얼마나 아프게 꽂힐 수 있는지를 인식하지 못한 채, 무심코 상처를 주는 말을 내뱉기도 한다. 그 결과, 사이버 폭력의 피해자는 정서적 불안과 우울, 외로움을 경험하게 되고, 자존감이 무너지며 학교 생활에도 어려움을 겪게 될 수 있다.

반대로 가해자 역시 자신이 한 행동이 누군가에게 어떤 영향을 미쳤는지 깨닫지 못한 채, 같은 행동을 반복하게 되는 경우가 많다. 보이지 않는 공간이기에 가벼워지는 책임감, 그리고 그로 인한 상처는 생각보다 더 깊고 오래 남는다.

고등학생 시기는 중학생 때보다 한층 더 깊어진 사고와 정서적 성숙이 나타나는 시기다. 이 무렵의 청소년들은 자신이 누구인지 진지하게 고민하기 시작하며, '자유', '행복', '공동체' 같은 추상적 개념들에 대해 스스로 질문을 던진다. 단순히 주어진 정보를 받아들이는 데 그치지 않고, 삶의 의미를 탐색하며 자신만의 가치관을 천천히 세워나가는 과정에 들어서는 것이다. 이 시기의 또 다른 중요한 변화 중 하나는 '정체성'에 관한 관심이 외적 모습으로도 확장된다는 점이다. 특히 성 정체성을 탐색하면서 외모와 이미지에 대한 민감도도 높아진다.

청소년들은 소셜 미디어를 통해 끊임없이 외모에 관한 정보를 접하고, 그 안에서 제시되는 미의 기준에 강한 영향을 받는다. 이 과정에서 '뷰티 밈beauty meme'은 큰 역할을 한다.

뷰티 밈은 아름다움과 매력을 주제로 하여 제작한 짧은 동영상이나 이미지의 온라인 콘텐츠로, 때로는 과장되고 때로는 풍자적으로 구성되어 사람들에게 웃음을 선사한다. 예를 들어, "나 방금 일어났어 I woke up like this"라는 제목으로 올라온 밈들은 자연스럽고 꾸미지 않은 모습을 보여주는 듯하지만, 실제로는 완벽하게 정돈된 외모나 철저히 연출된 이미지를 담고 있는 경우가 많다. 이런 밈은 유쾌함을 제공하는 동시에, 외모에 대한 보이지 않는 압박감을 전달하기도 한다.

밈 속의 매끈한 피부, 날씬한 몸매, 세련된 스타일은 청소년들이 특정한 외모를 '이상적'이라고 느끼게 만들 수 있다. 그러다 보면 자기 자신에 대해 부정적으로 인식하게 되기도 하고, 외모가 곧 '가치'인 듯한 착각에 빠질 위험도 있다. 뷰티 밈이 웃음을 주는 동시에 외모를 지나치게 강조하면서, 청소년들이 자기 내면의 가치나 고유한 개성을 놓치게 되는 것이다.

더불어, 소셜 미디어에서 자주 접하는 '완벽한 일상'의 이미지들은 현실과 동떨어진 기대를 만들어 낸다. 아침부터 깔끔한 방, 예쁜 옷차림, 여유로운 커피 한 잔 — 이런 장면들은 청소년들에게 "나만 이렇게 바쁘고 지쳤나?" 하는 생각을 들게 하고, 자신을 비교하며 자존감을 잃게 만들 수 있다. 더욱이, 미디어는 종종 심각한 사회 문제조차 가볍게 다루거나 왜곡하는 경향이 있어, 청소년들이 현실에 대한 왜곡된 시각을 갖게 되는 경우도 생긴다.

고등학생 시기는 단순히 교과서를 넘기고 시험을 준비하는 시간만은 아니다. 이 시기의 청소년들은 스스로에 대해 깊이 고민하며, '나는 누구인가?', '앞으로 어떤 삶을 살고 싶은가?' 같은 본질적 질문에 서서히 답을 찾아간다. 삶의 방향을 모색하고, 자신만의 가치관과 철학을 형성해 가는 이 시기는 인생의 중요한 전환점이 된다.

현실은 녹록지 않다. 바쁜 수업 일정과 입시에 쫓기다 보면 여유롭게 자신을 돌아보거나 관심 분야를 탐색할 시간은 부족하다. 그래서 많은 청소년이 영상물이나 미디어 콘텐츠를 통해 자신이 좋아하는 것, 흥미 있는 분야를 찾아보려 한다. 요즘의 미디어는 단지 정보를 제공하는 것을 넘어, 청소년들이 취미를 발견하고 자신을 표현하는 데 중요한 도구가 되었다.

이처럼 미디어는 청소년의 삶과 밀접하게 연결되어 있지만, 그만큼 올바른 방향으로 사용할 수 있는 능력 또한 중요해졌다. 정보를 그대로 수용하기보다는 그것을 비판적으로 이해하고, 윤리적으로 활용할 수 있는 역량이 필요하다. 특히 제도권 교육 바깥에 있는 청소년들에게 미디어는 더욱 특별한 역할을 한다. 단순한 오락을 넘어, 때로는 훌륭한 교재가 되기도 한다. 대안학교에서는 미디어 리터러시 교육과 인성 교육을 함께 진행하며, 학생들이 미디어의 본질을 이해하고, 그것을 통해 자신을 발견할 수 있도록 돕는다. 이 책의 저자 원숙경[99]이 인터뷰했던 한 대안학교 교사는 다음과 같이 말했다.

---

99. 원숙경·윤영태, 2019.

"우리 학교는 미디어 리터러시와 인성 교육을 병행합니다. 학
생들이 영상제에서 수상하며 성취감을 느끼고, 미디어 관련
학과로 진학하는 성과도 있습니다. 공교육과 비교해 학력이
낮다는 편견에도 불구하고 매년 진학과 진로 성과를 내고
있습니다."

이러한 교육 방식은 미디어를 단순히 보는 데서 그치지 않고, 그것
을 비판적으로 분석하고 창의적으로 표현하며, 그 과정에서 책임감 있
는 태도까지 기를 수 있게 한다. 직접 콘텐츠를 제작하고, 영상으로
자기 생각을 표현해 보는 경험은 청소년들에게 성취감을 안겨주고, 미
래의 진로를 구체화하는 데 큰 도움을 준다.

3. 부모와 자녀, 그리고 AI를 이해하는 힘

1) 가정에서 시작되는 디지털 리터러시

부모는 자녀에게 있어 첫 번째 미디어 멘토이자, 가장 가까운 문화
의 전달자다. 아이가 처음 미디어를 접하는 순간부터, 부모가 어떤 태
도로 디지털 기기를 사용하고, 어떤 가치를 보여주는지는 자녀의 미디
어 인식과 태도에 깊은 흔적을 남긴다. 이러한 영향력은 단지 유년기
를 넘어, 청소년기와 성인기까지 이어지며 자녀의 평생 미디어 습관과
윤리적 기준 형성에 중요한 역할을 한다.

부모의 역할은 단순히 미디어에 대한 정보를 알려주는 것을 넘어

서, 자녀가 어떤 시선으로 세상을 보고, 어떻게 미디어를 비판적으로 해석하며, 디지털 사회에서 책임감 있는 태도를 지니도록 돕는 데까지 확장된다. 부모가 보여주는 미디어 이용 방식은 자녀에게 말보다 더 강력한 메시지로 전달된다. 실제로 여러 연구에 따르면, 부모가 스마트 폰이나 디지털 기기에 과도하게 의존할 경우, 자녀 역시 비슷한 습관 을 형성할 가능성이 크다. 부모가 하루 대부분 시간을 스마트폰 화면 에 집중하고 있다면, 자녀 역시 자연스럽게 그 행동을 따라 하게 되는 것이다.

이러한 경향은 미디어 소비 습관이 세대를 넘어 전달된다는 사실을 보여준다. 부모가 어떤 기준과 방식으로 미디어를 대하느냐에 따라 자 녀의 디지털 건강 역시 크게 달라질 수 있다. 자녀가 미디어와 건강하 게 관계 맺기를 바란다면, 부모부터 올바른 디지털 습관을 갖추는 것 이 그 시작점이 되어야 한다. 부모의 일상 속 작은 선택과 태도 하나 하나가 자녀에게는 중요한 교육이자 삶의 본보기가 된다.

학부모들을 대상으로 한 미디어 리터러시 교육 현장에서는 종종 이 런 질문이 들려온다.

"언제, 얼마나 자주 미디어를 사용해야 할까요?"
"어떤 프로그램이 우리 아이에게 도움이 될까요?"

부모로서 당연히 궁금하고 걱정될 수밖에 없는 문제다. 하지만, 이 질문들에 정해진 '정답'은 없다. 가정마다 자녀의 연령, 가족 구성, 세대 간의 차이, 경제적 여건, 부모의 교육 수준과 양육 방식 등이 모두 다르기 때문이다. 자녀가 미디어를 접하고 활용하는 방식은 이러한 다양한 조건 속에서 형성되며, 자연스럽게 그 모습도 달라질 수밖에 없다.

미디어 교육학자 문혜성은 자녀의 미디어 사용은 단순히 '얼마나' 혹은 '무엇을'의 문제가 아니라, 그것을 둘러싼 가족의 환경과 교육 방식에 따라 달라진다고 강조한다.[100] 예를 들어, 맞벌이 가정의 경우 부모가 함께하는 시간이 제한적이기 때문에 자녀가 스스로 디지털 기기를 사용하는 시간이 더 길어질 수밖에 없다. 자연히 온라인 학습이나 놀이에 의존하는 경향도 높아진다.

또 조부모와 함께 사는 대가족에서는 세대 간의 차이로 인해 미디어에 대한 인식과 사용 방식이 다를 수 있다. 어른들은 텔레비전을 주요 매체로 여기지만, 아이들은 스마트폰을 통해 다양한 콘텐츠에 접속하며 서로 다른 미디어 환경 속에 살아가는 것이다.

게다가 부모의 교육 수준이나 자녀 교육에 관한 관심도 역시 중요한 변수다. 어떤 부모는 아이와 함께 콘텐츠를 보며 생각을 나누고, 그것에 대해 비판적으로 질문하는 시간을 갖지만, 어떤 부모는 미디어를 자녀의 '시간 때우기' 수단으로만 여길 수도 있다. 이처럼 미디어는 그 자체보다 그것을 어떻게 다루고 함께 나누느냐에 따라 교육적 효과가 달라진다.

따라서 모든 가정에 일률적으로 적용할 수 있는 정답은 없다. 중요한 것은 각 가정이 자신만의 환경과 필요를 잘 이해하고, 그에 맞는 미디어 사용 원칙과 대화 방식을 함께 만들어 가는 것이다. 맞춤형 미

---

100. 문혜성, 2009.

디어 교육은 바로 그런 고민에서 출발하며, 각 가정의 현실 속에서 아이와 부모가 함께 성장할 수 있는 길을 열어준다.

　우리 사회에는 여전히 문해력, 즉 리터러시 수준이 낮은 사람들이 많다. 통계에 따르면, 성인의 16.6%, 특히 60세 이상 인구의 41.7%는 일상생활에 필요한 문장을 제대로 이해하지 못하는 '실질적 문맹'에 해당한다. 반면 10대 청소년의 문해력은 국제 평가에서 세계 최고 수준으로 나타난다.[101] 종종 '요즘 아이들은 한자어도 모르고 기본 단어도 모른다'라며 리터러시의 부재를 우려하는 목소리가 들려오지만, 실질적으로 더 많은 지원과 관심이 필요한 쪽은 오히려 부모 세대다. OECD는 만 16세에서 65세 성인들의 언어 능력, 수리 능력, 문제 해결 능력을 평가하기 위해 국제성인역량조사PIAAC를 실시하고 있다. 이 조사는 동일 연령대의 집단을 10년 간격으로 반복 조사하여 역량 변화 과정을 추적하는 것이 특징이다. 예를 들어, 2012년에 25~34세였던 집단은 2022년 조사에서 35~44세가 되며, 이들의 역량 변화가 조사 대상이 된다. 조사 결과, 한국 성인의 문해력 점수는 500점 만점에 249점으로, OECD 평균인 260점보다 11점 낮다. 한국 학생들은 세계 최고 수준의 학업 성취도를 보이지만, 성인들은 OECD 평균에도 미치지 못한다. 특히 지난 10년 동안 한국 성인의 점수는 20점 이상 하락했으며, 이는 조사 대상 국가 중 가장 큰 하락 폭으로 나타났다.[102] 부모의 낮은 리터러시 수준은 단지 글을 읽고 이해하는 능력에만 머무르지 않는다. 그것은 비판적 사고력의 부족과도 밀접하게 연결된다. 디

---

101. 최준영, 2024. 12. 23.
102. 고용노동부, 2024. 12. 10.

지털 미디어가 중심이 된 오늘날의 사회에서는, 정보를 정확히 해석하고, 진위를 가려내며, 윤리적으로 활용할 수 있는 능력이 필요하다. 하지만 많은 부모는 디지털 환경에 대한 이해가 부족하고, 이에 대한 막연한 두려움을 품고 있다.

부모의 미디어 리터러시 수준은 자녀의 미디어 사용 습관에 직접적인 영향을 준다. 부모가 어떤 태도로 미디어를 사용하느냐는 자녀에게 그대로 모델이 된다. 부모가 균형 잡힌 태도로 정보를 선택하고, 필요한 것은 함께 나누며, 비판적으로 사고하는 모습을 보여줄 때, 자녀도 자연스럽게 건강한 미디어 습관을 형성하게 된다.

미국의 비영리 단체 '커먼 센스 미디어Common Sense Media'[103]는 부모와 자녀가 함께 디지털 콘텐츠를 비판적으로 분석하고 이해할 수 있도록 돕는 다양한 자료를 제공하고 있다. 이 자료들은 단순한 정보 전달을 넘어서, 자녀가 온라인 세상을 더 깊이 이해하고 디지털 환경 속에서 건강하게 성장할 수 있도록 설계되어 있다. 또한, 구글과 영국의 미디어 교육 기관인 '페어런츠 존Parent Zone'이 함께 만든 '인터넷 레전드 되기Be Internet Legends' 캠페인도 주목할 만하다. 이 캠페인은 자녀들이 디지털 세상을 안전하고 현명하게 탐험할 수 있도록 돕는 무료 교육 자료를 제공하며, 실제로 많은 가정과 학교에서 활용되고 있다. 특히 자녀들이 온라인에서 마주할 수 있는 다양한 상황을 자신이 판단하고 대응할 수 있도록, 표와 같은 4가지 핵심 지침을 중심으로 구성된 것이 특징이다.[104]

---

103. Common Sense Media. 2025.

인터넷 레전드가 되기 위한 4가지 지침

- 온라인에서 만나는 사람이나 상황이 항상 보이는 그대로가 아니므로, 무엇이 진짜이고 무엇이 아닌지를 구별할 수 있어야 한다.
- 가짜 뉴스, 피싱 사이트, 거짓 정보를 구별하는 능력을 키우는 것이 중요하다.
- 자녀에게 정보의 출처와 신뢰성을 확인하는 습관을 길러주며, 비판적 사고 능력을 키우도록 돕는다.

- 개인의 프라이버시와 보안은 온라인에서도 현실 세계만큼 중요하다.
- 개인 정보, 비밀 번호, 사진 등 소중한 정보를 안전하게 관리하는 방법을 배우고, 사이버 범죄와 해킹으로부터 자신을 보호해야 한다.
- 부모는 자녀에게 개인 정보 보호의 중요성을 설명하고, 안전한 비밀 번호 설정과 공유하지 않는 습관을 가르쳐야 한다.

- 인터넷에서는 모든 것이 증폭되어 전달되기 때문에 상대방에게 상처를 주거나 오해가 생길 수 있다.
- 온라인에서도 오프라인과 마찬가지로 예의 바르고 존중하는 태도를 유지해야 한다.
- '자신이 대우받고 싶은 대로 다른 사람을 대하라'는 원칙을 지키도록 가르친다.
- 괴롭힘이나 사이버 폭력 상황에서는 방관하지 않고, 적극적으로 거부하거나 도움을 요청하도록 지도한다.

- 온라인에서 확신할 수 없는 상황을 접했을 때, 신뢰할 수 있는 어른에게 도움을 요청할 수 있어야 한다.
- 부모와 교사는 자녀가 불편하거나 궁금한 주제에 대해 자유롭게 이야기할 수 있는 분위기를 만들어 주어야 한다.
- 자녀가 혼자 고민하지 않고, 문제를 함께 해결해 나갈 수 있는 안전한 소통 환경을 제공해야 한다.

미디어 리터러시 교육은 단지 화면 속 콘텐츠를 이해하는 수준에 머물지 않는다. 그것은 자녀가 실제 삶 속에서 더 풍부한 경험을 할 수 있도록 도와주고, 세상을 비판적으로 바라보는 힘을 기르는 과정

104. 기존의 인터넷 레전드 되기(Be Internet Legends) 내용을 보강함(출처: https://beinternetlegends.withgoogle.com/en_uk)

까지 포괄한다. 단순히 '보는 법'을 가르치는 것이 아니라, '생각하는 법'을 키우는 교육인 것이다. 이 과정에서 부모 역시 중요한 역할을 맡는다. 자녀의 첫 번째 멘토로서, 부모도 비판적 미디어 리터러시 역량을 함께 키워야 한다. 부모가 뉴스나 광고, 유튜브 영상 같은 일상의 콘텐츠를 접할 때, 그것을 어떻게 이해하고 분석하는지를 자녀에게 자연스럽게 보여줄 수 있다면, 아이도 그 과정을 따라 배우게 된다. 이는 말로 하는 교육보다 더 강력한 학습의 형태가 된다. 함께 나누는 시간을 통해 아이는 미디어 속 세상을 더 깊고 넓게 바라볼 힘을 갖게 된다. 그리고 그 힘은 아이가 디지털 시대를 건강하게 살아갈 수 있도록 도와주는 가장 큰 자산이 될 것이다.

2) AI와 함께 살아가기 위한 질문들

생성형 AI는 완벽하다고 보기는 어렵지만, 그 영향력은 날로 커지고 있다. 특히 청소년들 사이에서는 놀이와 창작의 수단으로 폭넓게 활용되고 있다. 이러한 상황에서 기술이 인간 삶의 도구가 될 수 있을지, 혹은 인간을 지배하는 존재로 전락할 위험은 없는지에 대한 물음은 점점 더 중요해지고 있다.

2025년 1월 28일, 교황청 신앙교리부와 문화교육부는 인공지능AI과 인간 지능의 관계에 대한 공식 문서 「고전과 새로움: 인공지능과 인간 지능의 관계에 대한 주의사항Antiqua et Nova-Note on the Relationship Between Artificial Intelligence and Human Intelligence」[105]을 발표했다. 이 문서는 가톨릭교회가 오랜 시간 동안 인공지능에 관해 연구하고 고민해 온 내용을 집약한 것으로, 교육, 경제, 노동, 건강, 인간관계, 국제정

세와 전쟁에 이르기까지 AI가 가져올 가능성과 위험을 폭넓게 조명한다. 문서는 특히 인공지능과 인간 지능의 관계를 재조명하며, 다음과 같은 경고를 담고 있다.

"인공지능은 기회이지만, 인간이 기계의 노예가 될 수 있다."

오늘날 AI는 의료, 교육, 산업 등 다양한 분야에서 혁신적 변화를 끌어낼 잠재력을 갖추고 있다. 그러나 그 기술이 반드시 인류에게 긍정적 결과만을 가져다주는 것은 아니다. 일부 문헌은 AI가 오히려 소외, 차별, 빈곤, 디지털 격차, 사회적 불평등과 같은 문제를 더욱 심화시킬 수 있다는 우려를 제기한다. 기술이 연결성과 효율성을 높이는 동시에, 역설적으로 인간 사이의 고립과 단절을 초래할 수 있다는 것이다. 이 현상은 '블랙 스마트 현상Black Smart Phenomenon'으로 불린다. AI는 기본적으로 과거의 데이터에 기반하여 학습하고 작동한다. 그런데 그 데이터 자체에 오류나 편견이 존재한다면, 인공지능이 생산하는 결과 역시 왜곡될 가능성이 크다.

실제로 AI 기술이 불공정한 판단을 낳은 대표적 사례가 있다. 미국에서 논란이 되었던 '콤파스COMPAS' 알고리즘이 그것이다. 이 알고리

---

105. 교황청 신앙교리부와 문화교육부가 2025년 1월 28일, 인공지능(AI)과 인간 지능의 관계에 관한 문서를 발행했다. 이 문서에서는 "AI란 지능의 인위적인 형태가 아니라 지능의 산물 중 하나다"라는 정의로 교육, 경제, 노동, 건강, 인간 및 국제 관계, 전쟁 상황에서의 잠재력과 도전 과제 등을 폭넓게 살펴보는, 그동안 가톨릭교회가 인공지능에 관해 연구하고 염려하고 주장했던 바를 집대성한 문서다. https://press.vatican.va/content/salastampa/it/bollettino/pubblico/2025/01/28/0083/01166.html

즘은 민간 업체가 개발한 것으로, 미국 내 약 20개 주 법원에서 피고인의 재범 가능성을 예측하는 데 활용되고 있었다. 겉보기엔 과학적이고 객관적으로 보이지만, 실제로는 심각한 편향이 숨겨져 있었다. 2016년, 탐사 보도 전문 매체인 〈프로퍼블리카ProPublica〉는 이 알고리즘에 인종적 편향이 내재해 있다는 사실을 밝혀냈다. 동일한 조건의 피고인이라 하더라도, 흑인일 경우 재범 가능성이 더 크게 산정되는 경향이 있었다. 예를 들어, 절도 경력이 있고 마약을 사용한 백인보다, 별다른 저항 이력도 없던 흑인이 더 위험하다고 평가된 사례가 드러났다. 이는 AI 알고리즘이 객관적 판단을 내리는 것처럼 보이지만, 실제로는 편향된 데이터에 근거해 차별적 결정을 내릴 수 있음을 극명하게 보여준다.[106]

특히 주목해야 할 현상 중 하나가 바로 인공지능의 '할루시네이션 hallucination' 현상이다.[107] 얼핏 듣기에는 공상과학 영화 속 장면처럼 들리지만, 이것은 실제 AI가 자주 범하는 심각한 오류 현상을 지칭한다. '할루시네이션'이라는 말은 원래 정신의학 용어에서 빌려온 표현이다. 존재하지 않는 것을 보거나 듣는 환각처럼, AI도 실제로 존재하지 않는 정보를 만들어 내거나, 사실을 왜곡해 그럴듯하게 포장된 거짓을 제시하는 일이 있다. 문장 자체는 유창하고 논리적이며 심지어 설득력 있어 보이지만, 정작 그 안의 내용은 전혀 사실이 아니거나 맥락에서 벗어난 경우가 허다하다. 이는 AI가 정답을 '이해'하고 말하는 존재가 아니라, 가장 가능성 큰 문장을 예측해 생성하는 시스템이라는 데에

106. 유경석, 2020. 6. 8.
107. 김경미, 2023. 6. 4.

서 비롯된다.

　이처럼 그럴듯한 오류는 단순한 실수로 끝나지 않는다. 만약 누군가가 의도적으로 편향된 데이터를 AI에 학습시킨다면? 그 결과는 훨씬 더 위험하고 교묘한 방식으로 현실에 침투할 수 있다. 이런 우려로 인해 주요 7개국G7 정부는 챗GPT와 같은 생성형 AI 모델에 대해, 개발자와 운영자에게 명확한 책임을 부여해야 한다는 공동성명을 발표했다.[108] AI의 발전을 환영하면서도, 그 통제와 규제의 필요성에 대한 공감대가 형성되고 있다.

　그렇다면 왜 AI는 이런 할루시네이션 현상을 일으키는 걸까? 그 원인은 생각보다 복합적이다. 훈련 데이터의 편향성, 오래된 정보의 학습, 텍스트 생성 시 발생하는 길이 제한, 그리고 논리 전개의 어려움까지 — 이 모든 요소가 겹치면서 AI는 스스로 오류를 자각하지 못한 채, 거짓을 '사실처럼' 말하게 되는 것이다. 인간은 질문하고, 반성하며, 더 나은 결정을 내릴 수 있는 존재다. 반면 AI는 어디까지나 알고리즘과 데이터의 함수일 뿐, 자신을 돌아볼 수 있는 윤리적 주체는 아니다.

　AI와 더불어 살아가기 위한 교육, 그중에서도 AI를 비판적으로 이해하고 활용할 수 있는 능력, 즉 'AI 리터러시'가 더욱 중요해지고 있다. 단지 기술을 '쓸 줄 아는 것'을 넘어, 그것을 판단하고 해석하며, 그 한계를 꿰뚫어 볼 줄 아는 힘이 필요하다. 왜일까? AI가 만들어 낸 정보는 종종 매끄럽고 설득력 있지만, 그 안에는 오류와 편향이 숨어 있을 수 있기 때문이다. 그러므로 우리는 AI의 답변을 그대로 받아들

---

108. G7 Data Protection and Privacy Authorities, 2023.

이는 대신, 다음과 같은 질문을 스스로 던져야 한다: "이 정보는 어디에서 왔는가?", "얼마나 일관되는가?", "지금, 이 순간에도 유효한가?" AI 리터러시 역량을 기르기 위해 다음과 같은 구체적 접근법이 필요하다.

첫째, AI 리터러시의 첫걸음은 출처를 검증하는 습관에서 시작된다. AI가 제시한 답변이 그럴듯하게 들린다고 해서 모두 사실이라고 믿어선 안 된다. AI는 훈련받은 데이터를 기반으로 작동하기 때문에, 그 데이터가 편향되거나 신뢰성이 떨어진다면 생성된 답변 또한 왜곡될 수 있다. 따라서 우리는 AI의 응답을 신뢰하기 전에 공식 자료나 권위 있는 출처와 비교하고 교차 검증하는 노력을 기울여야 한다. 정보의 양보다 더 중요한 것은 정보의 근거와 맥락이다.

둘째, 정보의 일관성을 점검하는 태도 역시 필요하다. AI는 긴 대화의 흐름을 완벽히 기억하지 못하거나, 동일한 질문에도 서로 다른 답변을 내놓기도 한다. 우리는 AI의 응답이 논리적으로 연결되어 있는지, 앞뒤가 맞는지를 끊임없이 점검해야 한다. 일관성을 의심해 보는 태도는, 오류를 걸러내는 것을 넘어, 자기사고력을 강화하는 방법이기도 하다.

셋째, 정보의 '현재성'에도 주의를 기울여야 한다. AI는 과거의 데이터를 기반으로 작동하기에, 최신 사건이나 변화된 사실을 반영하지 못할 수 있다. 어제의 정답이 오늘의 오답이 될 수 있는 시대에, 우리는 AI가 제공하는 정보가 현재 시점에서도 유효한지를 스스로 판단해야 한다. 필요한 경우 직접 최신 정보를 찾아 확인하려는 태도도 필수적이다.

넷째, 편향을 인식하고 읽어내는 능력도 AI 리터러시의 핵심이다. AI는 인간이 만든 데이터를 학습한다. 이는 곧 인간이 가진 사회적 편·견, 문화적 왜곡, 정치적 관점이 AI의 답변에 고스란히 반영될 수 있다는 의미다. 성별, 인종, 계층에 대한 편견이 학습 데이터에 포함되어 있다면, AI는 그 편견을 비판 없이 재생산할 가능성이 크다. 우리는 AI의 답변을 마주할 때마다 그것이 특정 시각을 강조하고 있지는 않은지, 다양한 관점을 공정하게 반영하고 있는지를 점검해야 한다. 편향을 인식하는 순간부터, 우리는 더 깊고 균형 잡힌 시각으로 정보를 바라볼 수 있게 된다.

AI는 방대한 데이터를 빠르게 정리하고 전달할 수 있는 뛰어난 도구다. 그러나 AI는 생각하지 않는다. 판단하지 않는다. 그저 과거의 데이터를 바탕으로, 가장 가능성 큰 답을 예측할 뿐이다. 그래서 중요한 결정이나 윤리적 판단이 요구되는 분야 — 예컨대 의료, 법률, 교육, 정책 — 에서는 AI가 제시한 정보를 비판적으로 분석하고, 필요하다면 전문가의 조언과 함께 고려하는 태도가 절실하다. AI는 인간을 대체하는 존재가 아니라, 인간의 결정을 보조하는 조력자다. 그리고 이 조력자를 올바르게 활용하기 위해서는 우리의 지적 노력과 윤리적 감수성이 필요하다. 기술을 무조건 신뢰하는 것이 아니라, 그 이면을 들여다보고 의심하는 태도 — 바로 이것이 AI 시대의 새로운 시민성이자, 디지털 민주주의를 위한 핵심 역량이다. AI의 능력을 최대한 활용하면서도, 그 한계를 넘어서기 위해 우리는 지금보다 더 깨어 있어야 한다. 그 첫걸음은, AI에 묻는 것이 아니라, 우리 스스로 질문을 던지는 데서 시작된다.

5장

포용적 디지털 사회를 향하여

1. 디지털 격차와 미디어 약자

코로나19 팬데믹은 갑자기 찾아온 폭풍과 같았다. 거리의 소음과 분주함은 한순간에 멈추었고, 사람들은 문을 닫고 집 안으로 들어갔다. '스테이 홈'이라는 낯선 말이 일상의 새로운 기준이 되자, 세상은 빠르게 온라인 속으로 스며들었다. 학교 수업부터 장보기, 친구와의 만남까지 모든 것이 디지털 화면 안에서 이루어졌다.

급격한 변화는 디지털 기술의 중요성을 더욱 뚜렷하게 만들었다. 그러나 모두가 이 새로운 세상에 쉽게 적응한 것은 아니었다. 스마트폰과 노트북을 능숙히 다루지 못하는 어르신들, 디지털 기기 자체를 마련하기 어려운 저소득층, 인터넷 접속조차 어려운 시골 지역 주민들에게는 온라인 세상은 너무나 멀고 높은 벽처럼 느껴졌다.

디지털 격차는 특히 미디어 소외계층에게 큰 영향을 미쳤다. 온라인 쇼핑, 인터넷 금융거래, 온라인 학습, 무인점포 이용처럼 일상적 활동도 디지털 환경에 익숙하지 않은 사람들에게는 큰 장벽이 되었다. 디지털 기기 사용이 어려운 고령층이나 인터넷 접근이 어려운 저소득층은 온라인 쇼핑의 혜택을 누리기 힘들었다. 이들은 직접 가게를 방문해야 하거나, 선택할 수 있는 상품이 적고 상대적으로 비싸게 물품을 사야 하는 어려움을 겪는다. 이러한 문제는 특정 집단의 경제적 불평등을 더 심화시켰다.

디지털 격차 문제가 점점 심각해지자, 2020년, 과학기술정보통신부는 '디지털 배움터' 사업을 통해 전 국민을 대상으로 한 디지털 역량 교육 서비스를 시작했다. 이 사업은 누구나 디지털 환경에 적응하고 필요한 기술을 익힐 수 있도록 지원하는 것을 목표로 기획되었다. 특히 정보 접근이 어려운 계층을 중심으로 프로그램을 운영하며, 고령자, 장애인, 저소득층 등 이른바 '미디어 소외계층'의 디지털 활용 능력을 높이는 데 초점을 맞췄다. 2020년에는 42만 8000명이 교육 혜택을 받았고, 2021년에는 65만 6000명, 2022년에는 79만 3000명으로 참여 인원이 해마다 증가했다. 교육 혜택을 받은 시각장애인은 스마트폰으로 금융 업무를 처리할 수 있게 되었으며, 고령층은 키오스크를 자유롭게 이용하고, 소상공인은 온라인 상점을 등록하는 등 실생활에서의 디지털 활용 능력이 현저히 향상되었다. 나아가 경력 단절 여성이 소프트웨어 강사로 재취업에 성공하는 등 디지털 배움터는 사회참여 기회를 넓혀주는 플랫폼으로 자리매김하고 있다.[109]

디지털 기술이 빠르게 발전하면서, 그 속도를 따라잡지 못한 이들

---

109. 신주희, 2023. 11. 10.

은 점점 더 주변으로 밀려나고 있다. 이들과의 격차를 단순한 기기 사용법이나 인터넷 활용 능력의 문제로만 볼 수는 없다. 그래서 요즘 들어 미디어 리터러시의 중요성이 더욱 강조되고 있다. 현실에서는 여전히 많은 사람이 이 기본적 역량에 접근하지 못하고 있다. 특히 고령자, 저소득층, 장애인 등 미디어 약자층은 정치적·사회적 발언권이 제한될 뿐 아니라, 문화적 권리조차 제대로 누리지 못하는 경우가 많다. 이들은 단지 목소리를 낼 수 있는 채널에 접근하기조차 어렵고, 자신을 표현할 기회에서 배제되기 쉽다.

1) 미디어 약자의 현실

미디어 약자라고 하면 단지 경제적으로 어려운 사람들을 떠올리기 쉽지만, 현실은 그보다 훨씬 복잡하다. 디지털 환경 속에서 정보에 접근하거나 그것을 활용하는 데 어려움을 겪는 모든 이들이 미디어 약자에 포함된다. 인터넷이 넘쳐나는 시대에도 어떤 사람들은 오히려 정보의 홍수 속에서 방향을 잃는다. 최신 뉴스에 접근은 할 수 있지만, 그 내용을 제대로 이해하거나 판단하는 데 어려움을 겪는 경우도 많다. 이들은 디지털 시대가 약속한 편리함과 효율성의 혜택을 온전히 누리지 못한 채, 점점 더 소외되고 있다.

'소외'라는 개념은 원래 일상에서의 사회적 고립을 의미하는 말이었으나 지금은 사회 구조가 개인에게 부담이나 제약이 되는 상황도 포함한다. 산업화와 자본주의가 확산하면서 소외는 경제적, 사회적 문제로 부각되어 산업혁명 이후 자본주의 사회의 병폐를 설명하는 중요한 개념이 되었다. 그러나 1980년대 이후 신자유주의가 퍼지고 동유럽의 사회주의가 무너지면서 소외에 대한 논의는 점점 줄어들었다.

디지털 미디어가 발달하고 사회적 관계가 빠르게 변하면서 소외는 다시 중요한 문제로 부상했다. 미디어 연구자인 최선욱[110]은 너무 빠르게 바뀌는 디지털 환경 속에서 우리가 점차 '기술의 객체'로 전락하고 있다는 감각에서 소외가 시작된다고 설명한다.

정보는 넘쳐나지만, 그 정보는 점점 의미를 잃는다. 스크롤을 내릴수록 쏟아지는 뉴스와 영상, 끝없는 업데이트 속에서 사람들은 무엇이 중요한지조차 분간하기 어렵다. 소셜 미디어로 연결된 수많은 네트워크는 오히려 새로운 위계를 만들고, 그 안에서 사람들은 끊임없이 비교당하며 정체성을 흔들린다.

최선욱은 이러한 상황을 "과잉된 정보의 탈의미화"와 "스펙터클로서의 구경거리"라고 부른다. 디지털 미디어는 사람들의 관심을 붙잡기 위해 강렬한 이미지와 자극적 콘텐츠를 쏟아내지만, 그 속에서 개인은 점점 더 수동적 소비자, 구경꾼, 객체가 되어 간다.

그는 특히 디지털 미디어가 개인의 정체성과 사회적 관계를 재구성하는 방식에 주목한다. 스마트폰 속 SNS, 알고리즘이 짜주는 피드, 감정 버튼 하나로 반응하는 구조 속에서 사람들은 점차 자신이 누구인지, 어떤 관계 속에 있는지 혼란을 느끼게 된다. 최선욱은 이 지점을 강조하며, 디지털 소외는 단순한 기술 숙련도의 문제가 아니라, 사회적이고 문화적 차원에서 다뤄져야 할 도전이라고 말한다. 디지털 환경에서 소외된 사람들은 정보에 접근하기 어렵고 사회적 네트워크에서도

---

110. 최선욱, 2016.

배제되어 새로운 형태의 고립을 만들고 있다. 빈곤이 물질적 부족이라면, 사회적 배제는 인간 삶 전반의 결핍이다. 이는 특정 개인이나 집단이 경제적, 사회적, 정치적, 문화적 삶의 여러 영역에서 완전히 참여하지 못하는 상태다.

미디어는 단순한 정보 전달의 수단이 아니다. 그것은 우리가 세상을 바라보는 창이자, 서로의 생각과 감정을 주고받는 통로이며, 삶의 조각들을 연결해 하나의 의미 있는 이야기로 엮어주는 무대다. 뉴스를 통해 세상의 움직임을 읽고, 드라마와 영화를 통해 타인의 삶을 공감하며, 소셜 미디어를 통해 각자의 일상을 공유한다. 그렇게 미디어는 우리의 경험에 새로운 층위를 더하고, 사회적 관계를 구성하며 문화를 만들어 간다.

하지만 모든 사람이 이 무대에 똑같이 서 있는 것은 아니다. 누군가는 여전히 객석에 머물러 있거나, 아예 극장 밖에 서 있다. 디지털 기기를 자유롭게 다루지 못하거나, 인터넷 연결조차 어려운 사람들— 바로 '미디어 약자'[111]들이다. 이들은 정보를 단순히 얻기 힘든 것을 넘어, 사회와의 연결 지점 자체를 놓치고 있다. 디지털 환경에서 요구되는 기술과 언어에 익숙하지 않다는 이유로, 일상과 점점 멀어지고 있다.

'디지털 격차'는 구체적 현실이다. 예를 들어, 스마트폰으로 은행 업무를 보고 병원 예약을 하고, 관공서 서류를 처리하는 것이 당연한 시대에, 디지털 기기를 능숙하게 다루지 못하는 사람은 단순히 불편

---

111. 원숙경, 2024.

함을 넘어서 '배제'된다. 동네에 새로 생긴 키오스크 카페에서 커피 한 잔을 사지 못하거나, 자녀의 학교 소식을 놓치는 등의 일들이 반복되면서, 소외는 일상이 된다.

디지털 격차는 단순히 기계와의 거리만을 말하지 않는다. 그것은 사회적 참여의 기회를 가르는 또 하나의 벽이 되며, 인간관계의 확장과 소통의 길목에서도 누군가를 점점 더 멀어지게 만든다. 온라인 커뮤니티에서 대화에 참여하지 못하고, 필요한 정보를 검색할 줄 몰라 중요한 기회를 놓치고, 자신과 사회 사이의 다리가 끊겨버리는 경험. 디지털 격차는 곧 사회적 고립으로 이어질 수 있는 무서운 현실이다.

팬데믹이 일상을 덮쳤던 그 시기, 모두가 '온라인'으로 급히 이동해야 했다. 학교의 교실은 텅 비었고, 수업은 컴퓨터 화면 너머로 이어졌다. 그러나 모든 아이가 같은 출발선에 서 있었던 것은 아니었다. 집에 컴퓨터가 없거나, 인터넷 연결조차 불안정한 학생들에게 온라인 수업은 '교육'이 아니라 '배제'였다. 화면 속 선생님의 목소리는 닿지 않았고, 숙제를 낼 방법도, 시험을 볼 길도 막혀 있었다.

그 속에서 아이들을 돕고자 했던 부모들도 한계를 느꼈다. 스마트 기기나 학습 플랫폼에 익숙하지 않은 부모들은 자녀의 학습을 도와주기는커녕, 오히려 무력감에 빠지곤 했다. 디지털 격차는 아이들의 '오늘'의 학습 기회를 막았고, '내일'의 가능성마저 빼앗고 있었다.

팬데믹은 또한 우리 사회에 원격근무라는 새로운 일상을 정착시켰다. 하지만 누군가에게는 '집에서 일할 수 있는 유연한 환경'이 곧 '일할 수 없는 환경'이기도 했다. 컴퓨터를 다루는 법을 모르거나, 화상회의 프로그램을 설치하지 못하거나, 아예 사용할 기기 자체가 없는 이들은 갑작스레 일터에서 밀려나기 시작했다. 디지털 기술이 고용의 필요조건이 되어버린 지금, 이 기술을 갖추지 못한 사람들은 점점 더 일자리에서 소외되고 있다.

정부 시스템도 빠르게 디지털화되었다. 백신 예약, 건강 정보 확인, 재난지원금 신청 등 다양한 공공 서비스가 클릭 몇 번으로 가능해졌고, '편리함'은 새로운 기준이 되었다. 그러나 이 '편리함'은 모두에게 평등하지 않았다. 농어촌에 사는 어르신, 스마트폰을 제대로 쓰지 못하는 저소득 가정, 공공기관 웹사이트를 처음 접하는 사람들에겐, 이 모든 디지털 서비스가 오히려 또 하나의 벽이 되었다.

인터넷이 느려 접속이 끊기고, 필요한 정보를 어디서 찾아야 할지 몰라 혜택을 놓치고, 신청서를 작성하는 데 도움이 없어 마감 기한을 넘기는 사람들 ― 그들은 디지털 세상의 문턱에서 계속 맴돌고 있었다. 기술이 더 많은 것을 가능하게 했지만, 역설적으로 누군가에겐 삶의 기회를 더 멀리 밀어낸 셈이었다.

2) 소외 없는 디지털 세상, 미디어 리터러시

디지털 세상에서 소외된 이들이 다시 목소리를 낼 수 있으려면, 무엇이 필요할까? 그 해답은 멀리 있지 않다. 바로 '미디어 리터러시 교육'이다. 이는 단순히 컴퓨터를 켜고 끄는 법, 버튼을 누르는 기술만을 가르치는 것이 아니다. 그보다 훨씬 더 근본적 변화 ― 정보를 스스로 찾아내고, 자기 생각을 세상에 표현하며, 미디어 속에서 자신이 어떻게 그려지고 있는지를 비판적으로 바라보는 힘을 길러주는 교육이다.

예를 들어 보자. 한 노년층 참여자에게 스마트폰 사용법을 가르치는 수업이 있다면, 그 교육은 단지 문자 보내기나 앱 설치에서 멈추지 않아야 한다. 그는 이제 뉴스를 볼 수 있게 되었고, 손주와 영상통화를 하며 웃을 수 있게 되었으며, 무엇보다도 사회 속 자신의 위치를 스스로 인식하고 질문을 던질 힘을 얻게 되었다. 이것이 바로 미디어 리터러시가 지닌 '존재를 회복시키는 힘'이다.

최근 우리 사회에서는 미디어 약자들이 소외되지 않고, 모두가 함께 연결될 수 있도록 미디어 리터러시 교육에 관한 관심이 점점 커지고 있다. 2020년, 방송통신위원회와 문화체육관광부는 '디지털 미디어 소통 역량 강화 종합계획'을 발표하며 미디어 리터러시 교육을 국가 정책으로 공식화했다.[112] 이 계획은 나이와 삶의 조건에 맞춘 생애 주기별 맞춤형 교육을 제안하고, 시각·청각·지체·발달 장애인, 학교 밖 청소년, 다문화 가정, 북한 이탈 주민, 이주노동자 등 다양한 배경을 가진 이들을 교육 대상에 포함했다.

같은 해, 과학기술정보통신부도 '디지털 포용 추진계획'을 내놓았다.[113] 이는 단지 정보 접근을 가능하게 하는 데 그치지 않고, 모든 사람이 디지털 환경 속에서 동기를 부여받고, 그 혜택을 온전히 누릴 수 있도록 돕는 것을 목표로 한다. 디지털 포용 추진계획은 미디어 약자를 위한 다양한 지원을 하고 있다. 고령층, 장애인, 취약계층 학생, 이주민 등을 대상으로 멘토링 프로그램을 제공하고, 디지털 기기와 서비스의 접근성을 높이는 노력을 하고 있다. 또한, 지역사회 내 디지털 시설을 확충하여 주민센터, 도서관, 과학관 등 다양한 공간에서 디지

---

112. 방송통신위원회 & 문화체육관광부, 2020.
113. 과학기술정보통신부, 2020.

털 교육을 진행하고 있다. 특히 중증장애인을 위한 찾아가는 1:1 서비스도 확대하고 있어, 누구나 차별 없이 디지털 교육을 받을 수 있는 환경을 조성하고 있다.

디지털 포용을 위한 노력은 한국만의 이야기가 아니다. 전 세계 곳곳에서도 소외 없는 디지털 사회를 만들기 위한 움직임이 활발히 이어지고 있다. 영국은 2017년 발표한 영국 디지털 전략UK Digital Strategy을 통해 디지털 배제의 원인으로 접근성 부족, 기술 미숙, 자신감 결여, 동기 부족 등을 지목했다.[114] 이를 해결하기 위해 지역 공동체와 학교를 중심으로 전 국민을 대상으로 한 컴퓨터 기술 교육을 확대하고 있다. 특히 노숙인이나 장애인과 같은 미디어 약자들에게는 디지털 리터러시 교육을 통해 건강관리 서비스 이용을 지원함으로써, 일상에서 디지털 기술이 실질적 도움이 되도록 하고 있다.

호주 또한 2018년 국가 기술 전략에서 디지털 기술의 포용과 확산을 핵심 과제로 삼았다. 고령층, 농촌 주민, 다문화 가정 등 다양한 삶의 조건을 고려해 맞춤형 교육과 예산 지원, 접근성 향상 정책을 추진 중이다.[115]

3) 디지털 시대와 고령층의 목소리

오늘날 정보화 사회에서 고령층은 정보화 교육의 기회 부족, 디지털 기술에 대한 부정적 태도, 디지털 몰이해 등 여러 장애 요인에 직면해 있다. 그 결과, 많은 고령층이 디지털 격차로 인해 사회적 활동과

---

114. Department for Digital, Culture, Media & Sport. 2017.
115. Digital Transformation Agency. 2024.

경제적 참여에서 소외되고 있다. 고령층에게 디지털 기술은 단순한 생활의 편리함을 넘어 생존의 문제와도 직결된다.

원숙경의 연구에서[116], 미디어 리터러시 교육을 받은 고령층은 교육 이후 생활의 질이 크게 향상되었다고 응답했다. 또한, 고령층 대상 미디어 교육을 진행한 교육자들은 "처음에는 왜 이런 교육이 필요한지 의문이 들었지만, 현장에서 키오스크 사용법을 배우고 실습한 고령층의 만족도는 매우 높았다"라고 밝혔다.

디지털 시대, 고령층은 점점 더 빠르게 돌아가는 세상에서 소외되기 쉬운 존재로 여겨진다. 하지만 우리가 주목해야 할 것은, 고령층이 여전히 이야기할 것이 많고, 세상과 소통하고 싶은 욕구를 지닌 존재라는 점이다. 이들이 다시 목소리를 낼 수 있도록 돕는 열쇠가 바로 미디어 리터러시 교육이다.

이 교육은 단순히 스마트폰을 다루는 기술을 넘어, 고령층이 자신의 삶을 표현하고, 사회의 편견에 맞서며, 디지털 공간에서도 주체적인 시민으로 살아갈 힘을 길러준다. 젊은 세대와의 소통을 가능하게 하고, 자신의 정체성을 다시 구성하며, 억압에 저항하고 권리를 주장하는 데 필요한 인식과 도구를 제공하는 것이다.

한국은 지금 빠르게 초고령 사회로 접어들고 있다. 통계청에 따르면 2025년에는 65세 이상 인구가 전체의 20.6%를 차지하게 된다.[117] 그러나 여전히 많은 고령층은 언론과 온라인 공간에서 부정적 이미지로 묘사되고 있다. 팬데믹 이후엔 '틀딱충', '연금충' 같은 혐오 표현이 더

---

116. 원숙경, 2024.
117. 박진석, 2023. 6. 26.

욱 퍼졌다. 이에 대해 국가인권위원회는 디지털 미디어 리터러시 교육이 혐오 표현에 대응하는 효과적 방법임을 강조한다. 교육을 받은 고령층은 더는 침묵하지 않고, 자신만의 경험과 목소리로 편견에 맞서 싸울 수 있다.

그렇다면 어떤 방식의 교육이 필요할까? 고령층의 현실을 반영한 생활 밀착형 미디어 리터러시 교육이 핵심이다.

첫째, 디지털 기술에 대한 실용 교육이 필요하다. 원격 진료, 인터넷 뱅킹, 키오스크 사용법 등 일상생활에 꼭 필요한 기술을 익히도록 도와야 한다. 이를 통해 고령층은 디지털 접근권을 보장받고 일상에서의 불편함을 줄일 수 있다.

둘째, 정서적 공감과 회복을 위한 미디어 활용이 중요하다. 게임이나 가상현실 체험을 통해 디지털 미디어와 친해지고, 음악이나 소리를 활용한 감정 표현 활동으로 내면을 다독일 수 있다. 예를 들어, 자신이 다룰 수 있는 악기를 통해 '마음의 소리'를 녹음하고 편집하는 프로그램은 정서적 안정과 표현력 향상에 도움이 된다.

셋째, 생애사 기록을 통한 자아 성찰을 유도하는 활동이 있다. 자신의 사진, 영상, 추억이 담긴 장소들을 스토리로 엮어보는 과정은 고령층이 자신의 삶을 돌아보고, 타인과 공유하며, 삶의 의미를 재발견하게 만든다. 이는 단순한 기록이 아니라, 존재의 가치와 기억의 사회화를 위한 소중한 작업이다.

마지막으로, 지역사회를 기반으로 한 참여 플랫폼이 필요하다. 예를 들어, 공동체 라디오 프로그램에 참여해 자신의 목소리를 내보는 경험은 성취감을 주고, 사회적 연결망을 확장하며 세대 간 소통을 자연스럽게 끌어낸다.

고령층에게 미디어는 낯선 장벽이 아니라, 새로운 가능성의 창이
될 수 있다. 미디어 리터러시 교육은 그 창을 여는 열쇠이며, 이들이
디지털 사회의 주인공으로 다시 설 수 있도록 돕는 가장 따뜻한 방식
이다.

2. 다문화 사회와 지역 기반 미디어 리터러시

1) 다문화 사회와 미디어

2000년대 들어 한국 사회는 큰 전환점을 맞았다. 바로 이주노동자
와 결혼이주여성의 대거 유입으로, 오랜 시간 '단일민족'이라는 정체성
을 지켜왔던 한국이 다문화 사회로 발을 내딛게 된 것이다. 그러나 준
비되지 않은 변화는 혼란을 낳았다. 정책 입안자도, 학자도, 시민들도
새롭게 들어온 이들을 어떻게 바라보고 받아들여야 할지 명확한 기준
이 없었다. 그 빈자리를 채운 것은 미디어의 이미지였다.

뉴스와 드라마, 예능 프로그램은 점차 이주민의 모습을 만들어 냈
고, 그 이미지는 사람들의 기억 속에 '사실'처럼 각인되었다. 처음에는
'다문화'라는 말이 신선하고 긍정적으로 들렸다. 정부와 언론은 공존
과 다양성을 강조하며, 다문화 가정을 위한 정책과 지원을 확대해 나
갔다. 그러나 시간이 지나며 상황은 달라졌다.

2010년대에 접어들면서 다문화 피로감과 혐오라는 말이 고개를 들
기 시작했다. 일자리 경쟁, 위장 결혼, 문화적 충돌, 범죄 문제 등으로

갈등이 부각되었고, 미디어는 이런 문제를 반복적으로 조명했다. 그 결과, 이주민은 종종 '잠재적 위협'으로 그려졌다. 이주민이 연루된 사건이 한 번이라도 발생하면, 그 사건은 '개인'이 아닌 '집단'의 문제로 확대되었다.

2017년 개봉한 영화 〈청년 경찰〉은 그 단면을 잘 보여준다. 코미디 장르임에도 불구하고, 영화는 대림동의 조선족 폭력조직이 미성년자를 납치해 장기를 적출하는 장면을 담았다. 이 장면은 조선족 사회 전체에 대한 부정적 이미지를 강화했고, 중국 교포 단체들은 즉시 반발했다. 그러나 영화는 상영되었고, 법원은 손해배상 청구를 기각했다. 영화 속 픽션은 현실에서 낙인이 되었다.

한 몽골 출신 귀화인은 어느 날 다문화 교육을 위해 학교를 방문했다가 "한국 사람처럼 생겼네요. 서류는 읽을 줄 아세요?"라는 질문을 받았다고 회상했다.[118] 겉으로는 관심처럼 보이지만, 그 말에는 무의식적인 편견과 차별이 스며 있었다. 그는 "'다문화'라는 단어 자체에 이미 배제의 냄새가 묻어 있다"라고 말한다. 단어에서 느껴지는 첫인상이 바뀌지 않으면, 아무리 좋은 취지라도 그 단어가 사람들에게 전하는 이미지는 쉽게 바뀌지 않는다.

결혼 이주 여성과 이주노동자들은 종종 눈에 잘 띄지 않는 방식으로 상처를 받는다. 그 상처는 크고 분명한 차별의 언어가 아니라, 일상 속 무심한 한마디, 그 속에 숨어 있다. 이를 일컬어 '미묘한 인종 차별 Racial Microaggressions'이라고 부른다.

---

118. 원숙경, 2024.

이 개념은 미국의 정신과 의사 체스터 피어스Chester Pierce가 처음 사용한 용어로, 특정 인종이나 집단에 대한 편견이 의도적이든 아니든 은밀하고 반복적으로 드러나는 차별적 표현을 의미한다.[119] 예를 들어, 누군가가 "너 한국말 정말 잘하네!"라고 말했을 때, 그 말은 칭찬처럼 들리지만 듣는 사람은 문득 이렇게 느낄 수도 있다. "아, 나는 여전히 외국인으로 보이는구나." 말 한마디가, 자신이 이 사회의 '완전한 일원'이 아니라는 경계선을 상기시킨다.

이러한 차별은 때때로 공익광고 같은 의도적으로 '화합'을 말하는 공간에서도 나타난다. 〈17살 카리나의 친구 하늘〉이라는 공익광고 속 한 장면 — 한국 학생이 이주민 학생을 소개하며 "얘요? 얘는 매운 거 진짜 잘 먹어요"라고 말한다. 언뜻 보기엔 훈훈한 장면 같지만, 그 말 속에는 "원래 이주민은 한국 음식을 잘 못 먹을 것"이라는 고정관념이 숨어 있다. 이런 표현은 '적응'이 곧 '음식 취향의 한국화'처럼 받아들여질 수 있고, 이주민 학생에게는 작지만, 지속적인 압박이 된다.

더욱이 SNS와 온라인 커뮤니티에서는 더욱 노골적 혐오 표현과 편견이 퍼지고 있다. 특정 이주 집단을 향한 조롱, 배제의 언어는 디지털 공간을 통해 쉽게 퍼지고, 그것은 사회 전체의 공기처럼 스며든다. 이주민은 점점 더 위축되고, '정말 나를 환영하는 곳이 맞을까?'라는 질문을 품게 된다.

---

119. Pierce, 1970.

2) 다문화 공존을 위한 미디어 리터러시

미국의 다문화 교육학자 제임스 뱅크스James Banks는 다양한 민족과 문화가 공존하는 사회에서 무엇보다 중요한 것은 주류 문화와 소수 문화를 함께 이해하고 아우를 수 있는 지식과 태도, 그리고 소통의 기술이라고 강조한다.[120] 즉, 다문화 리터러시는 단순히 타문화를 '존중'하는 데 그치지 않는다. 그것은 나와 다른 사람을 만나는 과정에서 내가 바뀌고, 우리가 함께 변화를 만들어 내는 힘이다. 뱅크스는 이러한 능력이 개인의 성장뿐 아니라 사회적 변화의 동력이 될 수 있다고 보았다.

다문화 리터러시는 일상 속 직접적 대화는 물론, 미디어를 통해 접하는 간접 경험에서도 자라날 수 있다. 특히, 이주민이 자신만의 목소리로 이야기를 만들고, 공유하고, 세상과 연결될 수 있도록 돕는 미디어 리터러시 교육은 중요한 출발점이 된다.

한국에서도 이러한 움직임이 시작되고 있다. 국립중앙도서관과 여러 지방자치단체, 이주민 지원 단체들은 '이주민을 위한 미디어 리터러시' 프로그램을 운영하며, 이주민들이 한국 사회 속에서 스스로 정보를 찾고 활용할 수 있도록 돕고 있다. 이 교육은 단순한 정보 전달을 넘어, 촬영 기초 이론부터 영상 제작과 편집까지 직접 콘텐츠를 만들어 보는 과정으로 구성되어 있다. 참여자들은 자신의 이야기를 담은 영상을 제작하며, 타인과 소통하고 자신을 표현하는 새로운 언어를 배운다.

---

120. Banks, 1991.

다문화 미디어 리터러시는 소외 문제와도 깊은 관련이 있다. 미국의 문화연구자 그로스Gross[121]는 이렇게 말한다. 우리가 매일 접하는 미디어 메시지는 대부분 다수에 의해, 다수를 위해 만들어진다. 그렇기에 그 메시지 속에는 쉽게 드러나지 않는 소수자의 침묵이 숨어 있다. 다수의 시선이 모든 것을 규정할 때, 소수자의 이야기는 배경으로 밀려나거나 왜곡될 수 있다.

그로스는 소수자가 직접 앞에 나서기보다, 때로는 다수를 통해 메시지를 우회적으로 전달하는 방식이 더 효과적일 수 있다고 지적한다. 이 전략은 기존의 편견을 부드럽게 흔들고, 소수자에 대한 인식을 자연스럽게 변화시킬 수 있다.

실제로 한국 미디어에서는 여전히 선주민[122]의 시각으로 이주민의 이야기를 재현하는 경우가 많다. 문제는 이 과정에서 이주민이 '외국인', '도움이 필요한 존재'로만 묘사되면, 대중의 인식은 그 이미지에 갇히게 된다는 것이다. 그리하여 이주민의 이야기 속에서 정작 이주민 본인의 목소리는 사라지고, 선주민의 시선만 남게 된다.

비슷한 문제의식을 일본의 미디어 문화연구자 야하타 코이치八幡耕一[123]도 제기했다. 그는 이주민이 아무리 독립적으로 미디어 활동을 펼친다 해도, 그것만으로는 선주민의 뿌리 깊은 오해를 해소하기엔 한계가 있다고 본다. 야하타는 선주민이 주도하고, 이주민이 협력하는

---

121. Gross, 1998.
122. 선주민이란 선조에게 물려받은 땅에서 민족적 정체성을 자신의 문화양식, 사회제도와 법제도에 따라 유지하며 살아온 사람들을 말한다(Martínez Cobo, 1986). 한국 국적을 취득하더라도 이주 1~2세대인 경우 엄밀한 의미에서 선주민이라 지칭하기 어렵다.
123. 八幡, 2005.

방식—즉, 함께 이야기를 만들어 가는 구조가 필요하다고 강조한다.

예를 들어, 뉴스 프로그램에서 이주민을 단순한 인터뷰 대상이 아니라, 기획과 제작 과정에 직접 참여시키는 것이다. 이주민이 자신의 이야기를 어떻게 풀어내야 할지를 스스로 결정하고, 선주민 제작자와 함께 협력하면서 더 풍부하고 정확한 서사가 만들어진다. 이러한 방식은 단순한 정보 전달을 넘어, 문화 간 이해와 공존의 기반을 쌓는 실천이 될 수 있다.

2019년 이후, 한국 드라마 속 풍경은 조금씩 달라지기 시작했다. 예전에는 보기 드물던 외국인과 이주민 캐릭터들이 점차 드라마의 중심 무대에 등장하고 있다. 이 변화는 단순한 다양성의 반영을 넘어, 오랫동안 고착되어 온 고정관념에 도전장을 던지기도 한다.

드라마 〈이태원 클래스〉의 '토니'는 그 대표적 사례다. 그는 한국인 아버지와 기니 출신 어머니 사이에서 태어난 혼혈 인물이다. 외모만 보면 '외국인'처럼 보일 수 있지만, 그는 유창한 한국어만을 사용하고 영어는 전혀 구사하지 않는다. 이 설정은 "혼혈이면 영어를 잘할 것"이라는 암묵적 기대에 균열을 만든다. 드라마는 토니를 통해, 언어 능력은 개인의 경험과 환경에 따라 다를 수 있음을 자연스럽게 보여준다.

영화 〈빈센조〉 역시 주목할 만하다. 이탈리아 마피아 출신이자 변호사인 '빈센조'는 어릴 때 외국으로 입양된 인물로, 한국에 돌아와 이중 정체성을 가진 채 살아간다. 그는 한국어에 능통하고, 한국 사회에 빠르게 적응하며, 때로는 한국인의 정서보다 더 깊이 공감하는 모습을 보여준다. 드라마는 그가 한국 문화를 이해하고 받아들이는 과정을 통해, 이주민과 혼혈 인물이 '외부자'가 아니라 사회의 일원임을 섬

세하게 그려냈다.

그러나 이와 같이 긍정적 변화가 늘고 있음에도 불구하고, 여전히 외국인과 이주민은 부정적 이미지로 재현되는 경우가 적지 않다.

〈오징어 게임〉에서 파키스탄 출신 노동자 '알리'는 성실하고 따뜻한 인물이지만, 결국 한국인에게 배신당하며 희생적 이미지로 퇴장한다. 〈모범택시〉에서는 조선족 보이스 피싱 사기단과 중국 갱단이 등장하고, 이들은 모두 폭력적이고 위협적인 존재로 묘사된다. 이러한 설정은 동아시아 출신 이주민에 대한 부정적 인식을 강화하고, 특정 집단을 하나의 틀에 가둬버리는 결과를 낳는다.

이런 프레임은 필리핀이나 인도 출신 이주민에게도 마찬가지로 작용한다. 한 필리핀 출신 다문화 강사는 "뉴스에서는 항상 필리핀의 부정적인 소식만 전한다"라며, 미디어가 특정 국가에 대해 편견의 프리즘을 씌우고 있다고 비판했다. 인도 출신 강사 역시 "드라마 속 인도는 현실과 너무 다르다"라며, 문화 왜곡에 대한 우려를 표했다.[124]

미국의 사회심리학자인 올포트Allport[125]는 특정 인종이나 민족을 부정적으로 묘사하는 미디어 콘텐츠는 사람들 사이에 오해와 갈등을 불러일으킬 수 있다고 말한다. 이는 서로 다른 문화와 배경을 가진 사람들이 단절되고, 편견과 차별이 심화하는 결과를 낳는다. 한국에서도 다문화가족에 대한 편견과 차별을 막기 위해 미디어 리터러시 교육이 진행되고 있다. 그러나 대부분 이주민만을 대상으로 하는 경우가 많다. 이런 방식은 선주민과 이주민 사이의 소통을 제한하며, 서로를 이

---

124. 원숙경, 2024.
125. Allport, 1958.

해하고 존중하는 기회를 놓치게 된다. 진정한 다문화 미디어 리터러시 교육은 선주민과 이주민이 함께 참여해야 효과적이다. 예를 들어 학교에서는 공동 다큐멘터리 제작과 같은 프로젝트를 통해 서로의 문화를 이해하고, 미디어가 특정 집단을 왜곡하거나 소외시키지 않도록 배우는 기회를 제공할 수 있다. 또한, 선주민과 이주민이 함께 미디어 속 재현을 모니터링하며 편견 없는 시각을 학습하는 것도 중요하다.

실제로 미국 필라델피아의 한 초등학교에서는 학생들이 미디어 속 중동 지역에 대한 고정관념과 자신의 편견을 분석하는 프로그램을 진행했다.[126] 학생들은 디즈니 영화 〈알라딘〉을 시청한 후 작품 속에 나타난 문화적 편견과 고정관념을 주제로 토론했다. 주인공과 악당의 피부색 비교, 악당들의 억양 등을 분석하면서 미디어가 특정 문화를 어떻게 묘사하는지 비판적으로 살펴보았다. 또한, 중동 국가들의 역사와 문화를 배우며 잘못된 고정관념을 바로잡았다. 이 과정을 통해 학생들은 다양한 문화를 이해하고 비판적 사고 능력을 키울 수 있었다.

한국에서는 드라마 〈사랑의 불시착〉을 활용하여 상호문화 교육을 진행한 사례가 있다.[127] 이 프로그램에서는 드라마에 나타난 남북한의 문화 차이를 분석하고, 상호문화주의에 관해 토론했다. 학생들은 드라마 속에서 남한과 북한의 일상생활, 말투, 관습 등의 차이를 비교하면서 두 문화의 공통점과 차이점을 이해했다. 이를 통해 서로 다른 문화를 존중하고 수용하는 태도를 기를 수 있었다. 또한, 서로의 문화를 깊이 이해하며 편견을 줄이고, 공존을 위한 긍정적 변화를 경험했다.

---

126. 윤지원, 2018. 8. 29.
127. 김정희, 2023.

3) 지역을 살리는 미디어 리터러시

지역이 사라지고 있다. 인구는 줄고, 정체성은 흐려진다. 지역 소멸은 단지 사람이 떠나는 문제가 아니라, 지역의 이야기와 정체성이 사라지는 위기다. 미디어의 역할이 중요해지고 있다. 미디어는 정보를 전달하는 도구를 넘어, 지역 공동체의 정체성을 만들고 되살리는 힘이 된다. 일본 디지털청이 디지털 포용 정책의 핵심에 '지역'을 내세운 이유도 여기에 있다. 지역 소멸은 물리적 인구 감소뿐 아니라 정서적인 정체성 상실로도 나타난다.[128] 한국에서도 2020년 이후 여러 지방자치단체가 디지털 미디어 리터러시 조례를 제정하며 대응에 나섰다.

이탈한 인구를 붙잡는 것도 중요하지만, 더 중요한 건 지역민이 자신들의 이야기를 다시 발견하고 말할 수 있는 환경을 만드는 일이다. 사회학자 멜루치Melucci[129]와 미디어학자 김유정[130]은 모두 지역을 관계와 유대, 기억이 얽힌 '집합적 정체성의 공간'으로 본다.

지역 주민들은 자신들이 사는 곳을 얼마나 알고 있을까? 또, 지역에 대해 어떤 감정을 품고 있을까? 놀랍게도 그 답은 종종 미디어가 지역을 어떻게 보여주느냐에 따라 달라진다. 텔레비전에서 비치는 낡은 시장 골목, 유튜브에 올라온 축제 영상, 지역 신문에 실린 인터뷰 기사 — 이 모든 이미지는 지역에 대한 주민들의 인식과 정체성 형성에 큰 영향을 준다.

오늘날 중요한 것은 단순히 미디어를 소비하는 것을 넘어서, 지역

---

128. 오단이 외 4인, 2024.
129. Melucci, 1995.
130. 김유정, 2018.

주민들이 직접 미디어를 비판적으로 바라보고, 해석하고, 나아가 자신의 이야기를 만들어 내는 능력, 곧 '지역 미디어 리터러시'다.

영국의 리터러시 연구자 영국의 리터러시 연구자 데이비드 바톤David Barton과 메리 해밀턴Mary Hamilton[131]는 리터러시를 단지 읽고 쓰는 기술로 보지 않는다. 그들은 지역의 이야기를 온전히 이해하고 해석하는 능력, 즉 지역 리터러시야말로 진정한 지역사회의 구성원이 되기 위한 열쇠라고 말한다. 이는 주민들이 자신이 사는 곳을 더 잘 알고, 주체적으로 참여할 수 있게 하는 내적 동력이 된다.

여기에 버킹엄Buckingham[132]은 미디어 리터러시 교육을 추가해 준다. 그는 다양한 미디어를 분석하고 평가하며, 능동적으로 활용할 수 있는 능력을 길러주는 과정이 미디어 리터러시라고 정의했다. 나아가 이 교육은 정보를 소비하는 데 머무르지 않고, 시민들이 공공의 문제에 참여하고 변화에 이바지하는 민주 시민으로 성장하게 하는 교육이라고 강조한다.

이처럼 지역 미디어 리터러시는 단순한 기술 교육을 넘어서, 지역 리터러시와 미디어 리터러시를 아우르는 통합적 개념이다. 지역에서 필요한 정보와 지식이 어떻게 생산되고 유통되는지를 비판적으로 바라보고, 지역의 역사와 문화를 콘텐츠로 재구성하며, 지역민 스스로가 자긍심을 갖고 정체성을 회복해 가는 과정이다.

예를 들어, 지역의 이야기를 다룬 다큐멘터리는 주민들에게 잊고 있던 자부심을 되살릴 수 있다. 캠페인 영상 제작, 지역 팟캐스트, 마을

---

131. Barton & Hamilton, 2012.
132. Buckingham, 2003.

신문 만들기와 같은 활동을 통해 주민들은 자신의 목소리를 내고, 지역사회를 향한 참여를 실천하게 된다. 이처럼 지역 미디어 리터러시는 지역, 주민, 자치단체를 연결하는 다리가 되어, 더 나은 공동체를 만드는 데 든든한 밑거름이 된다. 이에 따라 지역 미디어 리터러시 교육 내용 방식을 다음과 같이 정리할 수 있다.[133]

지역 미디어 리터러시 교육 내용 접근방법

미디어 리터러시	지역 미디어 리터러시	
미디어 이해	지역 미디어학에 관한 이해 미디어 로컬리즘에 관한 이해	
미디어 사용능력	미디어 사용능력	
미디어 성찰 능력	지역 미디어 성찰 능력	1. 지역 미디어 프로그램 내용 자체에 관한 모니터링 2. 지역 미디어에서 표현되는 지역사회 이슈와 정체성 3. 모든 미디어에 재현되는 지역성 등에 관한 통찰능력 등
미디어 실천	지역 미디어 실천	1. 협업 저널리즘: 지역 미디어+지역시민단체(또는 지역민) 2. 마을 미디어(혹은 지역공동체 미디어) 3. 퍼블릭 액세스 활동 4. 지역민 주체 인터넷 카페, 블로그 등

다음은 지역 미디어 리터러시 교육안을 기반으로 한 대표적 실천 사례 4가지다.

① 지역 미디어 리터러시 교육안을 처음으로 만든 '부산시'

2020년 이후, 전국의 지역자치단체들이 하나둘씩 미디어 리터러시 교육에 주목하기 시작했다. 단순히 기술을 가르치는 차원을 넘어, 지

---

133. 원숙경(2023)의 논문 내용을 재구성한 것이다.

역 주민들이 정보를 비판적으로 이해하고 표현하는 힘을 기르도록 돕는 방향으로 변화한 것이다. 그 가운데 부산시는 가장 빠르고 체계적인 움직임을 보였다.

부산시는 2022년부터 2024년까지 자체 예산을 투입해 지역 맞춤형 미디어 리터러시 교육안을 개발하고, 그 내용을 현장에 적극적으로 반영했다. 중심에는 부산시청자미디어센터의 현직 강사들이 있었다. 이들은 직접 마을로 들어가 주민들과 함께 미디어를 해석하고, 새로운 지역 이야기를 만들어 가는 활동을 펼쳤다.

수업은 단순한 스마트폰 사용법이나 영상 편집을 넘어, 미디어 속 고정관념을 읽고 이를 비판적으로 해석하는 능력, 그리고 지역 혐오 표현에 대응하는 방법까지 다뤘다. 예컨대 "부산은 어떤 이미지로 재현되고 있는가?"라는 질문에서 출발해, 실제 콘텐츠를 분석하고 새로운 지역 스토리텔링을 창작해 보는 실습도 진행되었다.

2022년에 개발된 교육안은 특히 팩트체크와 비판적 사고력 강화에 중점을 두었다. 주민들은 뉴스와 정보를 무비판적으로 받아들이지 않고, 스스로 진위를 판별하고 근거를 찾는 훈련을 받았다.

이러한 흐름은 부산시가 제정한 디지털 미디어 리터러시 조례에 그대로 반영되었다. 조례는 해당 교육을 "디지털 미디어를 통해 전달되는 내용에 대한 이해 및 정보 진위를 판단하여 비판적 사고력을 기르는 과정"으로 정의하며, 교육의 방향성을 분명히 밝혔다.

부산의 사례는 지역 미디어 리터러시 교육이 어떻게 실천될 수 있는지를 보여주는 모범적 예로 주목받고 있다. 미디어를 통해 세상을 더 날카롭게 바라보고, 지역 주민 스스로 자신의 이야기를 만들어 가

는 힘을 키운 부산의 시도는, 디지털 시대의 교육이 나아갈 길을 보여
준다.

② 지역민과 함께 만드는 지역 신문: 일본의 〈조에츠 타임스〉사

한때는 후발주자에 불과했던 일본 니가타현의 지역 신문, 〈조에츠
타임스〉사上越タイムス社. 그러나 이 신문은 지역 주민과의 협업이라는
파격적 실험을 통해, 지금은 지역 언론의 성공 모델로 주목받고 있다.

〈조에츠 타임스〉는 매주 월요일, 20페이지 분량의 타블로이드판 조
간지를 발행한다. 그런데 이 신문의 4~7면은 아주 특별하다. 여기서는
지역의 NPO비영리 단체들이 주인공이 된다. 신문사는 이 단체들에 4페
이지 분량을 통째로 맡기고, 취재, 기사 작성, 편집, 레이아웃까지 전
과정을 자율적으로 운영하도록 한다. 신문사는 제작에 전혀 개입하지
않으며, 오롯이 지역단체의 손에 지면을 맡긴다.

이러한 과감한 협업 방식은 지역에 놀라운 변화를 불러왔다. 신문
발행 부수는 이전보다 3~4배 증가했고, 지역 내 NPO의 수도 일본 평
균보다 약 1.6배나 많아졌다. 지역 신문, 지역민, 지역단체가 모두 성장
하는 '윈-윈win-win'의 대표 사례로 자리 잡은 것이다.

〈조에츠 타임스〉는 단지 따뜻한 이야기만을 전하지 않는다. 인구 감
소, 고령화, 환경오염, 의료 사각지대 등 지역사회가 직면한 현실적 문
제들을 주요 지면에 정면으로 다룬다. 그리고 이를 통해 시민 단체들
이 문제 해결에 직접 나설 수 있는 통로를 제공한다. 일본의 미디어
학자 하타나카畑仲哲雄[134]는 이 사례를 "협동 지면을 무대로 한 성공적
미디어 실천"이라 평가했다.

신문의 주요 카테고리도 지역색이 뚜렷하다. 사람, 마을, 생활, 선거, 스포츠, 부고, 독자와의 교류, 그리고 '시민(단체) 참여' 면이 그것이다. 예를 들어, 환경 보호 프로젝트를 추진하는 한 NPO가 협동 면에 기획 기사를 실어, 주민들의 인식 제고와 참여를 유도한 사례도 있다.

〈조에츠 타임스〉의 실험은 단순한 신문사의 성공을 넘어, 지역 공동체가 자신들의 목소리로 문제를 공유하고 해결해 나가는 민주적 플랫폼의 가능성을 보여준다. 이 신문은 정보를 '전달'하는 데 그치지 않고, 정보를 함께 '만들어 가는' 미디어의 미래를 실천하고 있다. 그리고 그 중심에는 늘, 지역 주민이 있다.

③ 지역의 목소리, 희망을 담은 퍼블릭 액세스 방송, 제천시민 TV 〈봄〉

퍼블릭 액세스 방송은 단순히 텔레비전 프로그램을 만드는 데 그치지 않는다. 누구나 자신의 이야기를 전할 수 있고, 서로의 목소리를 들을 수 있는 공론장의 문을 여는 것, 그것이 진정한 목적이다. 표현의 자유를 보장하고, 미디어 교육의 기회를 제공하며, 지역사회의 공공서비스를 보완하는 데도 중요한 역할을 한다.

그 대표적인 사례가 바로 제천시민 TV 〈봄〉이다. 충북 제천이라는 소도시에서 시작된 이 방송은 미디어 접근성이 낮은 주민들이 스스로 커뮤니케이션 권리를 확보하고, 지역사회에 필요한 이야기들을 만들어 낸 주목할 만한 실천이다.

〈봄〉은 지역 영상미디어센터 가운데 처음으로 시민 TV 독립 사이트

---

134. 畑仲, 2016.

를 개설하고 운영한 곳으로, 그 상징성도 크다. 출발은 2009년, 제천 영상미디어센터에서 시작된 작은 팟캐스트 방송이었다. 당시 PD, 아나운서, 리포터, 편집자, 작가 등으로 참여할 12명의 자원봉사자를 모집했는데, 이들은 모두 전문인이 아닌 평범한 지역 시민들이었다. 일정한 미디어 교육을 받은 이들은 3개월간의 시범 운영을 거쳐, 2010년 2월부터 본격적으로 방송을 시작했다.

〈봄〉이 만들어 낸 콘텐츠는 뉴스, 인물 탐방, 문화와 교육 등 지역 공동체의 삶과 밀접하게 맞닿은 이야기들이다. 방송은 정보를 전달하는 데 그치지 않고, 주민들 간의 소통을 이끌고, 커뮤니티를 하나로 잇는 따뜻한 연결고리가 되었다. 미디어 연구자인 백홍진과 김세은[135]은 〈봄〉이 지역의 다양한 모습을 조명하고 정보를 공유함으로써, 주민들의 지역사회 참여를 더욱 깊이 이끈다고 평가했다.

〈봄〉의 활동은 외부에서도 인정받기 시작했다. 2020년, 〈봄〉이 제작한 UCC 콘텐츠 '말이? 되니?'는 국가기술표준원이 주최한 행사에서 산업통상자원부 장관상을 받았다. 이 콘텐츠는 지역마다 다른 곡식 중량 측정 단위가 소비자와 상인 간 갈등을 불러올 수 있다는 점을 지적하며, 표준화의 필요성을 알기 쉽게 전달했다. 특히 한방산업 도시인 제천의 특성을 잘 반영한 점에서 좋은 평가를 받았다.

제천시민 TV 〈봄〉은 단순한 지역 방송이 아니다. 지역 주민이 직접 참여하고, 자신들의 이야기를 만들어 가는 진정한 공동체 미디어다. 그 안에는 "누구나 미디어의 주인이 될 수 있다"라는 퍼블릭 액세

---

135. 백홍진·김세은, 2012.

스 정신이 살아 숨 쉰다. 〈봄〉은 지역사회를 변화시키고, 주민들의 삶을 연결하며, 공공성과 자발성이 조화를 이룬 미디어 실천의 좋은 예로 오래 기억될 것이다.

④ 지역의 역사를 기록하다. 지역 미디어 리터러시

2023년, 부산시는 지역의 일상 문화를 되살리기 위한 특별한 프로젝트를 시작했다. 바로 '지역 미디어 아카이빙 프로젝트'다.[136] 부산시청자미디어센터와 함께 추진된 이 프로젝트는, 우리가 흔히 스쳐 지나가는 지역의 평범한 일상과 기억들에 다시 숨을 불어넣는 시도였다. 목적은 명확했다. 대중의 역사는 종종 기록되지 않기 때문에, 시민들의 시선으로 지역 문화를 수집하고, 스토리텔링을 통해 재구성하자는 것이었다.

수집 대상은 거창하거나 특별하지 않았다. 오래된 사진 한 장, 가족의 음성 기록, 시장 풍경이 담긴 영상. 예컨대, 한 시민이 어린 시절 찍어 두었던 전통시장 사진은 시간이 흐른 뒤 지역 경제 변화의 역사적 단서로 재해석되었다. "내가 가진 사진 한 장이 이렇게 중요한 줄 몰랐다"라는 참가자의 말처럼, 이 프로젝트는 시민 개개인의 기억에 새로운 의미를 부여하고, 그것을 지역의 문화 자산으로 끌어올리는 과정이었다. 그 결과, 아카이빙 프로젝트는 지역민의 공감을 이끌며, 참여를 기반으로 한 공동체 문화 형성에 기여했다는 평가를 받았다.

한편, 전라남도 담양에서도 주목할 만한 시도가 있었다. 지역 주간

---

136. 원숙경, 2023.

신문 〈담양뉴스〉는 2024년 5월부터 인공지능AI을 활용한 '읽어주는 신문' 서비스를 도입했다.[137] 한국어뿐만 아니라 영어, 중국어, 베트남어로 제공되는 이 서비스는 결혼이주여성과 이주노동자 등 뉴스 취약계층의 미디어 접근성을 획기적으로 높였다. 편집장 장광호는 "이 서비스를 통해 더 많은 이들이 지역 소식과 연결되기를 바란다"라고 전했다. 기술과 지역 포용이 만나는 지점에서, 새로운 형태의 미디어 리터러시가 꽃피기 시작한 셈이다.

이와 같은 사례들은 하나의 사실을 분명히 보여준다. 지역 미디어 리터러시는 단순한 '기술 교육'이 아니라, 정체성과 소속감, 그리고 공동체를 잇는 문화적 실천이라는 것이다. 지역 미디어 리터러시는 결과보다 과정에 방점을 둔다. 주민들이 미디어를 통해 자신의 이야기를 전하고, 다른 이들과 공유하며, 지역사회에 더 깊이 참여하는 기회를 제공한다. 동시에, 지역 미디어는 주민들의 목소리를 담아내고, 그들의 필요를 반영하는 공적 플랫폼으로 기능한다. 이 과정은 단순한 정보 유통을 넘어, 지역 공동체의 결속을 강화하고, 민주적 참여 문화를 만드는 데 기여한다.

---

137. 장광호, 2024. 4. 19.

6장

디지털 웰빙과 자율성: 연결, 단절, 그리고 선택의 기술

1. 디지털 디톡스: 연결의 유혹을 넘어서는 삶

디지털 미디어는 시간과 장소의 경계를 허물며 우리를 끊임없이 연결한다. 우리는 언제 어디서나 필요한 정보를 얻고, 소중한 사람들과 소통하며, 원하는 서비스를 이용할 수 있다. 이처럼 디지털 미디어는 우리의 자율성을 크게 확장했지만, 동시에 새로운 도전도 안겨주었다. 우리는 언제, 어디서, 어떻게 연결하고 단절할지를 고민해야 하며, 이 과정에서 수많은 결정과 압박에 직면하게 된다.

디지털 미디어의 연결성은 새로운 불균형을 만들어 낸다. 연결은 편리함을 주지만, 동시에 단절의 평온함을 빼앗는다. 사람들은 디지털 미디어를 사랑하면서도 미워한다. 오락, 정보, 서비스 접근 등의 이점을 즐기지만, 지나치게 많은 시간을 낭비한다고 느끼고 "항상 켜져 있는" 느낌에 지치기도 한다. 이런 딜레마 속에서 '디지털 디톡스digital detox'가 돌파구로 떠오르고 있다. 디지털 디톡스는 전자기기와 인터넷, SNS의 과도한 사용에서 벗어나 심신을 회복하려는 시도다. 이는 기술을 완전히 배제하는 것이 아니라, 건강하고 윤리적으로 미디어를 사용하는 방식을 추구한다.

핀란드는 최근 학교 현장에서 스마트폰 사용을 제한하는 법안을 통과시키며, 학생들의 학습 환경을 개선하려는 뜻깊은 변화를 시작했다. 이 법안에 따르면, 이제 학생들은 수업 시간 중 스마트폰을 자유롭게 사용할 수 없으며, 오직 교사의 허가가 있을 때만 기기를 사용할 수 있도록 규정했다.[138]

이러한 조치는 단순한 규제가 아니라, 학생들의 집중력과 학습 성과를 보호하고자 하는 노력의 일환이다. 실제로 여러 연구는 스마트폰이 가까이에 있기만 해도 주의력과 작업 기억력이 저하되고, 이는 곧 학업 성취도에 부정적 영향을 미칠 수 있음을 보여주고 있다. 핀란드 정부는 이 같은 연구 결과에 주목했고, 스마트폰 사용을 제한하는 것이 학생들이 보다 몰입할 수 있고 안정된 환경에서 배울 수 있도록 돕는 길이라 판단했다. 이는 디지털 시대의 교육이 나아가야 할 새로운 균형점을 모색하는 과정이기도 하다.

한국에서도 비슷한 문제가 드러났다. 최근 조사에 따르면, 성인 100명 중 3명의 문해력이 초등학교 1~2학년 수준에 머물러 있었다. 한 어린이집 교사는 학부모들이 문장의 맥락을 이해하지 못하거나 기본적인 금지 문구를 잘못 해석하는 사례를 공유하며 문제를 지적했다. 이는 디지털 미디어에 과도하게 의존한 결과로, 다양한 글을 읽고 비판

---

138. Luoma & Kauranen, 2024. 9. 11.

적 사고를 기르는 노력이 필요하다고 전문가들은 조언한다.[139]

디지털 단절digital disconnection도 디지털 웰빙을 위한 중요한 개념으로 떠오르고 있다. 디지털 미디어 사용을 연구하는 독일의 클링겔회퍼Klingelhoefer와 그 동료들은 230명의 참여자를 대상으로 14일 동안 경험 표집 조사를 해, 사람들이 왜 디지털 미디어에서 잠시 벗어나려는지를 탐색했다.[140] 연구는 디지털 단절을 유발하는 세 가지 주요 동기로 '주의 산만 회피', '심리적 웰빙 증진', '오프라인 몰입'에 주목한다. 이들은 각각 다른 맥락에서 작동하며, 개인의 순간적 감정 상태나 상황에 따라 그 중요성이 달라진다.

먼저, 디지털 단절의 가장 즉각적 이유는 '주의 분산'을 피하려는 욕구다. 스마트폰 알림, 메시지, 짧은 영상은 우리의 집중력을 산산이 부순다. 많은 이들이 중요한 업무나 대화를 방해받을 때, 알림을 끄거나 기기를 잠시 멀리한다. 이는 디지털 단절이 단순한 절제가 아니라, 목표 달성을 위한 자기 조절 전략임을 보여준다.

두 번째 동기인 '심리적 웰빙의 회복'은 디지털 미디어의 부정적 정서 유발 효과와 관련이 있다. 온라인에서의 과도한 비교, 부정적 콘텐츠, 증오 표현 등은 스트레스와 불안을 유발하며, 이는 점점 더 많은 사람이 기술로부터 거리 두기를 시도하게 만든다. 그러나 흥미롭게도 연구 결과에 따르면, 이 동기는 단절 행동과 직접 연결되지 않는 경우가 많다. 이는 웰빙에 대한 동기가 단기보다는 장기적 목표로 작동하기 때문일 수 있다.

---

139. 김미경, 2024. 9. 25.
140. Klingelhoefer, Gilbert & Meier, 2024.

세 번째는 '오프라인 몰입'에 대한 욕구다. 사람들은 때로 스마트폰을 내려놓고 지금, 이 순간, 눈앞의 사람이나 환경에 더 온전히 집중하고 싶어 한다. 연구는 이 욕구가 디지털 단절 행동을 강력하게 유도하며, 특히 대면 상호작용이 중요한 상황에서 자주 나타난다고 분석한다. 이는 디지털 기술이 인간관계의 질을 위협할 수 있다는 인식을 반영한다.

디지털 단절은 단순히 기술을 거부하거나 포기하는 것이 아니라, 일상의 특정 맥락에서 기술과 거리 두기를 실천함으로써 자율성을 회복하고자 하는 움직임이다. 단절의 대상도 다양하다. 어떤 이들은 스마트폰 전체를 끄는가 하면, 어떤 이들은 알림만 차단하거나 특정 앱이나 콘텐츠를 피하기도 한다. 이는 개인의 목표와 상황에 따라 유연하게 조절되는 선택이다.

디지털 단절은 "덜 연결되기 위한 결단"이 아니라 "더 잘 연결되기 위한 전략"일 수 있다. 우리가 진정 원하는 삶의 형태, 인간관계, 집중 상태로 돌아가기 위해 선택하는 이 작은 단절의 순간들은, 디지털 웰빙의 실천적 토대가 된다.

디지털 미디어의 주요 해악 중 하나는 '시간 대체'다. 하루 24시간 중 스크린 시간이 오프라인 활동을 대체하며 수면, 공부, 대면 상호작용 등에 부정적인 영향을 미친다. 또 다른 문제는 '간섭'이다. 디지털 미디어가 일상 활동을 방해하는 빈도가 높아지면서 주의력이 분산되고 인간관계가 단절되기도 한다. 대표적 예로 '퍼빙phubbing'이 있다. 퍼빙은 전화phone와 냉대snubbing의 합성어로, 상대방과 함께 있는 상황에서도 스마트폰에 몰두하는 행위를 뜻한다. 식사 자리에서 친구나 가족이 대화하고 있음에도 불구하고 한 사람이 스마트폰에서 눈을 떼지 않는 모습을 떠올려 보라. 이런 행동은 상대방에게 무시당한다는 느낌을 주며, 관계의 친밀감을 약화한다. 미국의 연구자 데이비드David, M. E.와 로버츠Roberts, J. A.는 퍼빙이 단순히 무례한 습관이 아니라, 사람 간의 관계에 실질적 해를 끼치는 심리적·사회적 문제라고 지적한다.[141] 특히 이들은 연인 관계에 집중하여 퍼빙이 어떻게 관계 만족도를 떨어뜨리는지를 정량적으로 분석했다. 연구 결과, 퍼빙은 연인의 주의를 끌기 위한 과잉 행동, 즉 '질투'를 유발하며, 관계 자체에 대한 불신과 거리감을 만들어 낸다고 한다.

특히 애착 불안attachment anxiety을 가진 사람에게 퍼빙은 더욱 치명적이다. 이들은 파트너의 작은 관심 부족에도 예민하게 반응하는데, 스마트폰에 집중하는 모습을 외면이나 거절로 해석해 버리는 경향이 있다. 이로 인해 감정적 충돌이 잦아지고, 정서적 피로가 누적된다.

퍼빙의 부작용은 연인 관계에만 국한되지 않는다. 가족 간 대화의 단절, 친구 관계의 소원, 심지어 직장 내 업무 협업에도 영향을 준다. 우리는 자주 '멀티 태스킹'이 가능하다고 착각하지만, 뇌는 스마트폰과의 상호작용 중 타인의 감정에 완전히 집중할 수 없다. 퍼빙은 관계의 질을 떨어뜨릴 뿐만 아니라, 개인의 정서적 안정성에도 금이 가게 만든다.

더 나아가 퍼빙은 현대인이 겪는 디지털 중독과도 밀접한 관련이 있다. SNS를 통한 비교, 정보의 과잉 노출, 그리고 놓치지 않으려는 강박

---

141. David & Roberts, 2021.

은 사람들로 하여금 포모FOMO 증후군을 유발할 수 있다. 포모FOMO 증후군은 "놓치거나 제외되는 것에 대한 두려움"으로, 사람들이 항상 최신 정보를 놓치지 않기 위해 스마트폰과 SNS에 집착하게 만든다. 마케팅에서는 이를 이용해 '한정판'이나 '품절' 같은 문구로 구매 욕구를 자극하기도 한다. 포모 증후군은 원래 마케팅 용어였지만, 2004년 하버드와 옥스퍼드 대학교에서 사회 병리 현상으로 주목받기 시작했다.

포모(FOMO) 증후군 자가 진단 리스트[142]

1. 친구들이 어떤 일을 시작하거나 여행을 떠나거나 새로운 경험을 하는 것을 보면 불안해짐.
2. 친구들보다 내가 더 먼저 새로운 곳에 많이 다녀야 하고, 남들은 모르는 것을 알고 있거나 시도하고 있다는 것을 알려야 마음이 편안해짐.
3. 유명한 사람과 친구를 맺고 이를 과시하고 싶음.
4. 주말이나 휴가나 상관없이 주변 사람들과의 인맥 관리 때문에 메신저나 SNS를 손에서 놓을 수 없음.
5. 좋은 곳에 가거나 좋은 옷을 입거나 좋은 음식을 먹으면 사진을 찍어 SNS에 올려야 한다는 생각이 먼저 듦.

\# 3개 이상 해당하면 포모 증후군으로 의심할 필요가 있음.

포모 증후군은 '결정 장애'에서 비롯된다고 한다. 사람들은 남들에게 뒤처지지 않으려는 강박 때문에 독특하고 특별한 것을 소유해야 안심하게 되며, 이는 '병적인 불안감'에서 기인한다고 전문가들은 설명한다. 이 증후군은 사람을 점점 더 수동적으로 만든다. 스마트폰과 SNS에 집착하면 집중력과 인내심이 점점 줄어들며, 결국 사람들과의 관계에서도 무관심해지는 원인이 된다.

---

142. 홍국화, 2018. 5. 25.

2. 디지털 웰빙의 공공성

2013년, 호주 방송통신청ACMA은 디지털 환경 속 시민의 역할을 새롭게 정의하기 위해 〈디지털 시민 가이드Digital Citizen Guide〉를 발표했다.[143] 인터넷과 모바일 기술이 일상을 지배하게 되면서, 온라인에서의 책임감 있는 행동, 정보의 비판적 수용, 안전한 소통 방식이 필수 역량으로 떠올랐다. ACMA는 이러한 시대적 변화에 대응하여, 시민들이 더 윤리적이고 자율적으로 디지털 공간에 참여할 수 있도록 돕고자 했다.

가이드는 방대한 사전 조사를 통해 탄생했다. 지역 공동체, 학교, 시민사회, 산업계와의 포커스 그룹 인터뷰를 바탕으로 실제 시민들의 요구와 경험을 반영했다. 구글, 페이스북, 마이크로소프트 등 주요 디지털 기업과의 협업도 함께 이루어졌다. 이를 통해 가이드는 현실적 문제에 기반을 둔 실천적 지침으로 구성되었다.

핵심은 세 가지 원칙이다. 첫째, 긍정적으로 참여하라Engage positively ─ 타인과의 존중 있는 소통과 건설적 참여를 강조한다. 둘째, 온라인 세상을 잘 이해하라Know your online world ─ 플랫폼 구조, 알고리즘, 디지털 흔적 등에 대한 이해를 통해 비판적 사고를 촉진한다. 셋째, 의식적으로 선택하라Choose consciously ─ 정보 공유, 개인정보 제공 등의 결정이 갖는 의미를 알고 판단하라는 것이다.

이 원칙들은 단순한 구호가 아니라, 실제 상황에서 적용이 가능한

---

143. Australian Communications and Media Authority, 2014.

행동 지침과 연결된다. 사이버 괴롭힘, 가짜 뉴스, 프라이버시 문제 등 구체적 상황별 대응 자료도 포함되어 있으며, 학교 교육과 부모 교육에 활용할 수 있는 자료와 링크가 풍부하게 제공된다.

가이드는 디지털 기술을 단순한 사용법의 문제로 보지 않는다. 기술을 둘러싼 권력, 책임, 윤리의식을 함께 고민하도록 유도한다. 특히 정보 접근의 불평등, 디지털 리터러시 격차 등 구조적 문제에도 주목하며, 시민 모두가 공정하게 디지털 환경에 참여할 수 있도록 방향을 제시한다.

미국의 안티-사이버불링Anti-Cyberbullying 캠페인은 청소년과 성인이 온라인에서 괴롭힘을 당하지 않고, 안전하고 긍정적인 디지털 환경에서 소통할 수 있도록 돕기 위해 다양한 단체와 정부 기관에서 진행하는 활동이다.

대표적 캠페인 중 하나는 미국 국토안보부DHS와 국가 사이버 보안 연합NCSA에서 주도하는 〈멈추라. 생각하라. 연결하라.STOP. THINK. CONNECT〉 캠페인이다.[144] 이 캠페인은 모든 시민이 사이버 보안의 주체가 되어야 한다는 원칙에서 출발해, 온라인에서의 책임 있는 행동과 안전한 습관을 촉진하고자 했다. 공식 출범은 2010년 10월, '전국 사이버 보안 인식의 달NCSAM'과 함께 이뤄졌다. 원래는 피싱 방지 단체APWG와 국가 사이버 보안 연합NCSA이 개발한 메시지를 미국 국토안보부가 전국 캠페인으로 확장한 것이다. 핵심 메시지는 간단하다: "멈추라.Stop. 생각하라.Think. 연결하라.Connect."

---

144. National Institute of Standards and Technology, 2013.

캠페인은 정부, 산업, 비영리 단체 등 다양한 파트너와 협력하는 모델로 운영되었다. '사이버 인식 연합'과 '전국 파트너 네트워크'를 통해 연방 및 지방정부, 기업, 시민사회가 함께 참여했다. 또한 '캠페인의 친구들Friends of the Campaign'이라는 풀뿌리 프로그램을 통해 33,000명 이상의 시민이 사이버 보안 홍보자로 활동했다.

국토안보부는 나이와 직군별 맞춤형 자료를 담은 자료집Toolkit을 제공했다. 초중고 학생, 대학생, 학부모, 고령자, 교사, 산업 종사자, 공공기관 등 다양한 대상에게 실천이 가능한 보안 지침을 전달했다. 주요 주제로는 신원 도용Identity Theft, 사기 및 피싱Fraud & Phishing, 온라인 정체성 보호Online Identity가 있으며, '같은 비밀 번호 반복 사용 금지', '의심스러운 링크 주의', '개인 정보 설정 강화' 등의 구체적 팁이 포함되어 있다. 또한, 캠페인은 매년 10월 '사이버 보안 인식의 달'을 통해 전국적 교육·홍보 활동을 전개하며, 주별 주제를 설정해 다양한 기관과 시민 참여를 유도했다.

이 캠페인은 실제로 많은 교육 현장에서 활용되었다. 예를 들어, 미국의 한 대학 캠퍼스에서는 사이버 보안 인식을 높이기 위한 교육 프로그램으로 'STOP. THINK. CONNECT.' 캠페인을 도입했다. 연구진은 먼저 포커스 그룹을 통해 학생들의 사이버 보안 인식 수준을 조사했고, 그 결과 많은 학생이 기본적 보안 수칙조차 잘 알지 못한 채 온라인 활동을 하고 있다는 사실이 드러났다. 이를 바탕으로 캠페인의 핵심 메시지인 '멈추라. 생각하라. 연결하라.'를 중심으로 한 맞춤형 교육 콘텐츠가 제작되었으며, 오리엔테이션, 강의, 캠퍼스 홍보 활동 등을 통해 학생들에게 전파되었다. 이를 통해 학생들은 개인 정보 보호,

피싱 링크 식별, 안전한 온라인 소통 등 실질적 행동 지침을 학습하게 되었다.

'따돌림 예방 사이트StopBullying.gov'는 미국 보건복지부U.S. Department of Health & Human Services를 중심으로 교육부ED, 질병통제예방센터CDC, 법무부DOJ 등 여러 연방기관이 협력하여 만든 학교폭력 및 사이버 괴롭힘 예방을 위한 통합 온라인 플랫폼이다.[145] '따돌림 예방 사이트'의 가장 큰 목표는 학생들이 두려움 없는 환경에서 학습할 수 있도록 돕는 것이다. 이를 위해 괴롭힘을 예방하는 전략을 공유하고, 피해 학생들이 필요한 지원을 받을 수 있도록 안내한다. 단순히 정보만 나열하는 곳이 아니라, 학생, 부모, 교사, 지역사회 모두가 각자의 위치에서 괴롭힘에 대응할 수 있도록 설계된 행동 지침이다.

이 플랫폼의 콘텐츠는 다양한 연구를 기반으로 만들어졌다. 괴롭힘의 원인과 유형, 개입 전략에 대한 최신 학술 연구들이 반영되었고, 이를 바탕으로 실제 현장에서 적용이 가능한 정보들이 정리되었다. 예컨대 학교에서는 또래 중재 프로그램을 운영하거나 교사들이 개입할 수 있는 시나리오를 참고할 수 있고, 학부모는 자녀가 피해를 보았을 때 어떻게 대처해야 하는지를 구체적으로 배울 수 있다.

이 웹사이트가 제공하는 정보는 포괄적이다. 괴롭힘bullying의 정의와 유형부터 시작해 예방 방법, 피해자 보호, 가해자 교육, 그리고 각 주의 안티-사이버불링 법률과 연방 차원의 정책까지 모두 아우른다. 특히 역할에 따라 맞춤형 콘텐츠가 마련되어 있다는 점이 특징이다.

---

145. U. S. Department of Health & Human Services, 2025.

학생, 부모, 교사, 지역사회 지도자 각자에게 필요한 정보가 분류되어 제공되며, 쉽게 활용할 수 있는 인쇄용 자료도 함께 제공된다.

'따돌림 예방 사이트'는 단순한 정부 주도의 일회성 프로젝트가 아니다. 연방기관들은 꾸준히 협업하며 콘텐츠를 업데이트하고, 교사와 부모를 위한 교육 프로그램을 운영한다. 각 학교 현장에서는 이 자료를 기반으로 워크숍이나 세미나를 열기도 하고, 커뮤니티 차원의 캠페인을 추진하기도 한다. 플랫폼은 실제 삶에 깊숙이 스며들어, 실질적 변화의 씨앗이 되고 있다.

이 캠페인은 기술로 인한 문제를 기술로만 해결하려 들지 않는다. 대신, 학교 공동체가 다시 관계를 회복하고, 서로를 지켜주는 문화를 만들어 가도록 돕는다. 괴롭힘은 한순간의 말실수에서 시작될 수 있지만, 그것이 반복될 때, 침묵될 때, 방치될 때 문제가 된다. '따돌림 예방 사이트'는 이 과정을 끊어내고, 누군가가 말할 수 있게 하고, 또 누군가가 들어줄 수 있게 만드는 도구다. 이러한 캠페인들은 올바른 디지털 관계 형성을 돕고, 건강한 온라인 문화를 만드는 데 이바지하고 있다.

『디지털 시민 가이드』나 'STOP. THINK. CONNECT', '따돌림 예방 사이트'와 같은 사례들은 디지털 웰빙이 단순히 개인의 습관이나 태도의 문제가 아니라, 공동체 전체가 함께 만들어 가야 할 공공적 과제임을 보여준다. 온라인에서의 책임 있는 행동은 교육과 규범의 문제일 뿐 아니라, 사회적 지원 체계와 정책적 노력의 산물이다. 결국, 디지털 웰빙은 기술의 진보 속에서도 인간의 존엄성과 관계의 윤리를 지켜내는 실천이다. 시민 개개인이 정보 주체의 권리를 인식하고, 정부와 기

업이 이를 뒷받침하는 구조를 갖출 때, 우리는 더욱 공정하고 포용적
인 디지털 사회에 가까이 다가설 수 있다.

3. '좋아요'와 '싫어요'를 넘어: 디지털 자율성

디지털 자율성Digital Autonomy은 개인이 자신의 디지털 환경을 능
동적으로 통제하고, 정보와 기술을 윤리적으로 활용할 수 있는 능력
을 의미한다. 이는 단순한 기술적 독립을 넘어, 정보의 흐름을 이해하
고 선택할 수 있는 능력과도 연결된다. 플로리디Luciano Floridi는 디지
털 자율성이 현대 사회에서 점점 더 중요한 개념이 되고 있으며, 정보
윤리와 밀접한 관계를 맺고 있다고 설명한다.[146]

디지털 자율성의 개념은 정보화 시대의 발전과 함께 등장했다. 과거
에는 정보가 제한된 채로 특정 기관이나 전문가들에 의해 관리되었지
만, 인터넷과 디지털 기술의 발전으로 인해 누구나 방대한 정보를 접
할 수 있는 시대가 되었다. 그러나 이러한 변화는 단순한 정보 접근성
을 넘어, 개인이 자신의 디지털 환경을 어떻게 관리하고 활용할 것인
지에 대한 새로운 윤리적 문제를 제기했다. 플로리디는 이를 "정보 윤
리의 새로운 패러다임"이라고 부르며, 디지털 자율성이 단순한 기술적
능력이 아니라, 정보의 흐름을 이해하고 윤리적으로 활용하는 능력임
을 강조한다.

---

146. Floridi, 2014.

디지털 시대에서 디지털 자율성은 개인의 웰빙과도 깊은 관련이 있다. 소셜 미디어, 알고리즘, 데이터 수집 기술이 발전하면서 사람들은 점점 더 많은 정보를 접하게 되었고, 이는 정보 과부하와 심리적 스트레스를 초래했다. 플로리디는 디지털 웰빙을 위해 개인이 자신의 정보 환경을 능동적으로 조절할 필요가 있다고 주장한다. 즉, 단순히 정보를 소비하는 것이 아니라, 정보의 질을 평가하고, 필요 없는 정보를 걸러내며, 자신의 디지털 경험을 조정하는 능력이 중요하다. 이는 디지털 자율성이 단순한 기술적 독립이 아니라, 정보 윤리와 자기 결정권을 포함하는 개념임을 보여준다.

디지털 자율성은 또한 사회적 차원에서도 중요한 의미가 있다. 데이터 주권과 프라이버시 보호가 점점 더 중요한 이슈가 되면서, 개인이 자신의 데이터를 어떻게 관리할 것인지에 대한 논의가 활발해지고 있다. 플로리디는 디지털 자율성이 단순히 개인의 선택을 넘어, 사회적 책임과 연결되어야 한다고 주장한다. 즉, 개인이 자신의 데이터를 보호하는 것뿐만 아니라, 정보의 윤리적 활용을 고려하고, 기술이 사회에 미치는 영향을 이해하는 것이 필요하다.

디지털 자율성은 단순한 기술적 독립이 아니라, 정보 윤리와 자기 결정권을 포함하는 개념이다. 플로리디는 디지털 시대에서 개인이 자신의 정보 환경을 능동적으로 조절하고, 윤리적 선택을 할 수 있도록 돕는 것이 중요하다고 강조한다. 디지털 웰빙을 위해서는 단순히 정보를 소비하는 것이 아니라, 정보의 질을 평가하고, 필요 없는 정보를 걸러내며, 자신의 디지털 경험을 조정하는 능력이 필요하다. 이는 디지털 자율성이 단순한 기술적 능력이 아니라, 정보 윤리와 사회적 책임을 포함하는 개념임을 보여준다.

디지털 자율성이 개인의 정보 환경을 능동적으로 조절하는 능력이라면, 데이터 주권과 네트워크 주권은 그보다 더 광범위한 차원에서 정보의 흐름을 결정하는 핵심 요소다. 데이터 주권은 개인 또는 국가가 자신의 데이터를 완전히 통제하고 보호할 수 있는 권리를 의미하며, 이는 프라이버시 보호와 데이터 활용 방식에 대한 윤리적 논의와 연결된다. 반면, 네트워크 주권은 한 국가 또는 지역이 자국 내 인터넷 트래픽을 관리하고 보호하는 능력을 뜻하며, 이는 국가 안보, 사이버 보안, 글로벌 인터넷 거버넌스와 밀접하게 연관된다. 디지털 시대에서 개인과 국가 모두가 자신의 정보와 네트워크를 스스로 통제할 수 있어야 하며, 이를 통해 정보 환경을 더욱 안전하고 신뢰할 수 있게 하는 것이 중요하다. 이러한 맥락에서 데이터 주권과 네트워크 주권은 단순한 기술적 개념을 넘어, 정보 사회에서 반드시 고려해야 할 근본적 권리와 책임으로 자리 잡고 있다.

데이터 주권Data Sovereignty은 디지털 시대에 개인, 공동체, 그리고 국가가 자신과 관련된 데이터를 통제하고 활용할 권리를 갖는다는 개념에서 출발한다. 이는 단순히 개인 정보 보호를 넘어, 데이터가 어떻게 수집되고, 저장되며, 분석되고, 유통되는지를 주체가 결정할 수 있어야 한다는 주장으로 확장된다. 이러한 개념은 디지털 기술이 인간의 삶을 지배하는 오늘날, 정보 권력의 구조적 불균형을 해소하고자 하는 시대적 요청에 근거한다. 실제로 데이터는 이제 개인의 정체성과 권리, 경제적 기회, 심지어 정치적 참여까지 좌우하는 핵심 자산으로 간주되며, 이에 대한 통제권의 유무는 곧 디지털 시대의 시민권과도

직결된다.[147]

데이터 주권이 주목받게 된 배경에는 글로벌 플랫폼 기업들의 데이터 독점이 자리하고 있다. 이른바 '데이터 제국주의'라 불리는 이러한 현상은, 소수의 글로벌 IT 대기업이 전 세계 이용자들의 데이터를 수집하고 이를 독점적으로 활용함으로써 막대한 부를 창출하고 동시에 정보 권력을 강화해 나가는 구조를 지칭한다. 이들은 사용자의 동의 없이 데이터를 추적·수집하며, 이를 기반으로 광고, 추천 알고리즘, 시장 분석 등 다양한 비즈니스 모델을 전개하고 있다. 이 과정에서 개인은 자신의 데이터가 어떻게 이용되는지, 누구에게 어떤 영향을 미치는지 제대로 알 수 없는 상태에 놓이게 되며, 결과적으로 정보의 주체로서 행할 권리를 박탈당한다.

그뿐만 아니라, 데이터가 더는 국경을 넘나드는 무형의 자산으로 기능하면서 국가의 주권 개념 또한 도전받고 있다. 다국적 기업의 서버가 특정 국가에 설치되어 있지 않거나, 데이터 처리 과정이 국가의 관할권 밖에서 이루어지는 경우, 각국 정부는 자국민의 데이터를 보호하거나 규제하기 어려운 상황에 놓인다. 이런 이유로 유럽연합은 '디지털 주권digital sovereignty'이라는 용어를 통해, 자국민의 데이터를 통제하고 보호할 수 있는 기술적, 제도적 기반을 갖추는 것을 국가의 전략적 과제로 삼고 있다.

이와 같은 문제의식은 데이터 주권이 단순한 개인의 권리 보호를 넘어서, 민주주의와 국가 주권의 차원에서 재조명되어야 함을 보여준

---

147. Abbas, van Velzen, Ofe, van de Kaa, Zuiderwijk & de Reuver, 2024.

다. 예를 들어, 알고리즘의 결정에 따라 뉴스 피드가 구성되고, 정치적 정보가 선택적으로 노출되는 플랫폼 환경에서, 데이터 주권이 보장되지 않는다면 시민은 정치적 판단을 내리는 데 필요한 정보에 접근하지 못하고 여론 형성 과정에서 소외될 수 있다. 이는 정보의 비대칭성과 불투명성이 강화되는 방향으로 작용하며, 민주적 의사결정 과정 전반에 왜곡을 초래할 수 있다.

데이터 주권이라는 개념의 중요성을 강하게 각인시킨 것은 미국 정보요원 에드워드 스노든Edward Snowden이 미국 정부가 시민들의 인터넷 활동과 통신을 광범위하게 감시하고 있다는 사실을 폭로한 사건이다.[148] 스노든이 2013년 세상에 알린 미국 국가안보국NSA의 PRISM 프로그램은 이러한 데이터 주권 개념과 정면으로 충돌했다. 이 프로그램을 통해 정부는 수많은 시민의 인터넷 활동과 통신 기록을 광범위하게 감시하고 있었다. 감시는 동의 없이 이루어졌고, 그 대상은 특정 용의자에 국한되지 않았다. 결과적으로 시민들은 자신도 모르는 사이에 데이터의 통제권을 상실하고 있었고, 이로 인해 데이터 주권이라는 개념이 전 세계적으로 주목받기 시작했다.

스노든의 폭로는 단순한 정치 추문이 아니라, 데이터가 어떻게 수집되고 이용되는지를 둘러싼 본질적 질문을 던졌다. 개인은 과연 자신의 정보를 직접 통제할 수 있는가? 그리고 국가의 안보라는 명목으로 어디까지 데이터를 수집하고 감시할 수 있는가? 이러한 질문은 법 제도적 논의로 이어졌고, 다양한 나라에서 데이터 보호와 관련된 법적

---

148. Younger, 2020.

장치를 마련하게 되는 계기가 되었다. 그러나 당시 미국에서는 정보기관 내부고발자를 보호하기 위한 대통령 정책 지침 19PPD-19가 있었음에도, 실제로 스노든은 법적으로 보호받지 못했다. 이 지침은 내부 절차는 마련했지만, 법적 구속력이나 실질적 보호 기능이 부족했다. 결국, 그는 미국을 떠나야 했고, 현재까지도 망명 상태에 있다. 이 사건은 데이터 주권을 보장하기 위해서는 단순한 선언이나 내부 규칙이 아닌, 강력한 법적 근거가 필요하다는 점을 명확히 보여주었다.

스노든의 폭로는 시민들의 인식에도 깊은 변화를 일으켰다. 이전까지 많은 사람은 정부의 감시 활동이 자신과는 무관하다고 생각했지만, 실제로는 일상적인 이메일, 통화, 검색 기록까지도 감시의 대상이 될 수 있다는 사실에 충격을 받았다. 이에 따라 디지털 권리 보호를 위한 시민 운동이 활발히 전개되었고, 다양한 비영리 단체들이 정부 감시를 감시하고, 데이터 보호법 제정과 개정을 촉진하는 활동을 시작했다. 전자 프런티어 재단Electronic Frontier Foundation, EFF은 스노든 사건 이후, 더 강력한 디지털 프라이버시 보호를 위한 입법과 캠페인을 적극적으로 전개했다. 시민들도 점차 자신의 데이터를 스스로 관리하려는 움직임을 보이며, 암호화 메신저나 보안 브라우저 등을 활용하기 시작했다.

스노든의 폭로는 단순히 미국 국가안보국NSA의 비밀 감시 프로그램을 공개한 사건이 아니었다. 이 사건은 디지털 사회에서 데이터가 단순한 기술 자료가 아니라, 개인의 정체성, 권리, 그리고 자유와 깊이 연결된 중요한 요소임을 다시 생각하게 했다. '데이터 주권'은 누구도 대신할 수 없는 개인의 권리이며, 이를 지키기 위해서는 기술, 법, 그리고 사회적 감시가 함께 작동해야 한다. 스노든은 큰 위험을 감수하면서 내부 문제를 세상에 알렸고, 그의 용기는 데이터 주권을 세계적 논의 주제로 만드는 데 큰 역할을 했다.

넷플릭스 다큐멘터리 〈소셜 딜레마〉[149]는 우리가 매일 사용하는 소셜 미디어가 단순한 소통 도구가 아니라는 사실을 보여준다. 이 다큐멘터리는 소셜 미디어가 정교한 알고리즘으로 사람들의 행동을 조종하고, 그 과정에서 엄청난 양의 데이터를 모아 돈을 버는 구조라는 것을 폭로한다. 페이스북, 구글, 트위터, 인스타그램 등에서 일했던 전직 직원들과 기술 전문가들이 직접 나서서 이야기하며, 우리가 '무료로 쓴다'라고 생각하는 서비스 뒤에 감시와 조작이 숨어 있다는 점을 낱낱이 밝힌다. 다큐멘터리는 소셜 미디어가 어떻게 사용자의 관심을 붙잡기 위해 끊임없이 콘텐츠를 추천하고, 개별 사용자의 행동을 예측하고 유도하는 알고리즘을 활용하는지를 구체적으로 설명한다. 예컨대 페이스북은 사용자에게 가장 반응할 만한 콘텐츠를 실시간으로 제공함으로써 스크롤을 멈추지 못하게 만든다. 유튜브나 인스타그램도 마찬가지로 사용자 데이터를 분석해 개인화된 피드를 구성하며, 사용자가 플랫폼에 오래 머무를수록 더 많은 데이터를 얻고, 더 많은 광고 수익을 창출할 수 있도록 설계되어 있다. 이 과정에서 사용자가 무엇을 클릭하고, 무엇에 '좋아요'를 누르며, 어떤 콘텐츠에 얼마나 오래 머무는지를 모두 추적하고 분석한다.

이러한 구조는 단순한 정보 추천을 넘어 사용자 행동을 조작하는

---

149. Orlowski, 2020.

단계로 나아간다. 소셜 미디어의 알림Notification 기능은 뇌의 보상 시스템을 자극하여 사용자가 계속해서 확인하게 만들며, 이는 일종의 디지털 중독 현상을 유발한다. 그 결과 사람들은 점점 더 많은 시간을 SNS에 쏟게 되고, 일상적인 인간관계와 집중력을 잃거나 사회적 불안을 경험하기도 한다. 사용자의 주의attention는 곧 광고주에게 판매되는 상품이 되며, 그 중심에는 사용자의 개인 데이터가 자리하고 있다.

소셜 미디어 플랫폼의 작동 방식은 데이터 주권을 침해하는 방향으로 설계되어 있다. 사용자들은 자신이 어떤 데이터를 제공하고 있으며, 그것이 어디로 흘러가 누구에게 판매되는지를 알지 못한 채 서비스를 사용하게 된다. 대부분 플랫폼은 복잡하고 불투명한 이용 약관을 통해 사용자 동의를 형식적으로 받아내며, 사용자가 자신의 데이터에 대해 실질적으로 통제할 수 있는 수단은 매우 제한적이다.

다큐멘터리는 이러한 현실을 비판하면서, 사용자 데이터가 동의 없이 기업 간에 거래되고 있다는 점을 지적한다. 기업들은 수집한 데이터를 분석하여 맞춤형 광고를 제공하고, 이를 광고주에게 판매함으로써 막대한 이익을 얻는다. 사용자는 그 과정에서 철저히 배제되어 있으며, 자신의 정보가 어떻게 쓰이고 있는지를 알 권리조차 보장받지 못하고 있다.

〈소셜 딜레마〉는 단순히 기업의 문제를 고발하는 데 그치지 않는다. 이 작품은 사용자에게 묻는다. 당신은 자신의 데이터를 어디까지 알고 있으며, 그 데이터를 어떻게 지킬 수 있는가?

이러한 배경 속에서 다양한 실천적 시도들이 등장하고 있다. 유럽연합의 일반 개인 정보보호법GDPR은 데이터 주권의 가장 대표적 제도적 구현 사례로, 개인에게 데이터에 대한 접근권, 정정권, 삭제권, 이동권 등을 부여함으로써 데이터에 대한 통제권을 법적으로 보장하고자 했다. 이는 단순히 개인의 프라이버시를 보호하는 차원을 넘어서, 데이터를 하나의 권리 대상으로 바라보고, 그 활용과 유통에 있어 투명성과 책임성을 강화하려는 시도였다. GDPR의 도입은 이후 전 세계적으로 유사한 입법이 확산하는 계기가 되었으며, 한국의 개인 정보 보호법 개정도 이러한 흐름 속에서 이루어졌다.

한편, 기술적 측면에서도 데이터 주권을 실현하려는 노력이 진행 중이다. 대표적으로 '탈중앙화decentralization' 기술이 주목받고 있다. 블록체인 기반의 분산형 데이터 저장 방식은 데이터를 중앙 서버가 아닌 이용자 네트워크상에 분산시켜 저장함으로써, 특정 주체의 독점을 방지하고 개인이 데이터에 대한 소유와 관리 권한을 직접 가질 수 있게 한다. '자기 주권 신원Self-Sovereign Identity, SSI' 시스템은 이러한 기술적 기반 위에서 개인이 자신의 신원 정보를 직접 관리하고 필요에 따라 선택적으로 공유할 수 있도록 한다. 이는 개인 정보의 무분별한 수집과 활용을 차단할 수 있는 기술적 대안으로 주목받는다.

기업 차원에서도 데이터 주권을 존중하려는 변화가 나타나고 있다. 예를 들어, 애플은 자사 제품에 개인 정보 보호 기능을 대폭 강화하고, 타사 앱이 사용자의 데이터를 추적하려 할 경우 명확한 동의를 요구하는 정책을 시행했다. 이는 단지 윤리적 책임을 넘어서, 소비자 신뢰 확보와 브랜드 이미지 제고라는 측면에서도 효과적인 전략으로 작용하고 있다. 이와 같은 변화는 데이터 주권이 기술과 산업의 미래 방향을 결정짓는 핵심 기준이 되어 가고 있음을 시사한다.

그러나 현실적 한계도 분명 존재한다. 데이터 주권을 확보하기 위해서는 개인이 자신의 데이터를 인지하고 관리할 수 있는 역량이 전제되어야 하지만, 정보격차와 디지털 리터러시의 문제로 인해 많은 이들이 여전히 데이터의 흐름을 추적하거나 이해하지 못한다. 또한, 기업의 수익 모델 대부분이 데이터 기반으로 구성되어 있으므로, 데이터 주권을 보장하는 정책이 실질적으로 작동하기 위해서는 강력한 규제와 감시 체계가 함께 뒷받침되어야 한다. 이 과정에서 경제적 이해관계와 시민의 권리 사이의 충돌은 피할 수 없으며, 이에 대한 사회적 합의와 균형 있는 접근이 요구된다.

데이터 주권은 디지털 사회의 핵심 인프라로서, 모든 시민이 디지털 환경에서 주체적으로 참여하고 공정하게 대우받기 위한 조건이 되어야 한다. 이는 단지 개인의 문제가 아니라, 민주주의의 지속 가능성과 사회적 신뢰 회복, 기술과 권력의 균형이라는 차원에서 다뤄져야 할 문제다. 데이터를 단순한 기술적 자원이 아닌, 인권과 공동체 가치의 관점에서 바라보고 그 통제권을 되돌려주는 것이야말로, 진정한 디지털 전환의 출발점이라고 할 수 있다.

네트워크 주권Network Sovereignty은 국가가 자국 내 인터넷 트래픽을 통제하고 보호하는 능력을 의미한다. 이는 사이버 보안, 인터넷 중립성, 국가 안보와 밀접하게 연결되어 있으며, 디지털 시대에서 더욱 중요한 개념으로 자리 잡고 있다. 정보 및 통신의 정치경제학을 연구하는 뮬러Milton Mueller는 네트워크 주권이 기존의 국가 주권 개념과 어떻게 연결되며, 인터넷의 글로벌 특성과 어떤 긴장 관계를 형성하는

지를 분석했다.[150]

디지털 시대에서 네트워크 주권은 데이터 보호 및 경제적 자립과 밀접하게 연결된다. 유럽연합EU의 일반 데이터 보호 규정GDPR은 개인이 자신의 데이터를 통제할 수 있도록 보장하며, 외국 기업이 데이터를 무분별하게 활용하지 못하도록 규제하는 대표적 사례다. 이는 국가가 데이터 보호를 통해 자국민의 디지털 권리를 보장하려는 노력으로 볼 수 있다.

그러나 네트워크 주권을 강화하려는 움직임은 인터넷 개방성과 글로벌 협력에 대한 도전으로 작용할 수도 있다. 중국의 '만리방화벽Great Firewall'은 국가가 인터넷을 통제하는 대표적 사례로, 외국 웹사이트 접근을 제한하고 자국 내 인터넷 환경을 독립적으로 운영하려는 정책을 반영한다. 이는 인터넷의 분절화fragmentation를 초래하며, 국제적 정보 흐름을 저해할 가능성이 있다.

뮬러는 네트워크 주권이 단순히 국가의 인터넷 통제 능력을 의미하는 것이 아니라, 글로벌 인터넷 거버넌스와도 밀접하게 연결된 개념이라고 설명한다. 인터넷 거버넌스는 국가, 기업, 시민사회가 협력하여 인터넷의 운영 방식을 결정하는 과정이며, 네트워크 주권은 이러한 거버넌스 모델에서 중요한 역할을 한다. 국가들은 자국 내 인터넷 정책을 결정할 권리를 주장하지만, 동시에 글로벌 인터넷 거버넌스의 협력 모델을 유지하는 것이 필요하다.

디지털 시대에서 네트워크 주권은 데이터 보호, 사이버 보안, 국가

---

150. Mueller, 2020.

안보를 중심으로 논의되고 있으며, 각국 정부는 이를 강화하기 위한 다양한 전략을 모색하고 있다. 그러나 인터넷의 글로벌 특성을 고려할 때, 지나친 국가 중심의 접근 방식은 인터넷의 개방성과 혁신을 저해할 수 있다. 뮬러는 네트워크 주권을 실현하는 과정에서 국제 협력과 균형 있는 정책 수립이 필수적이라고 강조한다.

디지털 시대를 살아가는 우리는 날마다 수많은 '좋아요'와 '싫어요'를 클릭하며 수동적 반응 속에 머물고 있다. 마치 한 줄짜리 감정 표시에 모든 표현과 판단을 맡긴 듯한 일상이 반복되는 가운데, 우리는 점차 자신의 선택과 사고를 외주화하고 있다. 정보가 넘쳐나는 플랫폼에서 알고리즘이 우리 대신 판단하고, 추천하고, 분류해 주는 편리함 속에서 개인의 판단 능력과 자율성은 서서히 마모되고 있다. 바로 이 지점에서 디지털 자율성을 위한 미디어 교육의 필요성이 절실하게 드러난다.

디지털 자율성이란 단순히 인터넷을 자유롭게 사용하는 능력이 아니라, 디지털 기술과 미디어 환경 속에서 자율적이고 비판적인 판단을 내릴 수 있는 능력을 의미한다. 즉, 기술의 소비자에 머무르지 않고, 그 구조와 영향을 인식하며 능동적으로 활용하는 시민성을 뜻한다. 그러나 현재 많은 사용자는 자신이 보는 정보가 어떻게 선택되고 정렬되는지조차 모른 채, 주어진 정보의 흐름을 그대로 따라가고 있다. 특히 소셜 미디어 플랫폼에서는 "좋아요"와 "싫어요"를 클릭하는 행위가 단지 감정 표현에 그치지 않고, 이용자의 정체성과 선호를 기계적으로 해석하여 알고리즘에 반영하는 기능으로 작동한다. 이 클릭 한 번이 다음에 어떤 정보를 보게 될지, 어떤 친구의 게시글이 먼저 노출될지를 결정짓는 데 사용되는 것이다.

이처럼 플랫폼은 표면적으로 사용자의 선택을 존중하는 듯 보이지만, 실제로는 이용자의 관심과 시간을 극대화하기 위해 반복적, 중독적 설계를 강화하고 있다. 알림, 추천 콘텐츠, 자동 재생 기능 등은 사용자의 자율적 선택을 방해하고, 알고리즘이 제시하는 정보와 콘텐츠에 따라 사고방식이 제한되는 현상을 초래한다. 특히 청소년의 경우, 이러한 환경에 더 쉽게 노출되고 영향을 받으며, 자신의 데이터가 어떻게 수집되고 활용되는지에 대한 인식도 부족한 상황이다.

리빙스턴과 헬스퍼Sonia Livingstone & Ellen Helsper의 연구는 이러한 문제의 핵심을 짚어낸다.[151] 이들은 단순히 인터넷에 접속할 수 있는지 여부만으로 디지털 포용을 판단하지 않는다. 대신, 사람들이 인터넷을 얼마나 자주 사용하고, 어떤 방식으로 활용하며, 그 경험을 통해 어떤 이득이나 기회를 얻는지를 기준으로 디지털 포용의 정도를 살펴본다. 특히 디지털 기술을 어떻게 활용하느냐에 따라 얻을 기회는 사람마다 다르게 나타나는데, 이 차이는 개인의 사회적·경제적 배경, 나이, 성별 같은 여러 요인이 함께 영향을 미친다. 결국, 디지털 자율성의 차이는 단순히 기술을 다룰 줄 아느냐의 문제가 아니라, 사회 안에 존재하는 불평등 구조와 깊이 얽혀 있다는 것을 보여준다. 단순히 인터넷을 사용할 수 있다는 사실만으로는 자율성이 보장되지 않는다는 것이다. 오히려 자율성을 위해서는 디지털 환경을 비판적으로 이해하고, 기술에 내재한 권력관계와 정보의 흐름을 해석할 수 있는 역량이 필요하다.

---

151. Livingstone & Helsper, 2007.

이러한 맥락에서 미디어 교육은 단지 기술을 배우는 것이 아니라, 디지털 공간에서 어떻게 판단하고 선택할지를 고민하게 하는 교육이어야 한다. 미디어 교육은 디지털 리터러시를 넘어, 디지털 시민성을 키우는 과정이어야 한다. 예를 들어, '좋아요'와 '싫어요' 버튼이 플랫폼 운영자와 광고주에게 어떤 방식으로 데이터를 제공하고, 그 결과로 사용자가 어떤 방식으로 분류되고 타깃팅되는지를 면밀하게 분석할 수 있어야 한다. 또한, 뉴스 피드에 나타나는 정보의 배치가 정치적 성향이나 상업적 이해관계에 따라 어떻게 달라질 수 있는지를 이해하는 것이 중요하다. 이것이 바로 미디어 교육이 단지 사용법을 가르치는 것이 아니라, 정보 생태계 전반에 대한 구조적 인식을 기르는 이유다.

청소년을 대상으로 한 미디어 교육은 특히 중요한데, 이는 이들이 기술적으로 능숙하다는 이유만으로 디지털 자율성이 보장된다고 착각해서는 안 되기 때문이다. 리빙스턴과 헬스퍼의 연구에 따르면, 청소년들도 사용 빈도나 스킬 수준에 따라 디지털 활용에서 격차가 존재하며, 특정 연령대에서는 자율성과 비판적 사고의 역량이 충분히 발달하지 않은 채 디지털 환경에 무방비로 노출되기도 한다. 따라서 학교나 지역사회에서 이루어지는 미디어 교육은 디지털 기술을 도구로써 다루는 데 그치지 않고, 그 도구가 우리 삶에 미치는 영향과 윤리적 책임을 함께 가르쳐야 한다.

'좋아요'와 '싫어요'라는 이분법적 클릭에서 벗어나, 보다 다층적이고 비판적인 시선으로 디지털 세계를 바라보는 능력이 필요하다. 이는 단지 개인의 권리를 보호하기 위한 것이 아니라, 민주주의와 사회 정의를 실현하기 위한 필수 조건이기도 하다. 디지털 자율성은 개인의 자유로운 사고와 판단의 기반이며, 그것이 없다면 우리는 기술에 의해 길드는 존재로 전락할 수밖에 없다. 그러므로 우리는 지금, 디지털 자율성을 위한 미디어 교육의 필요성을 더는 미룰 수 없다. 그것은 미래의 시민으로 살아갈 준비를 하는 가장 중요한 교육이며, 인간답게 살아가기 위한 지적 훈련이자 윤리적 실천이다.

7장

비판적 미디어 리터러시 교육 프로그램 예시

1. 영상 미디어 리터러시 교육 프로그램

영상 미디어 리터러시는 영상 매체를 비판적으로 이해하고 분석하며, 이를 효과적으로 활용하는 능력을 의미한다. 현대 사회에서는 유튜브, 넷플릭스, TV 방송, SNS 영상 콘텐츠 등 다양한 영상 미디어가 정보 제공 및 여론 형성에 중요한 역할을 하고 있다. 이에 따라, 학생들이 영상을 단순히 소비하는 것을 넘어, 영상의 제작 과정과 의미를 분석하고, 조작된 정보나 편향된 시각을 구별할 수 있도록 하는 교육이 필요하다.[152] 영상물 미디어 리터러시는 다음과 같은 요소를 포함한다.

- 영상의 내용 분석: 영상이 전달하는 메시지를 비판적으로

---

152. Potter, 2014.

분석하고, 숨겨진 의도를 파악하는 능력
- 영상 제작 과정 이해: 영상이 어떤 방식으로 제작되는지 알고, 편집이나 연출 기법이 의미 전달에 미치는 영향을 이해하는 능력
- 정보의 신뢰성 평가: 영상 속 정보가 신뢰할 수 있는 출처인지 판단하는 능력
- 창의적 미디어 활용: 직접 영상을 기획하고 제작하여 자기의 생각을 효과적으로 표현하는 능력

중학생 대상 영상물 미디어 리터러시 교육 프로그램을 구성할 때, 교육목표는 다음과 같이 설정할 수 있다. 첫째, 영상 미디어의 특성과 메시지 전달 방식을 이해하고, 영상이 정보를 어떻게 전달하는지 분석하는 능력을 기른다. 둘째, 영상 속 정보의 신뢰성을 평가하며, 가짜 뉴스 및 조작된 콘텐츠를 판별하는 방법을 익힌다. 셋째, 영상 제작의 기본 원리를 습득하여 창의적 영상 콘텐츠를 제작할 수 있도록 한다. 마지막으로 영상 미디어의 편향성과 윤리를 고려하며, 올바른 미디어 활용 태도를 형성하는 것도 중요한 목표이다. 이러한 목표를 바탕으로 교육 프로그램은 옆의 표와 같이 구상할 수 있다.

영상 미디어 리터러시 교육은 학생들이 단순히 영상을 보는 것이 아니라, 그 내용을 비판적으로 분석하고 창의적으로 활용하는 능력을 기를 수 있도록 돕는다. 이 교육을 통해 학생들은 영상 속 정보가 신뢰할 수 있는지 판단하는 방법을 배우게 된다. 가짜 뉴스나 조작된 콘텐츠를 구별하고, 영상이 어떤 메시지를 전달하려 하는지 분석하며, 내

주차	수업 내용	
	학습 내용	실습 내용
1주차 영상 미디어란 무엇인가?	• 영상 미디어의 개념과 역할 이해 • 영상이 개인과 사회에 미치는 영향 탐색	• 내가 본 영상 분석하기: 학생들이 평소에 시청하는 영상 콘텐츠를 조사하고 어떤 유형인지 분류해 발표
2주차 영상의 구성요소 분석	• 영상의 구성요소(화면구성, 카메라앵글, 조명, 편집기법 등) • 연출방식이 메시지 전달 방식에 미치는 영향	• 영상 속 장면 비교하기: 같은 내용이지만 다른 연출을 사용한 영상(예: 뉴스 vs 광고) 비교 분석
3주차 영상 속 메시지 분석과 편향성 이해	• 영상 속 숨겨진 의도를 담는 방식(자막, 배경, 음악, 편집 등) • 뉴스 및 다큐멘터리 영상 속 편향성 분석	• 같은 사건, 다른 뉴스 비교: 같은 사건을 다룬 두 개의 뉴스 영상을 보고 어떤 차이가 있는지 분석
4주차 영상 속 정보의 신뢰성 평가	• 영상 속 조작된 정보 판별 방법 • 정보의 출처 확인과 팩트체크 방법	• 이 뉴스는 진짜일까?: 가짜 뉴스와 실제 뉴스를 비교하여 진위 판별 토론하기
5주차 영상 제작의 기초 (기획과 스토리보드 작성)	• 영상 제작의 기획 단계(아이디어 구상, 대본 작성, 스토리보드 제작) • 효과적 메시지 전달을 위한 구성요소	• 우리 반 영상 기획하기: 조별로 영상 기획 주제를 정하고 스토리보드를 제작
6주차 영상촬영 실습	• 촬영의 기본 요소(카메라앵글, 조명, 음향) • 인터뷰 및 브이로그 형식의 영상 제작 기법	• 1분 영상 촬영하기: 조별로 간단한 주제를 정해 1분짜리 영상 촬영
7주차 영상 편집 실습과 윤리적 제작	• 영상 편집의 기본 원리(컷 편집, 자막 삽입, 효과 추가) • 저작권과 윤리적 영상 제작	• 영상 편집하기: 촬영한 영상을 간단하게 편집하여 최종 영상 제작
8주차 품평회 (영상발표 및 피드백)	• 영상발표 및 평가 방법 • 영상 미디어 활용과 피드백의 중요성	• 우리 반 영상 시사회: 각 조의 영상을 감상하고 피드백을 주고받기

용이 한쪽으로 치우쳐 있지는 않은지 파악하는 능력도 키울 수 있다. 또한, 직접 영상 제작을 경험하면서 미디어를 만드는 사람들의 시각을 이해하고, 영상을 올바르게 활용하는 태도를 익히게 된다. 더 나아가, 영상을 기획하고 촬영하며 편집하는 과정을 배우면서 자기 생각을 효과적으로 표현하는 방법도 터득할 수 있다. 결과적으로, 영상 미디어 리터러시 교육을 통해 학생들은 정보를 비판적으로 받아들이고, 윤리적이며 창의적인 방식으로 미디어를 활용하는 능력을 키울 수 있다.

2. 뉴스 리터러시 교육 프로그램

뉴스 리터러시는 단순히 뉴스를 읽는 것이 아니라, 정보를 비판적으로 분석하고 해석하며, 신뢰할 수 있는 정보를 선별하여 활용하는 능력을 의미한다. 디지털 미디어의 발전으로 뉴스의 생산과 소비 방식이 빠르게 변화하면서, 가짜 뉴스와 허위 정보Disinformation, Misinformation의 확산이 사회적 문제로 대두되었다. 이러한 환경 속에서 뉴스 리터러시는 더욱 중요한 교육 요소가 되었다. 뉴스 리터러시는 뉴스의 출처를 확인하고, 편향성을 분석하며, 언론의 역할과 책임을 이해하는 능력을 포함한다. 이를 통해 학생들은 정보를 올바르게 활용하고, 사회적 이슈를 비판적으로 사고하는 역량을 기를 수 있다.

미국의 시민 미디어 학자인 미할리디스Mihailidis[153]는 뉴스 리터러시

---

153. Mihailidis, 2018.

교육의 필요성을 네 가지 이유로 설명한다. 뉴스 리터러시는 현대 사회에서 중요한 역할을 하며, 가짜 뉴스와 정보 왜곡이 만연한 상황에서 더욱 그 중요성이 강조되고 있다.

우선, 뉴스 리터러시 교육은 가짜 뉴스에 대한 비판적 사고 능력을 기르는 데 필수적이다. 현대 사회에서는 허위 정보와 잘못된 정보가 빠르게 확산되며, 이러한 정보에 노출될 가능성이 크다. 따라서 학생들은 가짜 뉴스를 판별하는 능력을 갖추어야 한다. 뉴스의 출처를 분석하고, 신뢰할 수 있는 정보와 그렇지 않은 정보를 구분하는 방법을 익히는 것이 중요하다. 이를 통해 학생들은 더 객관적이고 정확한 정보를 습득할 수 있으며, 여론 형성과 정책 결정에 현명하게 참여할 수 있다.

두 번째로, 변화하는 미디어 환경 속에서 정보를 습득하는 능력을 강화해야 한다. 과거에는 전통적인 신문과 방송이 뉴스의 주요 공급원이었으나, 오늘날은 SNS, 유튜브, 팟캐스트 등 다양한 디지털 플랫폼을 통해 뉴스가 제공된다. 이러한 환경에서 학생들은 뉴스 소비의 방식이 변화하고 있음을 인식해야 한다. 또한, 온라인에서 접하는 정보의 신뢰도를 평가하는 능력을 기르는 것이 필수다. 어떤 콘텐츠가 신뢰할 수 있으며, 어떤 것은 의도적으로 조작된 정보인지 판별하는 능력이 뉴스 리터러시의 핵심 요소다.

세 번째로, 뉴스 리터러시는 민주시민 교육의 중요한 요소다. 뉴스는 단순한 정보 전달을 넘어, 사회적 이슈를 조명하고 여론 형성에 영향을 미친다. 따라서 학생들은 언론의 역할을 이해하고, 민주주의 사회에서 뉴스가 어떻게 기능하는지를 배워야 한다. 자유롭고 독립적인 언론은 민주주의의 핵심 요소이며, 이를 통해 시민들은 정부 정책을 감시하고 사회 문제에 적극적으로 참여할 수 있다. 뉴스 리터러시 교육은 시민들이 정보를 비판적으로 분석하고, 사회적 논의에 능동적으로 참여할 수 있도록 돕는다. 마지막으로, 다양한 정보 속에서 중요한 내용을 선별하고 적절하게 활용하는 능력을 길러야 한다. 현대 사회에서는 정보의 홍수가 일어나고 있으며, 매일 수많은 뉴스와 데이터가 생성된다. 이러한 정보 중에서 유용한 내용을 선별하고, 이를 효과적으로 활용하는 능력이 필요하다. 학생들은 단순히 정보를 소비하는 것이 아니라, 스스로 정보를 분석하고 적절하게 활용하는 방법을 배워야 한다.

초등학생을 대상으로 한 뉴스 리터러시 교육 프로그램의 예시를 마련했다.[154] 이 프로그램은 학생들이 뉴스와 정보를 올바르게 이해하고 활용하는 능력을 기를 수 있도록 구성되었다. 현대 사회에서 정보는 다양한 미디어를 통해 빠르게 전달되며, 가짜 뉴스와 편향된 정보도 함께 확산하고 있다. 이에 따라 학생들은 뉴스의 신뢰성을 평가하는 능력을 키우고, 다양한 미디어의 역할과 특성을 이해하는 것이 중요하다.

특히, 가짜 뉴스와 진짜 뉴스를 구별하는 방법을 익히는 것은 교육의 핵심 요소다. 학생들은 뉴스의 출처를 분석하고, 정보의 신뢰도를 평가하는 방법을 배운다. 이를 통해 단순히 뉴스 소비자가 아니라, 능동적 정보 분석자로 성장할 수 있다. 또한, 뉴스가 특정한 관점에

---

154. 이 내용은 한국언론진흥재단(2020). 미디어 리터러시 교육 자료집을 참고로 해서 재구성했다.

서 제작될 수 있음을 이해하고, 편향된 정보에 대한 비판적 사고 능력을 기르는 것도 중요한 목표 중 하나다. 더 나아가, 학생들이 직접 뉴스 제작을 체험하는 활동을 통해 올바른 뉴스 소비 습관을 형성하도록 돕는다. 뉴스 제작 과정에 참여하면서 정보의 수집, 분석, 구성 방식 등을 학습할 수 있다. 이를 통해 뉴스 생산자의 관점을 이해하고, 미디어가 정보를 구성하는 방식에 대해 깊이 있는 인식하게 된다.

이러한 목표를 바탕으로, 초등학생 고학년(4~6학년)을 위한 5주차 뉴스 리터러시 교육 프로그램을 구성할 수 있다. 교육 방식은 놀이, 체험활동, 토론, 미디어 제작 활동으로 이루어지며, 학생들이 흥미를 느끼고 적극적으로 참여할 수 있도록 한다. 준비물로는 신문 기사, 영상 뉴스, 그림 자료, 카드, 스티커 등을 활용하여, 시각적 자료를 통해 더욱 효과적으로 학습이 이루어지도록 한다. 교육 방식은 놀이, 체험활동, 토론, 미디어 제작 활동으로 구성하고, 준비물로는 신문 기사, 영상 뉴스, 그림 자료, 카드, 스티커 등을 준비한다.

주차	수업 내용	
	학습 내용	실습 내용
1주차 뉴스란 무엇인가?	• 뉴스란 무엇인가? • 뉴스는 왜 중요한가? (정보 제공, 사건 보도, 여론 형성 등) • 우리가 뉴스를 접할 수 있는 다양한 방법 (신문, TV, 인터넷, 유튜브 등)	• 뉴스 퍼즐 맞추기: 학생들에게 신문 기사나 뉴스 화면을 조각 내어 주고, 조별로 맞추면서 뉴스의 구성요소(제목, 내용, 사진 등)를 학습
2주차 가짜 뉴스와 진짜 뉴스 구별하기	• 가짜 뉴스란 무엇인가? • 가짜 뉴스가 퍼지면 어떤 문제가 생길까? • 가짜 뉴스를 판별하는 방법(출처 확인, 신뢰할 수 있는 뉴스 사이트 이용 등)	• 진짜일까? 가짜일까?: 선생님이 간단한 뉴스 내용을 읽어주고, 학생들이 온라인으로 사실 확인을 해보는 활동

3주차 뉴스의 편향성 이해하기	• 뉴스가 모든 정보를 다 담지 않을 수도 있음 • 신문사나 방송사가 강조하는 내용이 다를 수 있다. • 뉴스에 나오는 표현과 사진이 보는 사람에게 영향을 줄 수 있다.	• 같은 사건, 다른 기사: 같은 사건을 다룬 두 개의 뉴스 기사를 비교하고, 어떤 점이 다른지 찾아보기
4주차 뉴스는 어떻게 만들어질까요?	• 뉴스는 어떻게 만들어질까?(취재 → 기사 작성 → 편집 → 보도) • 기자의 역할과 윤리 (사실 확인의 중요성) • 뉴스는 신중하게 만들어져야 한다는 점을 배우기	• 뉴스 리포터 체험: 학생들이 기자가 되어 친구들에게 짧은 뉴스 보고를 해 보기(예: "오늘의 날씨", "학교 행사 소식" 등)
5주차 올바른 뉴스 소비습관 기르기	• 뉴스는 한 가지만 보지 않고 여러 개를 비교 • 뉴스의 출처 확인 • 뉴스의 내용이 너무 극단적이면 사실 확인이 한 번 더 필요	• 우리 반 뉴스 리터러시 규칙 만들기: 학생들이 배운 내용을 바탕으로 올바른 뉴스 소비 방법을 정리한 포스터 만들기

위에서 제시된 내용은 교육의 성격과 학생들의 연령대에 따라 유연하게 조정될 수 있다. 수업의 차시를 늘리거나 내용의 수준을 조정함으로써 학습 효과를 극대화할 수 있다. 예를 들어, 동일한 수업 내용을 중학생에게 적용할 경우, 1차시 실습에서는 뉴스의 기본 구성요소를 좀 더 심층적으로 탐구하는 방식으로 진행할 수 있다. 또한, '뉴스 속 이야기 찾기' 활동을 포함하여, 학생들이 최근 뉴스를 선정하고 육하원칙을 활용해 내용을 분석한 후 발표하는 과정을 추가하는 것이 가능하다.

이처럼 교육의 기본 틀은 유지하면서도, 학습자의 수준에 맞게 적절히 조정하여 더욱 효과 좋은 교육을 실현할 수 있다.

3. AI 리터러시 교육 프로그램[155]

유네스코는 학생들에게 필요한 AI 역량을 갖추기 위한 미디어 리터러시 교육안의 기본 틀을 다음과 같이 제시하고 있다. 학생들의 AI 미디어 리터러시를 위한 핵심 요소는 네 가지이며, 교육 과정에는 이해, 활용, 창작이라는 세 가지 수준이 포함되어야 한다. 또한, AI 미디어 리터러시 교육안을 설계할 때 지식, 기술, 가치라는 세 가지 주요 요소를 기준으로 기대 수준을 설정할 것을 권장하고 있다. AI 리터러시는 인간 중심적 접근 방식을 바탕으로 윤리적 이해를 촉진하는 것이 중요하다. AI 리터러시 교육안은 네 가지 필수 요소를 포함해야 한다. 즉, 인간 중심적 사고, AI 윤리, AI 기술 및 응용, AI 시스템 설계가 교육의 핵심을 이루어야 한다. 이 요소들은 기본적 가치와 윤리적 원칙을 준수하는 사회적 책임을 포함하며, 기초적 지식과 기술을 익히는 것뿐만 아니라, 시스템 설계를 위한 고차원적 사고 능력을 요구한다.

첫 번째 요소인 인간 중심적 사고방식은 AI 기술의 혜택과 위험을 균형 있게 고려하는 태도를 기르는 데 중점을 둔다. 이를 통해 학생들은 AI 도구를 비판적으로 이해하고, 환경과 생태계의 지속 가능한 발전을 모색하는 방법을 탐색할 수 있다.

두 번째 요소인 AI 윤리는 학생들이 AI의 사회적, 윤리적 측면을 이해하는 데 도움을 준다. AI 기술이 인간 행동에 미치는 영향을 분석하고, AI의 전반적 생애주기에서 윤리적 원칙을 적용하는 능력을 배양하

---

155. 이 내용은 UNESCO(2024), *AI competency framework for students*, UNESCO 에서 일부 발췌한 내용이다.

는 것이 핵심이다. 이를 통해 학생들은 AI를 탐색하고 실천하며 적용하는 사회적 기술을 익힐 수 있다.

세 번째 요소인 AI 기술 및 응용은 AI에 대한 개념적 이해와 실질적인 활용 능력을 통합적으로 다루는 것이다. 학생들은 AI 도구를 활용하여 실습하며, AI 기술이 실제로 어떻게 적용되는지 학습할 수 있다.

마지막 요소인 AI 시스템 설계는 문제 정의부터 아키텍처 구축, 모델 훈련, 테스트 및 최적화에 이르는 포괄적 공학 기술을 포함한다. 이를 통해 학생들은 AI 시스템을 설계하고 효율적으로 운영하는 방법을 배우게 된다. 이러한 틀을 바탕으로 AI 교육안을 구체화할 수 있다. 특히, 다음과 같은 요소를 고려하여 교육을 설계하는 것이 효과적이다.

- 주요 AI 관련 초점 영역을 정의하고 기대되는 숙련도 수준을 설정한다.
- 기존 교육 과정, 학과 및 학년 수준과 AI 학습 콘텐츠를 통합할 방안을 모색한다.
- 학생들의 AI 역량과 학습 발전 수준을 평가할 수 있는 기준을 마련한다.
- 나이와 학습 분야에 적합한 교육 방법을 설계하고 적용한다.

AI 리터러시 교육안은 국가, 지역 또는 학교 차원에서 다양하게 조정될 수 있다. 초점 영역과 숙련도 수준의 선택은 학생들의 기존 AI 역량, 교사의 전문성, 교육 시간, 지역 AI 접근성 및 인프라 수준 등에 따라 달라질 수 있다. 이러한 요소를 고려하여 유연하고 효과적인 AI 교육안을 구성하는 것이 중요하다.

AI 역량 강화를 위한 리터러시 교육안

역량요소	교육 진행 순서		
	이해	활용	창작
인간 중심적 사고	인간의 역할	인간 책임	AI 시대의 시민의식
AI 윤리	체화된 윤리	안전하고 책임 있는 사용	설계를 통한 윤리
AI 기술 및 응용	AI 기초	응용 기술	AI 도구 개발
AI 시스템 설계	문제 정의	아키텍처 설계	반복과 피드백 루프

인간 중심적 사고에 필요한 리터러시 교육의 핵심 요소

AI 시대에 필요한 리터러시 교육은 학생들과 일반인들이 인간 중심적 사고를 기를 수 있도록 돕는 프로그램이다. 이는 AI가 단순한 기술이 아니라, 인간의 가치와 신념, 비판적 사고를 반영해야 한다는 점을 강조한다. 즉, AI가 올바르게 사용되는지, 공정하고 안전하게 작동하는지, 그리고 인간과의 관계 속에서 어떤 역할을 해야 하는지를 고민하는 것이 중요하다. 이러한 교육은 AI가 인간의 정체성과 사회적 책임에 미치는 영향을 이해하고, 더욱 나은 AI 사회를 만드는 데 이바지할 수 있도록 하는 데 초점을 맞춘다. 이 교육 프로그램은 ① 인간의 역할, ② 인간의 책임, ③ AI 시대의 시민의식, 이 세 가지 요소로 구성된다.

① 인간의 역할(Human Agency)

AI 리터러시 교육의 첫 단계는 AI에 대한 올바른 이해에서 출발한다. 학생들은 AI가 인간이 만든 기술이며, 인간의 의도와 결정에 따라 작동한다는 점을 배워야 한다. 또한, AI 시스템이 인권, 인간과의 상호작용, 사회에 미치는 영향을 고려해야 한다는 점을 교육해야 한다. 이를 통해 AI가 인간의 통제 아래에 있어야 하는 이유를 이해하고, 만약 그렇지 않으면 발생할 수 있는 문제에 대해 생각할 수 있도록 한다.

② 인간의 책임(Human Accountability)

두 번째 단계는 AI를 활용하는 과정에서 인간이 가져야 할 책임을 이해하는 것이다. AI를 개발하고 제공하는 사람들은 법적·윤리적 의무를 지니며, AI의 설계와 사용에 있어 책임 있는 결정을 내려야 한다. 또한, AI를 이용한 의사 결정 과정에서도 인간의 선택이 중요한 역할을 한다는 점을 강조해야 한다. 특히, 위험성이 높은 분야에서 AI가 사용될 때, 인간의 판단이 반드시 개입해야 함을 깨닫도록 하는 것이 중요하다.

③ AI 시대의 시민의식(Citizenship in the AI Era)

마지막으로, AI가 우리 사회에 미치는 영향을 비판적으로 이해하고, 책임감 있는 행동을 할 수 있도록 돕는 교육이 필요하다. 학생들과 함께 AI 시대에 필요한 시민의식에 대해 고민하고, AI를 올바르게 활용하기 위한 가이드라인을 만들어 보는 활동을 포함할 수 있다. 이를 통해 AI 시대에 적절한 윤리적 기준을 갖춘 시민으로 성장할 수 있도록 돕는다.

이러한 교육을 통해 학생들은 AI를 단순히 사용하는 것이 아니라, AI를 둘러싼 사회적, 윤리적 문제를 깊이 있게 이해하고, 책임 있는 자세로 활용할 수 있는 능력을 기를 수 있다. 위의 내용을 중심으로 중학생 수준의 8주차 교육 프로그램을 다음과 같이 구성했다.

주차	수업 내용	
	학습 내용	실습 내용
1주차 AI란 무엇인가? (기본 개념 이해)	• AI(인공지능)의 개념과 작동 원리 • AI가 어디에서 사용되고 있는지 사례 살펴보기 (예: 스마트폰 음성 비서, 자율주행 자동차)	• AI 찾기 미션: 학교나 집 주변에서 AI 기술이 적용된 제품이나 서비스를 찾아보고 발표하기
2주차 인간의 역할 (AI는 인간이 만든 도구)	• AI는 인간이 설계하고 조종하는 도구임을 이해하기 • 인간이 AI를 어떻게 활용할지 결정하는 방법 배우기	• 미니 챗봇 만들기: 간단한 챗봇을 직접 만들어 보고, 사용자가 질문하면 답변하는 방식 익히기 (예: 구글 Teachable Machine 활용)
3주차 인간의 역할 (AI와 인간의 상호작용)	• AI는 인간과 협력하여 작동함 • AI의 장단점 비교해 보기	• AI 그림 인식 실험: AI가 손 그림을 인식할 수 있는 사이트(예: Quick, Draw!)를 이용해 AI의 학습 방식 체험
4주차 인간의 책임 (AI를 만드는 사람의 책임)	• AI를 만드는 사람(개발자)이 윤리적으로 책임져야 할 부분 이해하기 • AI의 오류와 편향 사례 살펴보기(예: 얼굴 인식 AI의 인종 차별 사례)	• AI 편향 테스트: AI 번역기 또는 얼굴 인식 프로그램이 어떻게 다르게 작동하는지 실험해 보고 그 이유를 토론하기
5주차 올바른 뉴스 소비습관 기르기	• AI를 사용할 때 인간이 주의해야 할 점 배우기 • AI가 결정을 내릴 때 인간의 개입이 중요한 이유	• 가짜 뉴스 판별 실습: AI가 만들어 낸 가짜 뉴스(딥페이크 영상 등)를 보고 진짜와 가짜를 구별하는 방법 익히기
6주차 AI 시대의 시민의식 (AI가 바꾸는 사회)	• AI가 우리의 생활(교육, 직업, 교통 등)에 미치는 영향 • AI로 인해 사라지거나 새롭게 생기는 직업 알아보기	• 미래 직업 카드 게임: AI로 인해 새롭게 생길 직업과 사라질 직업을 카드로 만들어 분류해 보기

| 7주차
올바른 뉴스
소비습관 기르기 | • AI를 윤리적으로 활용하기 위한 원칙 정리
• 학생들이 직접 AI 사용 가이드라인을 만들어 보기 | • 우리 반 AI 윤리 규칙 만들기: 조별로 AI 사용에 대한 규칙을 정하고, 포스터로 만들어 교실에 붙이기 |
| 8주차
AI와 우리의 미래 | • AI가 발전하는 미래를 대비하는 방법 배우기
• AI를 활용하여 사회 문제를 해결하는 방법 고민하기 | • AI 해결사 프로젝트: AI를 활용해 해결할 수 있는 문제를 정하고, 친구들과 토론 후 해결 방안을 발표하기 |

8장

우리가 나아가야 할 길, 비판적 미디어 리터러시의 미래

21세기의 정보 환경은 복잡하고 역동적이다. 우리는 매일 수백 개의 메시지와 광고, 알고리즘이 선별한 뉴스 속에서 살아간다. 유튜브의 추천 영상, 틱톡의 짧은 영상, 인공지능이 편집한 기사들까지. 모두가 우리의 클릭과 감정을 자극하려 애쓴다. 하지만 중요한 질문은 이것이다. "이 콘텐츠는 왜 만들어졌는가?", "누구의 목소리가 배제되었는가?", "나는 무엇을 놓치고 있는가?" 이러한 질문은 단순한 정보 해석을 넘어서, 우리가 세상을 어떻게 인식하고, 그 속에서 어떤 존재로 살아갈지를 결정짓는 근본적 사고의 방식이다. 비판적 미디어 리터러시는 단순히 미디어를 다루는 기술을 배우는 것이 아니라, 올바른 시민으로 성장하기 위한 교육이어야 한다. 데이비드 버킹엄이 말했듯이, "미디어 리터러시는 누가 권력을 갖고, 어떤 의미를 전달하며, 사람들이 어떻게 참여할 수 있는지를 이해하는 문제다."

오늘날 디지털 사회는 빠르고 단순한 반응을 유도한다. 좋아요, 싫어요, 구독, 알림 설정 — 모두가 클릭 한 번으로 정체성을 정의하고,

신념을 확인한다. 이러한 이분법적 구조는 사람들이 깊은 질문을 던지지 못하게 만든다. "어떤 정보에 반응하고 있는가?", "내 감정은 어떻게 조작되는가?", "이 클릭은 나를 어디로 이끄는가?" 이 질문들이야말로 디지털 자율성을 지키는 첫걸음이다. 비판적 미디어 리터러시는 바로 이런 디지털 자율성을 위한 방패이자 나침반이다. 인간이 기술에 길드는 것이 아니라, 기술을 이해하고 다룰 수 있는 능력을 갖출 때 우리는 비로소 자율적 존재가 된다.

1. VR과 PBL로 배우는 비판적 미디어 리터러시: 미래 교육의 방향

확장된 비판적 미디어 리터러시 교육은 미래 사회를 준비하는 데 중요한 과제다. 미래의 미디어 환경은 단순한 텍스트나 전통적 콘텐츠 분석을 넘어, 소셜 미디어, 영상 콘텐츠, 게임, 광고, 인공지능AI 기반 정보 시스템 등 다양한 매체를 포함하고 있다. 이처럼 다양한 매체 환경에서, 학생들은 단순히 뉴스를 소비하는 것을 넘어 그 뉴스가 어떤 맥락과 의도로 작성되었는지 분석하는 능력을 갖춰야 한다. 디지털 시대의 정보 신뢰성 문제는 점점 더 심각해질 것이며, 허위 정보와 가짜 뉴스의 확산은 더욱 쉬워질 것이다. 이러한 환경에서 비판적 미디어 리터러시는 능동적 미디어 참여자로서의 시민을 양성하는 데 중점을 둔다.

학생들은 정보의 진위를 평가하고, 다양한 관점을 이해하며, 자기 생각을 표현하고 논의하는 능력을 키우게 될 것이다. 이론적 접근만으로는 부족하다. 실제로 미디어를 분석하고 제작하는 경험을 통해 비판적 사고를 기르는 실천적 학습이 중요하다. 예를 들어, 프로젝트 기반 학습Project-Based Learning, PBL은 학생들이 질문을 만들고, 문제를 해결하며, 결과물을 창의적으로 만들어 내는 과정에서 자기 주도 학습 능력을 키울 수 있는 효과적 방식이다.

2020년 4월, 밀양의 한 중학교에서 진행된 "우리 동네 지키기 프로젝트"는 PBL의 성공적 사례로 평가받는다. 국어 시간에 '설득하는 말하기' 단원에서 시작된 이 프로젝트는 팬데믹 중 온라인 수업으로 진행되었다. 학생들은 우리 동네의 문제를 조사하고, 이를 비판적으로 분석한 뒤 캠페인으로 연결하는 과정을 경험했다. 학생들은 도서관 자료, 인터넷 뉴스, 지역 주민 인터뷰 등을 활용해 동네 문제를 찾아내고, 이를 해결하기 위한 아이디어를 게시판에 공유했다. 프로젝트에 참여한 학생들은 "내 생각을 마음껏 표현할 수 있어 좋았다"라거나 "친구들과 고민하며 더욱 깊이 있는 생각을 할 수 있었다"라는 긍정적인 피드백을 남겼다. 교사들은 이 프로젝트를 통해 학생들이 자립하는 힘과 공존하는 힘을 배웠다고 평가했다.[156]

디지털 기술을 활용한 교육 프로그램 역시 비판적 미디어 리터러시 교육의 중요한 요소다. 가상현실VR과 증강현실AR은 학생들에게 몰입감 있는 학습 경험을 제공하며, 미디어의 작동 방식을 깊이 이해하게 한다. 예를 들어, 학생들이 VR을 통해 가상의 뉴스룸에서 기자 역할

---

156. 박상현, 2020.

을 체험하거나, 가짜 뉴스와 진짜 뉴스를 구별하는 시뮬레이션에 참여할 수 있다.

미국 스탠퍼드 대학교Stanford University에서 2021년 여름부터 시작된 '가상의 사람들Virtual People' 과정은 VR을 활용한 혁신적 교육의 좋은 사례로 꼽힌다. 이 과정은 총 20주 동안 진행되었으며, 263명의 학생이 VR 헤드셋을 착용하고 메타버스에서 학습했다. 학생들은 가상 환경에서 대규모 그룹 견학, 소규모 그룹 토론, 라이브 공연, 그리고 자신의 가상 세계 구축을 포함한 다양한 활동에 참여했다. 한 예로, 학생들은 가상의 기자로 활동하며 자신이 설정한 가상 도시의 사회 문제를 다루는 기사를 작성하고 이를 발표했다. 또한, VR 내에서 인종적 불평등을 경험한 남성의 삶을 체험하거나, 환경 재난 상황에서 구호 활동을 계획하는 등의 활동을 통해 사회적 문제에 대한 인식을 높였다. 수업을 통해 학생들은 미디어가 어떻게 특정 메시지를 전달하고 사회적 관점을 형성하는지 깊이 이해할 수 있었다.[157]

1) 글로벌 협력의 중요성

비판적 미디어 리터러시는 이제 특정 국가나 지역에만 국한된 문제가 아니다. 인터넷과 디지털 미디어가 국경을 넘어 전 세계로 확산되면서, 글로벌 시민으로 해야 할 역할이 점점 더 중요해지고 있다. 현대 사회에서는 누구나 단순한 정보 소비자가 아니라, 정보를 비판적으로 이해하고 활용할 수 있는 능력을 갖춰야 한다. 따라서 비판적 미디어

---

157. VHIL(Vittual Human Interaction Lab) 페이지 참조 https://vhil.stanford.edu/downloads/comm166

리터러시 교육은 국가별 접근이 아닌 글로벌 차원에서 논의되어야 할 중요한 과제가 되었다.

디지털 시대에는 정보가 실시간으로 생성되고 공유되며, 기존의 권위 있는 정보원 외에도 수많은 소셜 미디어와 플랫폼을 통해 개인이 뉴스와 콘텐츠를 생산하고 확산할 수 있다. 이러한 환경은 정보 접근성을 높이는 장점이 있지만, 동시에 가짜 뉴스와 허위 정보를 퍼뜨릴 위험도 내포하고 있다. 따라서 미디어 리터러시 교육은 학생들이 정보의 출처를 분석하고, 신뢰할 수 있는 정보를 선별하며, 비판적 사고를 통해 보다 정확한 정보를 활용할 수 있도록 돕는 역할을 해야 한다. 국제 사회에서는 미디어 리터러시 교육을 발전시키기 위한 협력이 활발히 진행되고 있다. 글로벌 협력은 미디어 리터러시 교육의 질을 높이는 데 필수적 역할을 한다. 각국과 문화권에서 시행되는 미디어 리터러시 교육 사례를 공유하면, 서로의 강점을 배우고 교육 모델을 개선할 수 있다. 유럽에서는 미디어를 통한 비판적 사고를 강조하는 교육 프로그램이 활성화되어 있으며, 북미는 디지털 미디어의 윤리적 사용과 정보 검증을 강조하는 교육 방식이 특징이다. 아시아에서는 기술 활용 능력과 전통적 미디어 분석을 결합한 독특한 교육 방식이 주목받고 있다. 아시아의 몇몇 국가에서는 청소년들이 디지털 미디어를 적극적으로 활용하는 점을 고려하여, 미디어 생산과 비판적 분석을 결합한 교육 프로그램을 운영하고 있다. 이러한 사례를 비교하고, 지역적 특성을 반영한 전략을 수립한다면 더욱 효과적인 글로벌 교육 모델을 만들어 낼 수 있다.

국제기구와 NGO는 이러한 글로벌 협력의 중심에 있다. 유네스코

UNESCO는 전 세계적으로 미디어 리터러시 교육을 촉진하기 위해 다양한 프로그램을 운영하며 글로벌 교육 기준을 확립하고 있다. 유네스코는 2019년 저널리즘과 미디어·정보 리터러시를 발간하여 언론인과 교육자들을 위한 핸드북을 제공했으며, 이는 각국에서 미디어 리터러시 교육을 설계하는 데 중요한 참고 자료가 되고 있다.

유네스코는 미디어·정보 리터러시를 촉진하기 위해 다양한 글로벌 협력 모델을 운영하고 있다. 특히, 미디어·정보 리터러시 글로벌 협의체GAPMIL와 미디어·정보 리터러시와 문화 간 대화 대학 협의회MILID는 각국이 협력할 수 있는 강력한 네트워크를 제공하며, 이를 통해 정보의 질을 향상시키고 사회적 대화를 활성화하는 데 중요한 역할을 하고 있다. GAPMIL은 전 세계의 교육 기관, 정부, 시민사회 단체, 미디어 전문가들이 참여하여 미디어·정보 리터러시 정책과 전략을 개발하고 실행할 수 있도록 돕는 플랫폼을 제공한다. 이 협의체는 정보 접근성, 표현의 자유, 디지털 기술 활용, 미디어 윤리 등 다양한 주제를 다루며, 각국의 미디어·정보 리터러시 정책을 조율하고 개선하는 데 기여한다.

GAPMIL은 국제적 협력을 강화하고, 각국의 전문가들이 효과적 교육 모델을 개발하고 공유할 수 있도록 지원한다. 또한, 정부 및 교육 기관이 미디어·정보 리터러시 정책을 수립하고 실행할 수 있도록 가이드라인을 제공하며, 디지털 환경에서 발생하는 가짜 뉴스, 허위 정보, 온라인 혐오 표현 등의 문제를 해결하기 위한 전략을 마련한다. 이 외에도 MIL 교육의 효과를 분석하고, 지속적 개선을 위한 연구를 수행하는 것이 GAPMIL의 핵심 목표 중 하나다.

한편, MILID는 대학 및 연구 기관이 MIL 교육을 발전시키고 문화적 다양성을 반영한 교육 모델을 개발하는 데 중점을 두고 있다. MILID는 대학에서 MIL을 효과적으로 교육할 수 있도록 커리큘럼을 설계하고 연구하며, 다양한 문화적 배경을 고려한 교육을 통해 글로벌 시민의식과 상호 이해를 증진하는 것을 목표로 한다. 또한, MIL 관련 연구를 수행하고 학술 논문 및 보고서를 발간하여 교육자와 정책결정자들에게 정보를 제공하며, MIL 전문가들이 모여 최신 연구 결과를 공유하고 협력 방안을 논의하는 국제 콘퍼런스와 워크숍을 개최한다.

유네스코는 GAPMIL과 MILID를 통해 각국의 MIL 정책을 조율하고, 교육 프로그램을 개선하며, 글로벌 협력을 강화하는 역할을 하고 있다. 특히, MIL 교육을 통해 비판적 사고 능력, 정보판별 능력, 디지털 윤리의식을 함양하는 것이 목표이며, 이를 통해 시민들이 더욱 책임감 있는 정보 소비자로 성장할 수 있도록 돕는다. 이러한 글로벌 협력 모델은 단순히 교육 프로그램을 제공하는 차원을 넘어, 사회적 대화를 활성화하고 정보의 질을 향상하는 데 기여한다. MIL 교육은 현대 사회에서 필수 역량으로 자리 잡았으며, 유네스코의 지속적 노력은 각국의 교육 정책과 디지털 환경 개선에 큰 영향을 미치고 있다.[158]

디지털 시대의 미디어 리터러시는 단순한 정보 분석 능력을 넘어, 글로벌 시민의 책임을 갖고 윤리적 감각을 기르는 데 중요한 역할을 한다. 세계 각국은 미디어 리터러시 교육을 발전시키기 위해 협력해야

---

158. UNESCO, 2020.

하며, 지역적 특성을 반영하면서도 국제적 관점을 포함하는 균형 잡힌 교육 모델을 구축하는 것이 필요하다. 이를 통해 학생들은 비판적 사고를 기르고, 정확한 정보를 활용하며, 책임 있는 디지털 시민으로서 사회적 참여를 실현할 수 있을 것이다.

2. 포노 사피엔스의 길잡이: 비판적 미디어 리터러시

포노 사피엔스Phono Sapiens는 스마트폰과 디지털 미디어 환경 속에서 새롭게 진화한 인간 유형을 의미한다. 스마트폰은 단순한 도구의 역할을 넘어서 인간의 사고방식과 행동 패턴을 근본적으로 변화시키고 있으며, 이는 현대 사회에서 더욱 두드러진 현상으로 나타나고 있다. 오늘날 사람들은 스마트폰을 통해 정보를 습득하고, 다른 사람들과 소통하며, 사회적 관계를 형성한다. 이러한 과정은 이제 일상의 일부로 자리 잡았으며, 많은 사람에게 필수적 생활 방식으로 받아들여지고 있다.[159]

디지털 환경 속에서 살아가는 포노 사피엔스에게 비판적 미디어 리터러시는 필수 능력이다. 디지털 시대의 비판적 미디어 리터러시는 다양한 디지털 플랫폼을 통해 제공되는 정보를 비판적으로 분석하고, 신뢰할 수 있는 정보를 선별하며, 효과적으로 활용하는 능력을 의미한다. 포노 사피엔스는 이러한 미디어 리터러시를 기반으로 디지털 환

---

159. 최재붕, 2019.

226

경에서 더욱 능동적으로 정보를 소비하고 생산할 수 있어야 한다.

포노 사피엔스의 등장은 정보의 생산과 소비 방식에 중대한 변화를 가져왔다. 과거에는 신문, 방송, 책 등의 전통적 매체를 통해 정보를 얻었지만, 이제는 스마트폰을 활용하여 언제 어디서든 실시간으로 정보를 확인할 수 있다. 이러한 변화는 정보의 접근성을 극대화하는 동시에, 정보의 신뢰성과 정확성을 스스로 판단해야 하는 책임을 증가시키고 있다. 또한, SNS나 유튜브와 같은 디지털 플랫폼이 주요한 커뮤니케이션 수단으로 자리 잡으면서 개인과 사회의 관계 맺기 방식에도 큰 영향을 미치고 있다.

포노 사피엔스는 단순히 스마트폰을 사용하는 사람이 아니라, 스마트폰을 통해 사고하고 학습하며 생활하는 존재다. 스마트폰이 삶의 필수적 부분이 된 만큼, 디지털 미디어 리터러시는 포노 사피엔스에게 반드시 갖추어야 할 중요한 역량으로 자리 잡고 있다. 정보의 홍수 속에서 신뢰할 수 있는 정보를 선별하고 활용할 수 있는 능력은 점점 더 중요해지고 있으며, 이러한 변화에 대응하기 위해 비판적 사고와 윤리적 판단력이 필요하다. 포노 사피엔스는 디지털 환경에서 능동적으로 살아가기 위해 스마트폰을 단순한 기술 도구가 아니라, 사고와 행동을 결정하는 중요한 매체로 인식하고 활용해야 한다.

포노 사피엔스는 단순한 정보 소비자가 아니라 콘텐츠 제작자이기도 하다. 유튜브 영상 제작, 블로그 글쓰기, 소셜 미디어 활동 등을 통해 자신의 의견을 표현하고 정보를 생산하는 과정에서 미디어 리터러시는 창의적이고 효과적인 콘텐츠 제작을 위한 기초 역량을 제공한다. 디지털 환경에서는 누구나 콘텐츠를 쉽게 제작하고 공유할 수 있는

만큼, 정보의 신뢰성과 콘텐츠의 질을 고려하는 것이 더욱 중요하다.[160]

포노 사피엔스가 디지털 환경에서 성공적으로 살아가려면 체계적인 미디어 리터러시 교육이 필요하다. 학생들에게 비판적 사고를 기를 수 있도록 하고, 디지털 윤리에 대한 이해를 높이며, 콘텐츠 제작과 활용 능력을 갖추게 해야 한다. 또한, 다양한 디지털 플랫폼의 특성과 알고리즘의 영향을 분석하는 교육도 중요하다. 미디어 리터러시 교육을 통해 학생들은 더욱 스마트하게 정보를 활용하고, 윤리적 디지털 시민으로 성장할 수 있다.

디지털 시대를 살아가는 포노 사피엔스는 미디어 리터러시를 통해 더욱 효율적으로 정보를 소비하고 생산할 수 있으며, 건강한 디지털 문화를 형성하는 데 기여할 수 있다. 미디어 리터러시는 단순한 정보 분석 능력을 넘어, 사회적 책임과 윤리적 감각을 높이는 데 중요한 역할을 한다. 따라서 포노 사피엔스는 올바른 디지털 환경을 조성하고, 지속 가능한 디지털 사회를 만들어 나가는 데 적극적으로 참여해야 한다.

비판적 미디어 리터러시의 확산을 위해서는 제도적 기반 역시 중요하다. 부산시의 '디지털 미디어 리터러시 조례'는 지방정부가 교육을 공공의 책무로 받아들인 상징적 사건이다. 전 생애를 아우르는 리터러시 교육, 지역 커뮤니티 기반 학습, 제도적 지원은 모두 미디어 교육이 일시적 캠페인이 아닌, 지속 가능한 사회 변화를 만들어 갈 수 있다는 가능성을 보여준다. 미디어는 단순히 읽고 해석하는 대상이 아

---

160. Jenkins, 2009.

니라, 우리가 직접 경험하고 살아가는 삶의 일부다. 미디어 리터러시 교육도 책 속 지식에 머무르지 않고, 일상에서 자연스럽게 실천되어야 한다. 이는 학교 교실만이 아니라, 가정과 사회 전체가 함께 참여해 만들어 가는 문화가 되어야 한다.

우리는 지금도 끊임없이 정보를 마주하고, 선택하며, 때로는 무기력하게 반응한다. 하지만 그 반응을 바꿀 수 있다. 질문을 던지고, 맥락을 살피고, 타인의 목소리에 귀 기울이며, 더 나은 세계를 상상하는 일. 이것이 비판적 미디어 리터러시의 진짜 힘이다. 이 책이 제시한 수많은 사례와 이론, 실천들은 단지 정보를 주기 위한 것이 아니다. 그것은 하나의 요청이다. "당신은 어떤 시민으로 살아가고 싶은가?", "어떤 사회를 만들고 싶은가?" 비판적 미디어 리터러시는 그 질문에 답하는 여정을 함께할 가장 든든한 동반자다.

한국문헌

강순원(2022). 『교육 회복과 적극적 시민교육』. 살림터.

강신원(2023). 「노인 계층의 디지털 소외와 포용-주요국의 사례를 중심으로」. 『산업연구』, 47권 3호, pp. 59-85.

공훈의·박대민(2019). 『미디어 혁신과 뉴스 스토리텔링』. KNOU press.

국가인권위원회(2021). 「온라인 혐오 표현 인식 조사」.

금준경(2021). 「학부모 디지털 미디어 리터러시 교육을 위한 세 가지 논점」. 『열린부모교육학회 정기학술대회』, 25권, pp. 71-74.

김광기(2020). 「포스트 트루스 시대의 도래와 가짜 뉴스, 그리고 베버의 효용」. 『사회이론』, 가을/겨울, pp. 199-247.

김병구(2023). 「'인터넷 밈'을 활용한 비판적 사고 교육 사례연구」. 『교양교육과 시민』, 8호, pp. 115-147.

김세령(2023). 「드라마에 재현된 다문화 수용성과 상호문화소통 양상 연구-〈쌉니다. 천리마트〉를 중심으로」. 『한국문예창작』, 22권 2호, pp. 193-223.

김영은·윤영민(2024). 「여성 대상 범죄 보도 프레임: 2014년 성폭행 사건 언론 보도로 인한 손해배상 판결 전후의 비교」. 『한국언론학보』, 68권 1호, pp. 269-306.

김유정(2018). 「지역 방송과 공동체 미디어의 지역성 구현」. 한국방송학회 편. 『미디어와 공동체』, 컬처룩, pp. 209-233.

김정희(2023). 「상호문화교육을 위한 미디어 리터러시 사례연구: 드라마 〈사랑의 불시착〉을 중심으로」. 『The Journal of the Convergence on Culture Technology』, 9권 1호, pp. 321-326.

김지원(2024). 「뉴스 프레이밍 분석 수업이 초등학생의 다문화 수용성에 미치는 영향-'위협' 프레이밍과 '도움' 프레이밍을 중심으로」. 서울대학교 대학원 석사 논문.

김학실·심준섭(2020). 「노인의 디지털 리터러시와 사회활동」. 『정책분석평가학회보』, 30권 2호, pp. 153-180.

문혜성(2009). 『미디어 교수법』. 한국콘텐츠진흥원.

문혜성(2011). 『미디어 교육-교육공학적 접근』. 도서출판 장락.

문혜성(2018). 『스마트 사회의 미디어 교육학』. 학지사.

문화체육관광부(2018). 「혐오 표현 대응 관련 대국민 인식 조사 결과보고서」.

박수원(2023). 「듀이의 경험 교육론에 기반한 교사 교과과정 연구」. 한국교원대학교 대학원 박사논문.

박영숙·제롬글렌(2023). 『세계미래보고서 2024-2034』. 교보문고.

박주희(2017). 「존 듀이의 경험의 개념과 유형 분석을 통한 교육적 의미」. 『인문학 연구』, 53권, pp. 441-470.

방송통신위원회·한국지능정보사회진흥원(2024). 『2023 사이버폭력 실태조사』.

백홍진·김세은(2012). 「열려 있는 지역 공간으로서의 시민 미디어: 제천시민 TV 〈봄〉을 중심으로」. 『미디어, 젠더 & 문화』, 22호, pp. 75-117.

신자현·유예인·정승원(2023). 「청년 장애인의 사회적 배제 유형과 예측 요인에 관한 연구」. 『장애와 교육』, 33권 3호, pp. 169-196.

안순태·이하나·정순돌(2021). 「온라인상에서 공유되는 노인에 대한 사회적 인식과 태도: 소셜빅데이터 분석을 중심으로」. 『한국노년학』, 41권 4호, pp. 505-525.

안정임·서윤경·김성미(2012). 「소셜 미디어 환경에서의 미디어 리터러시 구성 요인 검증-세대 간의 미디어 리터러시 인식 차이를 중심으로」. 『한국방송학보』, 26권 6호 pp. 129-176.

안정임·전경란·김양은(2009). 『다문화와 미디어 교육』. 방송통신위원회.

양희태(2023). 「생성형 AI의 국가 경쟁력 강화 방안에 대한 탐색적 연구: 대·중소기업 협력을 중심으로」. 『경영컨설팅연구』, 23권 5호, pp. 269-281.

엄기홍·강일식·김대식(2022). 「인공지능 발전에 따른 선거운동 제도 개선 방안 연구: 딥페이크, 메타버스, 빅데이터 활용 선거운동을 중심으로」. 2022년도 중앙선거관리위원회 연구용역 보고서.

오단이·정은정·김선영·이은진·최유진(2024). 「지방소멸 대응을 위한 사회적 경제 사례연구: 춘천시 사례를 중심으로」. 『사회적 경제와 정책연구』, 14권 2호, pp. 113-140.

오세욱·유용민·천현진(2020). 『지역 언론의 플랫폼 활용 방안』. 한국언론진

홍재단.

오현정·신경아(2019). 「한국 언론은 '노인'을 어떠한 시선으로 바라보는가?」. 『한국PR학회』, 23권 4호, pp. 40-68.

원숙경(2014). 「타자의 시선으로 재현된 이주민: 영화 〈방가? 방가!〉와 〈완득이〉를 중심으로」. 『지역과 커뮤니케이션』, 18권 1호, pp. 109-134.

원숙경(2017). 「다문화가정 소통권 확보를 위한 미디어 교육 정책에 관한 연구: 부산지역 다문화 미디어 교육종사자 심층 인터뷰를 중심으로」. 『언론학 연구』, 21권 4호, pp. 37-63.

원숙경(2020). 「이주활동가를 활용한 다문화 미디어 교육프로그램 개발을 위한 시론적 연구」. 『한국언론정보학보』, 통권 99호, pp. 96-119.

원숙경(2022). 「미디어 로컬리즘 변동에 따른 지역 미디어 리터러시 교육의 방향성 모색」. 『아시아태평양융합연구 교류 논문지』, 8권 7호, pp. 35-45.

원숙경(2023). 「지역 미디어 리터러시의 실천과 그 방향성: 부산시 사례를 중심으로」. 『한국방송학회 2023 봄철 정기학술대회 발표집』.

원숙경(2024). 「미디어 약자를 위한 미디어 리터러시 교육 현황과 개선 방향에 관한 연구」. 『지역과 커뮤니케이션』, 28권 1호, pp. 102-133.

원숙경·윤영태(2019). 「문화 다양성 확보를 위한 선주민 대상의 다문화 미디어 교육프로그램 개발 전략」. 『지역과 커뮤니케이션』, 23권 1호, pp. 4-29.

원숙경·이준호(2022). 「A Reconsideration of the Role of Local Media in the Process of Media Ecosystem Change」. 『아시아태평양융합연구 교류 논문지』, 8권 9호, pp. 13-23.

원은정(2022). 『알고 대처하는 디지털 성범죄: 디지털 시대, 나를 지키는 필수 상식』. 착한책가게.

유네스코(2023). 『미디어·정보 리터러시가 미래 세대 핵심 역량』.

윤영태·이미식·원숙경(2017). 『영상물의 올바른 이용 문화 제고를 위한 교육 콘텐츠 개발 연구』. 영상물등급위원회.

윤인진(2016). 「한국적 다문화주의의 전개와 과제」. 『디아스포라 연구』, 10권 1호, pp. 125-154.

이광석(2020). 「미디어 이용자 패러다임의 재구성: '비판적 제작'의 기술 수행적 함의」. 『한국언론정보학보』, 102호, pp. 71-102.

이은수·한유정·주윤경(2020). 「디지털 포용 정책 동향과 사례」. 『Digital Inclusion Report』, 1호, NIA 한국정보화진흥원.

이은재·김형주(2024). 「존 듀이의 경험주의 교육철학과 전인적 인공지능 교육을 위한 제언」. 『윤리교육연구』, 71집, pp. 415-449.

이주호·정제영(2023). 『AI교육혁명』. 시원북스.

이화인(2020). 『미디어 스터디스』. 커뮤니케이션북스.

임정신·윤창국(2019). 「노년 계층이 '잘 늙어감'의 의미에 관한 현상학적 접근」. 『평생교육학연구』, 25권 2호, pp. 29-60.

임정훈·이혁준·이지훈(2020). 「장·노년층의 디지털 정보격차 영향 요인: 베이비붐 세대와 노인 세대의 비교를 중심으로」. 『한국콘텐츠학회 논문지』, 20권 9호, pp. 475-485.

정송이(2021). 『문화자본으로서 청소년 미디어 리터러시 필요성 연구』. 경북대학교 언론홍보석사학위논문.

정정철(2020). 「'교사의 교과서 만들기', 그 의미와 한계: 존 듀이 교육론에 근거한 고찰」. 『교육철학연구』, 42권 3호(통권 89호), pp. 155-177.

조재희·최지선(2022). 『어린이와 미디어 리터러시』. 한국언론진흥재단.

조한슬·오명진·신정우·이창준(2021). 「재난 상황에서의 가짜뉴스」. 『사이버커뮤니케이션학보』, 38권 2호, pp. 83-120.

조한승(2021). 「코로나 백신 불평등과 글로벌 보건 거버넌스의 과제」. 『생명, 윤리와 정책』, 5권 2호, pp. 1-28.

조화태(2004). 「포스트모던 철학과 교육의 새로운 비전」. 『현대 사회와 교육의 이해』, 교육과학사. pp. 11-47.

채영길(2013). 「다문화 사회와 상호주관적 소통권-미디어 중심에서 커뮤니티 중심의 커뮤니케이션을 위하여」. 『커뮤니케이션이론』, 9권 4호, pp. 136-175.

최선규·유수정·양성은(2012). 「뉴스 시장의 경쟁과 미디어 편향성: 취재원 인용을 중심으로」. 『정보통신정책연구』, 19권 2호, pp. 69-92.

최선욱(2016). 『디지털 미디어와 소외』. 커뮤니케이션북스.

최은경·이영희·신혜인(2022). 「국내외 정보판별 교육 현황 조사·분석」. 시청자미디어재단 연구보고서」. 시청자미디어재단.

최재붕(2019). 『포노 사피엔스: 스마트폰이 낳은 신인류』. 한국경제신문.

한국방송학회 미디어 교육위원회(2007). 『미디어의 이해』. 방송위원회.

한국언론진흥재단(2020). 『미디어 리터러시 교육 자료집』.

한국언론진흥재단(2021). 『지역 언론의 디지털 플랫폼 활용 실태조사』.

한국언론진흥재단(2021). 『2021 소셜 미디어 이용자 조사』.
한국언론진흥재단(2022). 『2022년 언론수용자 조사』.
한국언론진흥재단(2023). 『2023 어린이 미디어 이용 조사』.
한국언론진흥재단(2024). 『학부모를 위한 디지털 미디어 리터러시 매뉴얼』.
허순철(2022). 「유튜브 딥페이크(deepfake) 영상과 허위사실 공포」. 『미디어와 인격권』, 8권 1호, pp. 1-47.
홍남희(2021). 「미디어 리터러시 담론과 아동, 청소년-미디어 이용 취약층에서 일탈의 프로슈머까지」. 『한국언론정보학보』, 통권 107호, pp. 149-180.
홍숙영(2022). 『미디어 리터러시』. 내하출판사.
홍은주(2023. 8. 18). 「ChatGPT를 넘어, 생성형 AI의 미래_1편」. 『SA, AUNG SDS』.
황용석·황현정·이현주(2024). 「디지털 포용 사회 구현을 위한 디지털 포용 척도 개발과 타당화 연구」. 『방송과 커뮤니케이션』, 25권 1호, pp. 43-75.

일본문헌

今度珠美(2022). 「デジタルシチズンシップとメディアリテラシー」. 坂本旬·山脇岳志(編), 『メディアリテラシー』. 時事通信出版局. pp. 72-123.
伊藤守(2013). 『情動の権力――メディアと共振する身体』. せりか書房. 김미정 역(2016). 『정동의 힘』. 갈무리.
落合知子(2012). 『外国人市民が異文化間リテラシー』. 現代人文社.
新國三千代(2005). 「ネットワークを活用した地域メディア·リテラシーの実験的研究-『地域の記憶語り』をコンテンツとしたストリーミング配信の試行とその教育的応用のための実験的研究」. 『社会情報』, 14(2), pp. 197-212.
丸田一(2007). 『ウェブが創る新しい郷土地：地域情報化のすすめ』. 講談社現代新書.
坂本旬(2022). 「メディアリテラシーの本質とは何か」. 坂本旬·山脇岳志(編). 『メディアリテラシー』, 時事通信出版局, pp. 72-123.
鈴木謙介(2006). 「〈情報〉が地域をつくる：メディアが拓くコミュニティの可能性」. 丸田一·國領二郎·公文俊平(編著). 『地域情報化認識と設計』, NTT出版, pp. 88-108.
統合イノベーション戦略推進会議(2019年3月29日). 『人間中心の AI 社会原則』.
畑仲哲雄(2016). 「「編集権」からNPO「協働」へ-あるローカル新聞の市民参加

実践」. 『東京大学大学院情報学環紀要 情報学研究』, 79, pp. 175-190.

八幡耕一(2005). 「メディアと政策の関連における社会的弱者」. 『日本評究』, 5(2), pp. 27-39.

山本明(2017). 「批判的思考の観点から見たメディア·リテラシー」. 『心理学評論』, 60(2), pp. 163-180.

吉見俊哉(2012). 『メディア文化論−メディアを学ぶ人のための15話』. 有斐閣.

서양문헌

Abbas, A. E., van Velzen, T., Ofe, H., van de Kaa, G., Zuiderwijk, A., & de Reuver, M.(2024). Beyond control over data: Conceptualizing data sovereignty from a social contract perspective. *Electronic Markets*, 34(20). https://doi.org/10.1007/s12525-024-00695-2.

Abrams, Z.(2021). Controlling the spread of misinformation. Psychologists' research on misinformation may help in the fight to debunk myths surrounding COVID-19. *Monitor on Psychology*, 52(2), pp. 1-44.

Adorno, T. W. & Horkheimer. M.(1944). *Dialektik der Aufklärung*. 김유동 역(2001). 『계몽의 변증법』. 문학과 지성사.

Allcott, H., & Gentzkow, M.(2017). Social media and fake news in the 2016 Election. *Journal of Economic Perspectives*, 31(2), pp. 211-236. https://doi.org/10.1257/jep.31.2.211

Allport, G. W.(1958). *The nature of prejudice*. 이원영 역(1993). 『편견의 심리』. 성원사.

Anderson, B.(1983). *Imagined communities: Reflections on the origin and spread of nationalism*. Verso.

Anderson, C. W., Bell, E., & Shirky, C.(2014). *Post-industrial journalism: Adapting to the present*. Columbia Journalism School.

Anderson, C.(2006). *The long tail: Why the future of business is selling less of more*. Hyperion.

Atkinson, T.(1998). Social exclusion, poverty and unemployment. In A. B. Atkinson(Ed.), *Exclusion, employment and opportunity*. CASE Publication, pp. 9-24.

Baacke, D.(1996). Medienkompetenz-Begrifflichkeit und sozialer Wandel. In A. v. Rein(Hrsg.) *Medienkompetenz als Schlüsselbegriff*. Klinkhardt, pp. 112-124.

Banks, J. A.(1991). Multicultural literacy and curriculum reform. *Educational Horizons*, 69(3), pp. 134-140.

Bank, J. A.(2013). *An Introduction to multicultural education*. Settle: University of Washington.

Barati, M., & Bahareh A. B.(2022). Effects of algorithmic control on power asymmetry and inequality within organizations. *Journal of Management Control*, 33, pp. 535-544.

Barton, D. & Hamilton, M.(2012). *Local Literacies: Reading and Writing in One Community*. Routledge Linguistics Classics.

Bauerlein, M.(2011). *The dumbest generation*. Tantor Media Inc. 김선아 역(2014). 『가장 멍청한 세대』. 인물과 사상사.

Bisbee, J., Bonneau, R., Nagler, J., & Tucker, J. A.(2022). Election fraud, YouTube, and public perception of the legitimacy of President Biden. *Journal of Online Trust and Safety*, 1(3). https://doi.org/10.54501/jots.v1i3.60

Bolz, N.(2007). *Das ABC der Medien*. Germany: Wilhelin Fink Paderbom. 김태욱·이승협 역(2011). 『미디어란 무엇인가』. 한울아카데미.

boyd, d. M., & Ellison, N. B.(2007). Social Network Sites: Definition, history, and scholarship. *Journal of Computer-Mediated Communication,* 13(1), pp. 210-230.

boyd, d.(2014). *It's Complicated: The social lives of networked teens*. Yale University Press.

Briggs, A., & Burke, P.(2009). *A social history of the media: From Gutenberg to the Internet(3rd ed.)*. Polity Press.

Brookfield, S. D.(2012). *Teaching for critical thinking: Tools and techniques to help students question their assumptions*. Jossey-Bass.

Buckingham, D.(2003). *Media education: literacy, learning and contemporary culture*. 기선정·김아미 역(2004). 『미디어 교육-학습, 리터러시, 그리고 현대문화』. jnBook.

Buckingham, D.(2007). Digital media literacies: Rethinking media education in the age of the internet. *Research in Comparative and International Education*, 2(1), pp. 43-55.

Castelló, E.(2016). Anderson and the media: The strength of "imagined communities." *Debats. Revista de cultura*, poder i societat 1, pp. 59-63.

Castells, M.(2012). *Networks of outrage and hope: Social movements in the Internet age.* UK: Wiley.

Castells, M.(2013). *Communication power.* Oxford University Press.

Castells, M.(2004). *The network society A cross-cultural perspective.* 박행웅 역(2009). 『네트워크 사회』. 한울아카데미.

Castells, M.(1996). *The rise of the network society.* Blackwell Publishers.

Clark, L. S.(2013). Cultivating the media activist: How critical media literacy and critical service learning can reform journalism education. *Journalism*, 14(7), pp. 885-903.

Coeckelberg, M.(2020). *Al Ethics.* MIT Press. 신상규·석기용 역(2023). 『AI 윤리에 대한 모든 것』. 아카넷.

Curran, J.(2002). *Media and power.* Routledge.

Dakroury, A. I., & Birdsall, W. F.(2008). Blogs and the right to communicate: Towards creating a space-less public sphere? *2008 IEEE International Symposium on Technology and Society*, pp. 1-8. https://doi.org/10.1109/ISTAS.2008.4559790

David, M. E., & Roberts, J. A.(2021). Investigating the impact of partner phubbing on romantic jealousy and relationship satisfaction: The moderating role of attachment anxiety. *Journal of Social and Personal Relationships*, pp. 1-20. https://doi.org/10.1177/0265407521996454

Delfino, R. A.(2019). *Pornographic deepfakes: The case for federal criminalization of revenge porn's next tragic act. Fordham Law Review*, 88.

Dewey, J.(1938). *Experience and education.* Free Press. 엄태동 역. 『경험과 교육』. 박영스토리.

Dewey, J.(1916). *Democracy and education: An introduction to the philosophy of education*. NY: Macmillan. 이홍우 역(2007). 『민주주의와 교육』. 교육과학사.

Eisenstein, E. L.(1983). *The printing revolution in early modern Europe*. Cambridge University Press.

Eppler, M. J., & Mengis, J.(2004). The concept of information overload: A review of literature from organization science, accounting, marketing, MIS, and related disciplines. *The Information Society*, 20(5), pp. 325-344.

Ennis, R. H.(1985). *Logical basis for measuring critical thinking skills, Educational Loadership*, 43, pp. 44-48.

Facione, P. A.(2020). *Critical thinking: What it is and why it counts. Insight Assessment*, pp. 1-31.

Fisher, A.(2021). *Critical thinking: An introduction*. Cambridge University Press.

Fitz, N., Kushlev, K., & Dunn, E. W.(2019). Smartphones reduce smiles between strangers. *Journal of Experimental Psychology*, 25(1), pp. 72-84.

Floridi, L.(2014). *The ethics of information*. Oxford University Press. https://doi.org/10.1093/acprof:oso/9780199641321.001.0001

Freire, P.(2000). *Pedagogy of Oppressed*. 남경태 역(2009). 『페다고지: 30주년 기념판』. 그린비.

Freire, P., Freire, A. M. A., & de Oliveira, W.(2014). Pedagogy of solidarity. Routledge. 노일경·윤창국·허준 역(2020). 『연대의 페다고지』. Autre Lab.

Fuchs, C.(2021). *Social media: Critical introduction.*(3rd ed.). Sage.

Fuller, L.(1994). *Community television in the United States*. CT: Greenwood.

Giddens, A.(1991). *Modernity and self-identity: Self and society in the late modern age*. Stanford University Press. 권기돈 역(2010). 『현대성과 자아 정체성』. 새물결.

Gilmor, D.(2005). *We the media: Grassroots journalism by the people, for the people*. Dan Gillmor.

Gilmor, D.(2010). *Mediactive*. Dan Gillmor.

Gitlin, T.(2012). *Occupy nation: The roots, the spirit, and the promise of Occupy Wall Street*. HarperCollins.

Good Things, & University of Liverpool.(2024). *Digital inclusion: What the main UK datasets tell us*.

Gordon, F.(2018). *Children, young people and the press in a transitioning society*. Palgrave Macmillan.

Gray, B. C.(2023). Digital detox: One strategy for establishing a more ethical relationship to dducational technologies on campus. *Collected Essays on Learning and Teaching*, 14(1), pp. 1-11. https://doi.org/10.22329/celt.v14i1.7105

Grimes, D. R.(2019). *The irrational ape: Why flawed logic puts us all at risk and how critical thinking can save the world*. 김보은 역(2024). 『페이크와 팩트』. 디플롯.

Gross, L.(1998). Minorities, majorities and the media. In T. Liebes, J. Curran, & E. Katz(Eds.), *Media, ritual and identity*, Routledge. pp. 87-102.

Grüning, D. J. & Schubert T. W.(2022). Emotional campaigning in politics: Being moved and anger in political ads motivate to support candidate and party. *Psychology*, 12(1), pp. 1-15. https://doi.org/10.4236/psych.2022.121001

Hall, S.(2016). *Cultural studies 1983: A theoretical history*. Duke University Press.

Hall, S.(1997). *Representation: Cultural representations and signifying practices*. Sage.

Harari. Y. N(2024). *Nexus: A brief history of information networks from the Stone Age to AI*. Vintage Publishing. 김명주 역(2024). 『넥서스』. 김영사.

hooks, b.(1994). *Teaching to transgress: Education as the practice of freedom*. Routledge.

hooks, b.(2006). *Outlaw culture: Resisting representations*. Routledge.

hooks, b.(2010). *Teaching critical thinking: praction wisdom*. Routledge.

이다현·박상옥 역(2023). 『비판적 사고 가르치기: 실천적 지혜』. 박영스토리.

Howard, P. N., & Hussain, M. M.(2013). *Democracy's fourth wave? Digital media and the Arab Spring.* Oxford University Press.

Issa, M. A., & Nadal, K. L.(2011). Imaginary audience. In S. Goldstein & J. A. Naglieri(Eds.), *Encyclopedia of child behavior and development.* Springer. https://doi.org/10.1007/978-0-387-79061-9_1452

Jenkins, H.(2006). Convergence culture: Where old and new media collide. New York University Press.

Jenkins, H.(2009). *Confronting the challenges of participatory culture: Media education for the 21st century.* MIT Press.

Kellner, D.(1995). *Media Culture: Cultural studies,identity and politics between the modern and the post-modern.* Routledge.

Kellner, D. & Share, J.(2019). *The critical media literacy guide.* Brill Sense.

Klingelhoefer, J., Gilbert, A., & Meier, A.(2024). Momentary motivations for digital disconnection: An experience sampling study. *Journal of Computer-Mediated Communication*, 29(5), pp.1-13. https://doi.org/10.1093/jcmc/zmae013

Kissinger, H. A., Delphin, LLC, & Huttenenlocher, D.(2021). *The age of AI.* Wylie Agency. 김고명 역(2023). 『AI 이후의 세계』. 월북.

Kovach, B., & Rosenstiel, T.(2021). *The elements of journalism: What newspeople should know and the public should expect.* Crown Publishing Group. 이재경 역(2021). 『저널리즘의 기본 원칙』, 개정 4판. 한국언론진흥재단.

Leyts, M.(2023). *Generation ZAlpha: Connecting with the next micro-generation.* LannooCampus Publishers.

Li, Y., Yang, X., Sun, P., Qi, H., & Lyu, S.(2020). Celeb-DF: A large-scale challenging dataset for deepfake forensics. In Proceedings of the *IEEE/CVF conference on computer vision and pattern recognition.* pp. 3207-3216. https://doi.org/10.1109/CVPR42600.2020.00327

Livingstone, S.(2009). *Children and the internet.* Cambridge, UK: Polity.

Livingstone, S., van Couvering, E., & Thumim, N.(2008). Converging traditions of research on media and information literacies: Disciplinary, critical, and methodological issues. *The London School of Economics and Political Science.* pp. 1-19.

Livingstone, S., & Helsper, E. J.(2007). Gradations in digital inclusion: Children, young people, and the digital divide. *New Media & Society,* 9(4), pp. 671-696. https://doi.org/10.1177/1461444807080335.

Locke, J.(1998). *An essay concerning human understanding.* Penguin Classics.

Martínez Cobo, J. R.(1986). *Study of the problem of discrimination against indigenous populations:* Vol 5, Conclusions, proposals and recommendations. United Nations.

Mastman, L.(1995). Media education: Eighteen basic principle. *Mediacy,* 17(3). Association for Media Literacy.

Masterman, L.(1985). *Teaching the media.* Comedia.

Mayer-Schönberger, V., & Cukier, K.(2014). *Big data: A revolution that will transform how we live, work, and think.* Houghton Mifflin Harcourt.

McChesney, R. W., & Nichols, J.(2011). *The death and life of American journalism: The media revolution that will begin the world again.* Bold Type Books.

McCombs, M. E., & Shaw, D. L.(1972). The agenda-setting function of mass media. *The Public Opinion Quarterly,* 36(2), pp. 176-187. https://doi.org/10.1086/267990

McIntyre, L. C.(2018). *Post-truth.* MA: The MIT Press. https://doi.org/10.7551/mitpress/11483.001.0001

McLuhan, M.(1964). *Understanding media: The extensions of man.* McGraw-Hill.

Media Literacy now(2020). *U.S. media literacy policy report 2020.*

Melucci, A.(1995). The process of collective identity. In H. Johnston & B. Klandermans(Eds.), *Social movements and culture.* University of Minnesota Press. pp. 41-63.

Mihailidis, P.(2018). *News literacy: Global perspectives for the newsroom and the classroom*. Peter Lang.

MIT Sloan Office of Communications(2018). *False news spreads widely and easily*. MIT Management.

Mosco, V.(2019). The next internet. In B. Brevini & G. Murdock(Eds.), *Carbon capitalism and communication,* Palgrave MacMillan, pp. 95-107.

Mossberger, K., Tolbert, C. J., & McNeal, R. S.(2007). *Digital citizenship: The internet, society, and participation*. MIT Press.

Mueller, M.(2020). *Network sovereignty: The geopolitics of internet governance*. Oxford University Press.

Munafò, M(2020). *Fack News: Haters & cyberbullying*. Centauria. 김지우 역(2022). 『이상한 나라의 위험한 가짜 뉴스』. (주)우리학교.

Nassen, L. M., Vandebosch, H., Poels, K., & Karsay, K.(2023). Opt out, abstain, unplug: A systematic review of the voluntary digital disconnection literature. *Telematics and Informatics*, pp. 1-24. https://doi.org/10.1016/j.tele.2023.101930

Nguyen, M. H., & Hargittai, E.(2024). Digital disconnection, digital inequality, and subjective well-being: A mobile experience sampling study. *Journal of Computer-Mediated Communication*, 29(1), pp. 1-17. https://doi.org/10.1093/jcmc/zmae003

Nida-Rümelin, J., & Weidenfeld, N.(2018). *Digitaler Humanismus: Eine Ethik für das Zeitalter der Künstlichen*. Gebundene Ausgabe. 김종수 역(2020). 『디지털 휴머니즘』. 부산대학교 출판문화원.

Nielsen, R., & Sambrook, R.(2016). *What is happening to televison news?* Reuters Institute.

OECD(2024). *Facts not fakes: Tackling disinformation, strengthening information integrity*. OECD Publishing. https://doi.org/10.1787/d909ff7a-en.

O'Conner, C., & Weatherall, J. O.(2016). *The misinformation age : How false beliefs spread*. Yale University Press. 박경선 역(2021). 『거짓은 어떻게 확산되는가』. 반나.

Rader, D.(2010). *Learning redefined: Changing the images that guide the process*. Building Democracy Press.

Paul, R., & Elder, L.(2019). *Critical thinking: Tools for taking charge of your professional and personal life*. Pearson Education.

Peters, R. S.(1966). *Ethics and education*. 이홍우 역(1980). 『윤리학과 교육』. 교육과학사.

Piaget, J.(1952). *The origins of intelligence in children*. International Universities Press.

Pierce, C. M.(1970). Offensive mechanisms. In F. B. Barbour(Ed.), *The Black Seventies*, Porter Sargent, pp. 265-282.

Potter, W. J.(2014). *Media literacy*. SAGE Publications.

Reuters Institute(2020). *Digital news report 2020*.

Rifkin, J.(2010). *The empathic civilization: Rethinking human nature in the biosphere era*. Penguin Group.

Share, J., Mamikonyan, T., & Lopez, E.(2019). Critical media literacy in teacher education, theory, and practice. *Education*. https://doi.org/10.1093/acrefore/9780190264093.013.1404

Smith, M. K.(1994). *Local education: Community, conversation, praxis*. Open University Press.

Smith, R.(2013). Castells, power and social work. *The British Journal of Social Work*, 43(8). 1545-1561. https://doi.org/10.1093/bjsw/bcs088

Tapscott, D.(2008). *Grown up digital: How the net generation is changing Your World*. McGrew-Hill. 이진원 역(2009). 『디지털 네이티브』. 비즈니스북.

Theophrastos. *The Characters*. 김재홍 역(2019). 『성격의 유형들』. 쌤앤파커스.

United Nations.(2022). *The countering disinformation report*.

UNESCO.(2019). *Media and information literacy in journalism: a handbook for journalists and journalism educators*. Baktria Press.

UNESCO.(2020). *Media and information literacy: Framework and initiatives*. https://www.unesco.org/en/media-information-literacy

UNESCO.(2021). Freedom of expression and media development. *Global report 2021/2022*.

UNESCO.(2023). *Online disinformation and hate speech: Global opinion survey results*.

UNESCO.(2024). *AI competency framework for students*.

United Nations Department of Economic and Social Affairs.(2016). *Report on the world social situation 2016: Leaving no one behind-The imperative of inclusive development*. United Nations.

UN Affairs.(2020. 6. 30). Pause before sharing, to help stop viral spread of COVID-19 misinformation. *UN News*. https://news.un.org/en/story/2020/06/1067422

Vanden Abeele, M. M. P., & Nguyen, M. H.(2024). Digital media as ambiguous goods: Examining the digital well-being experiences and disconnection practices of Belgian adults. *European Journal of Communication*, 39(2), pp. 122-144. https://doi.org/10.1177/026732312 31225193.

Vanden Abeele, M. M. P., Vandebosch, H., Koster, E. H. W., De Leyn, T., Van Gaeveren, K., de Segovia Vicente, D., Van Bruyssel, S., van Timmeren, T., De Marez, L., Poels, K., DeSmet, A., De Wever, B., Verbruggen, M., & Baillien, E.(2024). Why, how, when, and for whom does digital disconnection work? A process-based framework of digital disconnection. *Communication Theory*, 34, pp. 3-17. https://doi.org/10.1093/ct/qtae001

VandenAbeele, M. M. P.(2020). Digital Wellbeing as a dynamic construct. *Communication Theory*, 31(4), pp. 932-955. https://doi.org/10.1093/ct/qtaa024.

Westbrook, N.(2011). Media literacy pedagogy: Critical and new/twenty-first-century literacies instruction. *E-Learning and Digital Media*, 8(2), pp. 154-164. https://doi.org/10.2304/elea.2011.8.2.154

Zuin, A. Á. S., & Mello, R. R. de.(2021). Por uma pedagogia da esperança e da autonomia na era da cultura digital. *Pro-Posições*, 32(1), pp. 1-25. https://doi.org/10.1590/1980-6248-2020-0113

기타 참고문헌

한국

강혜인(2018. 11). 「몰카 제국의 황제 양진호 사건 연속 보도」. 〈뉴스타파〉. https://newstapa.org/article/rdM8B

고용노동부(2024. 12. 10). 「경제협력개발기구(OECD) 국제성인역량조사 2주기 주요 결과 발표 보도자료」.

교육부(n.d.). 모두를 위한 맞춤 교육. 교육부 공식 블로그. https://if-blog.tistory.com/12225

공익광고협의회(2024. 6. 12). 다문화 I-이주배경청소년 [동영상]. YouTube. https://www.youtube.com/watch?v=zUNmXcSxdm4

과학기술정보통신부(2020). 「소외 없는 디지털 세상: 디지털 포용 추진계획」. 과학기술정보통신부 보도자료. https://www.msit.go.kr/bbs/view.do?sCode=user&mId=113&mPid=112&bbsSeqNo=94&nttSeqNo=2937336

구본권(2022. 2. 23). 「[유레카] '15초 영상' 인기가 알려주는 미래」. 〈한겨레〉. https://www.hani.co.kr/arti/opinion/column/1032262.html

김경미(2023. 6. 4). 「[신조어 사전] 인공지능 할루시네이션(Hallucination)」. 〈서울경제〉. https://www.sedaily.com/NewsView/29QQ49U8UC

김대기(2023. 10. 16). 「가짜 뉴스에 더 잘 속는 1020세대 '미디어리터러시 교육 시급'」. 〈매일경제〉. https://www.mk.co.kr/news/it/10851187

김동원(2023. 1. 29). 「네이처·사이언스 "AI, 논문 저자로 인정 안 해"」. 〈THE AI〉. https://www.newstheai.com/news/articleView.html?idxno=3741

김미경(2024. 9. 25). 「디지털 사회의 그늘, 속절없이 추락하는 한국인 문해력」. 〈오마이뉴스〉. https://www.ohmynews.com/NWS_Web/View/at_pg.aspx?CNTN_CD=A0003065708

김성대(2020. 10. 22). 「(제천시민TV "봄" 구성원 작품) 「말이 말이? 되니?」 국가기술표준원 UCC 공모전 대상 수상. 〈충북TV〉. http://www.chungcheongtv.com/bbs/board.php?bo_table=news&wr_id=346674

김용섭(2019. 9월호). 「미닝아웃, 일본 불매운동이 오래갈 수밖에 없는 이유」. 『소비시대』.

김재명(2003. 9월호). 「이라크전쟁의 풀리지 않는 의문, 대량살상무기(WMD)의 진실」. 〈신동아〉. https://shindonga.donga.com/inter/article/all/13/

102737/1

김준엽(2020. 4. 5). 「코로나19가 5G 때문? … 영국서 5G 장비 방화 사건 잇달아」. 〈국민일보〉. https://www.kmib.co.kr/article/view.asp?arcid=0014444957

김필구(2020. 8. 11). The rise of vaccine nationalism(Kor). Korea Joong Ang Daily. https://koreajoongangdaily.joins.com/2020/08/11/english Study/bilingualNews/vaccine/20200811195600297.html

김현준(2019. 10. 19). 「NYT, 온라인 콘텐츠 무료화 … 광고 수입 증대에 무게」. 〈한겨레〉. https://www.hani.co.kr/arti/society/media/237386.html

라효진(2022. 9월 14일). 「'인어공주' 실사판 티저가 공개됐다. 왜 3년 동안 같은 논란이 이어지는 걸까?」 〈ELLE〉. https://www.elle.co.kr

마리아나 스프링(2023). 「미국 대선: AI가 생성한 '가짜 이미지'로 흑인 유권자 공략하는 트럼프 지지자들」. 〈BBC News 코리아〉. https://www.bbc.com/korean/articles/c29wl2kp7nyo

박상현(2020). 「사회를 바꾸는 중학생의 작은 날갯짓」. 〈창원 KBS〉. https://news.kbs.co.kr/news/pc/view/view.do?ncd=5012733

박서연·금준경(2024. 2. 19). 「한국 언론, 생성형 AI 활용 … 보도자료 넣고 기사 주문 시작」. 〈미디어오늘〉. https://www.mediatoday.co.kr/news/articleView.html?idxno=314854

박수연(2018. 11. 8). 「[판결] 조선족, 영화 '청년경찰' 상대 손배訴 패소」. 〈법률신문〉.

박진석(2023. 6. 26). 「2025년 초고령 사회 진입 … 상대적 빈곤율 OECD 주요국 중 1위」. 〈데일리안〉. https://www.dailian.co.kr

방송통신위원회·문화체육관광부(2020). 「디지털 미디어 소통 역량 강화 종합계획 발표」. 대한민국 정책브리핑. https://korea.kr/briefing/policyBriefingView.do?newsId=156408154

배성철(2023. 1. 20). 「쿠키리스 시대, 부상하는 '제1자 데이터 활용' 개인화 마케팅」. 〈GTT KOREA〉. https://www.gttkorea.com/news/articleView.html?idxno=3868

부산광역시(2021). 디지털 미디어 리터러시 교육 지원 조례. 국가법령정보센터. https://law.go.kr/LSW/ordinInfoP.do?ordinSeq=1598755

서울대학교 아시아연구소(2017). 「팩트체크 글로벌 동향과 SNU팩트체크」. 〈아

시아 브리프〉. https://asiabrief.snu.ac.kr/?p=1274

세계법제정보센터(2024. 5. 9). 「유럽의회, 'AI법' 가결.」 https://world.moleg. go.kr/web/dta/lgslTrendReadPage.do?A=A&CTS_SEQ=52117

송한수(2007. 9. 20). 「NYT·WSJ 등 美 신문사 온라인 콘텐츠 무료화 선언」. 〈서울신문〉. https://www.seoul.co.kr/news/international/2007/09/20/ 20070920016013

신주희(2023. 11. 10). 「전 국민이 '무료로' 디지털 역량 교육을 … 디지털 격차 해소한다」. 〈정책브리핑〉. https://www.korea.kr/news/policyNews View.do?newsId=148922464

안성원(2022, 7월호). 「인공지능의 악용 사례, 딥페이크 기술과 과제」.『월간 SW 중심 사회』.

유경석(2020. 6. 8). 「인종 차별 심각한 AI … '설명 가능 AI' 급부상」, 〈일간투 데이〉. https://www.dtoday.co.kr/news/articleView.html?idxno=366646

유서영(2024. 10. 30). 「"사냥하듯 범행" … 서울대 N번방 주범 징역 10년」. 〈MBC뉴스데스크〉. (https://imnews.imbc.com/replay/2024/nwdesk/ article/6651448_36515.html)

윤지원(2018. 8. 29). 「해외의 다문화 미디어 교육 실천 사례」. 〈미디어 리터 러시〉. https://dadoc.or.kr/2630

이상봉·황규민(2024. 2. 29). 「미국과 영국의 AI 규제 동향」. 〈법률신문〉.

이정현(2023. 12. 27). 「방심위 "딥페이크 등 성적 허위 영상 시정 요구 2년 새 3배↑"」. 〈연합뉴스〉. https://www.yna.co.kr/view/AKR2023122706670 0017

이종현(2023. 10. 10). 「딥페이크 악용한 음란물 급증 … 3년간 시정 요구 9000여 건」. 〈디지털 데일리〉. https://m.ddaily.co.kr/page/view/202310 1010145204203

이종훈(2024. 7. 1). 「바이든·트럼프 대결의 승자? 인공지능(AI) 성능과 활용 에 달린 2024 미국 대선」. 〈한국일보〉. https://www.hankookilbo.com/ News/Read/A2024062611040002556

이원지(2023. 7. 26). 「전 세계 연구 60% 이상이 하는 SNS … 하루 평균 2시 간 30분 사용」. 〈전자신문〉. https://www.etnews.com/20230726000231

임미나(2023. 12. 17). 「"선거 앞두고 AI 가짜 뉴스 쓰나미처럼 덮칠 것" … 전문가들 경고」. 〈연합뉴스〉. https://www.yna.co.kr/view/AKR20231227

004900075

장광호(2024. 4. 19). 「담양뉴스, AI 기반 [읽어주는 신문] 뉴스 제공」. 〈담양
뉴스〉. http://www.dnnews.co.kr/news/articleView.html?idxno=18102

채윤정(2018. 12. 20). 「'미투(#MeToo)' 운동, 2018년 한국 사회의 가장 중
요한 화두」. 〈여성신문〉. https://www.womennews.co.kr/news/article
View.html?idxno=183430

정병일(2023. 3. 6). 「음성 생성 AI 악용 피싱 사기 기승 … 아들 목소리도 못
믿을 판.」 〈AI타임즈〉. https://www.aitimes.com/news/articleView.html?
idxno=149792

정용인(2025. 1. 26). 「AI로 만든 가짜 뉴스에 … 부정선거 '늪'에 빠져버린 국
민의 힘」. 〈경향신문〉. https://www.khan.co.kr/article/202501260900031

위키백과(n.d.). 중2병. https://ko.wikipedia.org/wiki/%EC%A4%912%EB%
B3%91

최선우(2022. 4. 5). 「MZ세대 대표하는 소비트렌드 '미닝아웃'을 아십니까」. 〈
서울경제〉. https://www.sedaily.com/NewsView/264KPYZTFF

최승영(2025. 4. 8). 「시민의 승리, 민주주의 수호, 국가 정상화」. 〈기자협회보〉.
https://www.journalist.or.kr/news/article.html?no=58279.

최준영(2024. 12. 23). 「[르포 대한민국] 10년 동안 20점 추가 하락 … 한
국 성인 문해력은 OECD 평균에 미달한다」. 〈조선일보〉. https://www.
chosun.com/opinion/specialist_column/2024/12/23/DRSQTVVVW5A
2PNYGDAIYM7CHPQ

최평천·안채원(2023. 12. 20). 「'딥페이크 선거운동 금지법' 국회 통과 … 내
년 총선부터 적용」. 〈연합뉴스〉. https://www.yna.co.kr/view/AKR2023
122011840 0001

통계청. (n.d.). https://kostat.go.kr/board.es?mid=a10301010000&bid=108
20&act=view&list_no=427252

하선영(2018. 5. 21). 「5000만 명 정보 샌 '데이터 스캔들' … 최대 위기 맞은
페이스북」. 〈중앙일보〉. https://www.joongang.co.kr/article/22459674

홍국화(2018. 5. 25). 「스마트폰에 푹 빠진 당신, '퍼빙(Phubbing)' 자가 진
단!」. 〈VOGUE〉.

홍은주(2023. 8. 18). 「ChatGPT를 넘어, 생성형 AI의 미래_1편」. 〈삼성SDS〉.
https://www.samsungsds.com/kr/insights/future_of_generative_ai_1.

html

황수연(2021. 3. 31). 「온다던 백신이 안 온다 … 한국 덮친 최악의 "백신 민족주의"」. 〈중앙일보〉. https://www.joongang.co.kr/article/24025154

황현정(2022). 다양한 미디어 활용과 비판적 수용, 사회적 책임성 강조. 〈미디어 리터러시〉. https://dadoc.or.kr/3085

현소은(2019. 10. 19.). 「사진으로 본 브렉시트 '결정적 장면' 9가지」. 〈한겨레〉. https://www.hani.co.kr/arti/international/europe/749576.html

현윤경(2024. 5. 23). 「美 뉴햄프셔주 '바이든 사칭 가짜전화' 만든 정치 컨설턴트 기소」. 〈연합뉴스〉. https://www.yna.co.kr/view/AKR20240523124800009

EBS.(n.d.). EBS 두리안 서비스. https://www.ebs.co.kr/durian/kr/course?language=vietnamese&pid=5556&level=DUC0006

Fortis, S.(2023. 8. 12). 「2024년 선거 앞둔 미국 규제 당국, 정치적 딥페이크 조절 고려」. Cointelegraph. https://kr.cointelegraph.com/news/us-regulatorsconsider-regulating-political-deep-fakes

서양

Australian Communications and Media Authority(2014). *Annual report 2013-14. Commonwealth of Australia*. https://www.acma.gov.au/sites/default/files/2019-08/ACMA-Annual-Report-2013-14%20pdf%20pdf.pdf

Bank, B.(2018). Sharenting and its impact on youth identity theft. *Tech Monitor*. https://www.techmonitor.ai/technology/cybersecurity/sharenting-barclays-identitytheft

Be internet legends. https://beinternetlegends.withgoogle.com/en_uk

Bert is Evil!(2022. 2. 26). *Igna Co*. https://ignaco.com/bert/

Booth, R., Asthana, A., & Weaver, M.(2016. 9. 8). Boris Johnson's £350m EU claim was 'misuse of statistics', says UK statistics authority. *The Guardian*.

Britannica contributors.(2025). Black Lives Matter: Definition, movement, goals, history & influence. *In Encyclopaedia Britannica*. https://www.britannica.com/topic/Black-Lives-Matter

Brittain, A.(2025. 4. 24). Me Too movement. In *Encyclopaedia Britannica*. https://www.britannica.com/topic/Me-Too-movement.

Brown, M. A., Bisbee, J., Lai, A., Bonneau, R., Nagler, J., & Tucker, J. A.(2022). Echo chambers, rabbit holes, and algorithmic bias: How YouTube recommends content to real users. SSRN. https://doi.org/10.2139/ssrn.4114905

Canepa, C.(2024. 12. 30). No, la metà delle auto in Cina non è elettrica. *Pagella Politica*. https://pagellapolitica.it/fact-checking/diffusione-auto-elettriche-cina-mondo

Common Sense Media.(2025). *The Common Sense Census: Media use by kids zero to eight*. https://www.commonsensemedia.org/sites/default/files/research/report/2025-common-sense-census-web-2.pdf

Dastin, J.(2018. 10. 11). Amazon scraps secret AI recruiting tool that showed bias against women. *Reuters*.

DataPillar.(2025). How AI is revolutionising Netflix: Boosting streaming success. https://datapillar.ai/how-ai-is-revolutionising-netflix-boosting-streaming-success/

Department for Digital, Culture, Media & Sport.(2017). UK Digital Strategy 2017. GOV.UK. https://www.gov.uk/government/publications/uk-digitalstrategy/uk-digital-strategy.

Digital Transformation Agency.(2024). Digital Inclusion Standard. Australian Government. https://www.digital.gov.au/policy/digital-experience/digitalinclusion-standard

Dixon Jr., H. B.(2019. 8. 12). Deepfakes: More frightening than Photoshop on steroids. *American Bar Association*. https://www.americanbar.org/groups/judicial/publications/judgesjournal/2019/summer/deepfakes-more-frightening-photoshop-steroids/

Edmonds, R.(2025. 3. 24). Inquirer closes community news desk, sparking outcry over diversity and equity goals. *Poynter*. https://www.poynter.org/commentary/analysis/2025/philadelphia-inquirer-shutdown-community-engagement-desk-dei-buildings-matter-too/

Edwards, G.(2016). Rogue One: A Star Wars Story [Film]. Lucasfilm; Walt Disney Studios Motion Pictures.

European Commission.(2020). *Shaping Europe's digital future: Digital Services Act and Digital Markets Act proposals*. https://commission. europa.eu/strategy-and-policy/priorities-2019-2024/europe-fit-digital-age/digital-services-act_en

European Journalism Training Association.(n.d.). *EUFactCheck: A pan-European project for fact-checking and journalism education*. https://eufactcheck.eu

FactCheck.org.(2003). *FactCheck.org: A project of The Annenberg Public Policy Center*. https://www.factcheck.org

Full Fact.(n.d.). *Full Fact AI: AI-based real-time fact-checking system*. https://fullfact.org/ai/

Full Fact.(2019. 11. 22). Is the NHS up for sale? https://fullfact.org/election-2019/is-the-nhs-up-for-sale/

G7 Data Protection and Privacy Authorities.(2023). *Statement on generative AI*. https://www.bfdi.bund.de/SharedDocs/Downloads/EN/G7/2023_Statement-AI.pdf

Google. (2023. 5). Generative AI FAQs.

Grinberg, E., & Muaddi, N.(2018. 5. 26). How the Parkland students pulled off a massive national protest in only 5 weeks. *CNN US*. https://edition.cnn.com/2018/03/26/us/march-for-our-lives

Guzman, F.(2023. 5. 23). Pentagon explosion picture is fake AI-generated image, never happened. *USA Today*. https://www.usatoday.com/story/news/nation/2023/05/23/fake-pentagon-explosion-picture-ai-generated/70247245007

Hadhazy, A.(2021. 11. 5). Stanford course allows students to learn about virtual reality while fully immersed in VR environments. *Stanford Report*. https://news.stanford.edu/stories/2021/11/new-class-among-first-taught-entirely-virtual-reality

Holoyda, B.(2025. 4. 15). QAnon: Meaning, beliefs, and conspiracy theory. In *Encyclopaedia Britannica*. https://www.britannica.com/

topic/QAnon

Ibrahim, N.(2020. 5. 8). Is it dangerous to wear a COVID-19 protective mask for too long? Snopes. https://www.snopes.com/fact-check/masks-dangerous-health/

Jeangène Vilmer, J.-B.(2019. 6. 20). The \"*#Macron leaks*\" *operation: A post-mortem*. Atlantic Council. https://www.atlanticcouncil.org

Jolls, T., & Thoman, E.(2005). *Five key questions that can change the world: Lesson plans for media literacy*. Center for Media Literacy. https://mlw.namle.org/wp-content/uploads/2015/07/cml25lessons.pdf

Jones, J. M.(2020. 10. 13). Most Americans would believe social media is information warnings. *Knight Foundation*. https://knightfoundation.org/articles/most-americans-would-believe-social-media-misinformation-warnings/

Know Your Meme.(n.d.). *What is a meme? The history and evolution of memes explained*. https://trending.knowyourmeme.com/editorials/insights/what-is-a-meme-the-history-and-evolution-of-memes-explained

Lewis, P.(2018. 2. 2). 'Fiction is outperforming reality': How YouTube's algorithm distorts truth. *The Guardian*.

Luoma, E., & Kauranen, A.(2024. 9 11). Books in, screens out: Some Finnish pupils go back to paper after tech push. *Reuters*. https://www.reuters.com/world/europe/books-screens-out-some-finnish-pupils-go-back-paper-after-tech-push-2024-09-10/

National Institute of Standards and Technology.(2017). *STOP. THINK. CONNECT*. Cybersecurity Awareness Campaign Overview. https://www.nist.gov/system/files/documents/2017/01/19/d1_trk1_dorville_stop_think_connect_2.pdf

Microsoft Research.(2023. 3. 22). Sparks of artificial general intelligence: Early experiments with GPT-4. https://arxiv.org/pdf/2303.12712

Mikkelson, D.(1994). *Snopes: Urban legends reference pages*. Snopes.com. https://en.wikipedia.org/wiki/Snopes

Mirza, R.(2024. 2. 16). How AI deepfakes threaten the 2024 elections.

The Journalist's Resource. https://journalistsresource.org

MIT Sloan.(2018. 3. 8). Study: False news spreads faster than the truth. https://mitsloan.mit.edu/ideas-made-to-matter/study-false-news-spreads-faster-truth

Muppy, M.(2024. 1. 23). Biden audio deepfake alarms experts in lead-up to elections. *TIME*. https://time.com/6565446/biden-deepfake-audio/

Newman, N.(2020. 5. 22). *Overview and key findings of the 2020 Digital News Report*. Reuters Institute for the Study of Journalism. https://www.digitalnewsreport.org/survey/2020/overview-key-find ings-2020/

Orlowski, J.(Director).(2020). The social dilemma [Film]. Netflix.

Oxford University Press.(2016). *Word of the Year 2016: Post-truth*. https://languages.oup.com/word-of-the-year/2016/

Pagella Politica.(n.d.). *Fact-checking Italian political news and EU-related misinformation*. https://pagellapolitica.it

Parent Zone.(n.d.). *Be internet legends FAQs*. https://parentzone.org.uk/beinternetlegends/faqs

Patterson, T. E.(2020. 12. 17). A tale of two elections: *CBS and Fox News' portrayal of the 2020 presidential campaign*. Shorenstein Center. https://shorensteincenter.org/patterson-2020-election-coverage/

PolitiFact.(n.d.). *PolitiFact*. https://www.politifact.com

Public Domain Review contributors.(n.d.). Yellow journalism: The "fake news" of the 19th century. *The Public Domain Review*. https://publicdomainreview.org/collection/yellow-journalism-the-fake-news-of-the-19th-century/

Regan, G.(2024. 6. 1). A brief history of deepfakes. *Reality Defender*. https://www.realitydefender.com/blog/history-of-deepfakes

Retta, L.(2025). The strategies behind the Amazon recommendation engine. *Dynamic Yield*. https://www.dynamicyield.com/article/ama zon-recommendations/

Rogers, K.(2020. 6. 6). Dear anti-racist allies: Here's how to respond to microaggressions. *CNN.* https://edition.cnn.com/2020/06/05/health/racial-microaggressions-examples-responses-wellness/index.html

Ruben, M. K.(2010. 1. 26). Radio activity: The 100th anniversary of public broadcasting. *Smithsonian Magazine.* https://www.smithsonianmag.com/history/radio-activity-the-100th-anniversary-of-public-broadcasting-6555594/

Shankland, S.(2016). Star Wars resurrected Peter Cushing to play Tarkin in Rogue One. *CNET.* https://www.cnet.com

Sherman, A.(2020. 11. 6). Donald Trump's Pants on Fire claim about illegal votes. *PolitiFact.* https://www.politifact.com/factchecks/2020/nov/06/donaldtrump/donald-trumps-pants-fire-claim-about-illegal-votes/

Songfacts.(n.d.). Wind of change by Scorpions. https://www.songfacts.com/facts/scorpions/wind-of-change

Tesich, S.(1992. 1. 6). A government of lies. *The Nation,* 12-14.

Thornton, B.(2013. 6. 12). A brief history of media bias. The Hoover Institution. https://www.hoover.org/research/brief-history-media-bias

UK Government.(2017. 3). *UK digital strategy.* https://www.gov.uk/government/publications/uk-digital-strategy

USAID.(n.d.). *Digital inclusion.* https://www.usaid.gov/digital-development/digital-inclusion.

U. S. Department of Health & Human Services.(2025). *About Stop Bullying. gov: National bullying prevention initiative.* https://www.stopbullying.gov/about-us

Virtual Human Interaction Lab.(n.d.). https://vhil.stanford.edu/downloads/comm166

Vincent, J.(2018. 5. 22). Why we need a better definition of 'deep fake'. *The Verge.* https://www.theverge.com

VHIL(Vittual Human Interaction Lab). https://vhil.stanford.edu/

Younger, N.(2020). The case of Edward Snowden. *National*

Whistleblower Center. https://www.whistleblowers.org/news/the-case-of-edward-snowden/

Zandt, D. V.(2024. 10. 16). Different types of bias: Bias by omission. *Media Bias/Fact Check*. https://mediabiasfactcheck.com/2018/02/09/different-types-bias-bias-omission/

| 혁신학교 | 성열관·이순철 지음 | 224쪽 | 값 12,000원 |

| 행복한 혁신학교 만들기 | 초등교육과정연구모임 지음 | 264쪽 | 값 13,000원 |

| 서울형 혁신학교 이야기 | 이부영 지음 | 320쪽 | 값 15,000원 |

| 혁신교육, 철학을 만나다 | 브렌트 데이비스·데니스 수마라 지음 | 현인철·서용선 옮김 | 304쪽 | 값 15,000 |

| 대한민국 교사, 어떻게 가르칠 것인가? | 윤성관 지음 | 320쪽 | 값 15,000원 |

| 아이들을 어떻게 가르칠 것인가 | 사토 마나부 지음 | 박찬영 옮김 | 232쪽 | 값 13,000원 |

| 모두를 위한 국제이해교육 | 한국국제이해교육학회 지음 | 364쪽 | 값 16,000원 |

| 경쟁을 넘어 발달 교육으로 | 현광일 지음 | 288쪽 | 값 14,000원 |

| 혁신교육 존 듀이에게 묻다 | 서용선 지음 | 292쪽 | 값 16,000원 |

| 다시 읽는 조선교육사 | 이만규 지음 | 750쪽 | 값 37,000원 |

| 교실 속으로 간 이해중심 교육과정(개정판) | 온정덕 외 지음 | 216쪽 | 값 15,000원 |

| 대한민국 교육혁명 | 교육혁명공동행동 연구위원회 지음 | 224쪽 | 값 12,000원 |

| 포스트 코로나 시대의 교육 | 성열관 외 지음 | 224쪽 | 값 15,000원 |

| 내일 수업 어떻게 하지? | 아이함께 지음 | 300쪽 | 값 15,000원 |

| 핀란드 교육의 기적 | 한넬레 니에미 외 엮음 | 장수명 외 옮김 | 456쪽 | 값 23,000원 |

| 한국 교육의 현실과 전망 | 심성보 지음 | 724쪽 | 값 35,000원 |

| 독일의 학교교육 | 정기섭 지음 | 536쪽 | 값 29,000원 |

| 교실 속으로 간 이해중심 통합교육과정 | 온정덕 외 지음 | 224쪽 | 값 15,000원 |

| 초등 백워드 교육과정 설계와 실천 이야기 | 김병일 외 지음 | 352쪽 | 값 19,000원 |

| 학습격차 해소를 위한 새로운 도전 보편적 학습설계 수업 | 조윤정 외 지음 | 240쪽 | 값 15,000원 |

● 경쟁과 차별을 넘어 평등과 협력으로 미래를 열어가는 교육 대전환! 혁신교육 현장 필독서

| 학교의 미래, 전문적 학습공동체로 열다 | 새로운학교네트워크·오윤주 외 지음 | 276쪽 | 값 16,000원 |

| 마을교육공동체 생태적 의미와 실천 | 김용련 지음 | 256쪽 | 값 15,000원 |

| 학교폭력, 멈춰! | 문재현 외 지음 | 348쪽 | 값 15,000원 |

| 학교를 살리는 회복적 생활교육 | 김민자·이순영·정선영 지음 | 256쪽 | 값 15,000원 |

| 삶의 시간을 잇는 문화예술교육 | 고영직 지음 | 292쪽 | 값 18,000원 |

| 미래교육을 디자인하는 학교교육과정 | 박승열 외 지음 | 348쪽 | 값 18,000원 |

| 코로나 시대, 마을교육공동체운동과 생태적 교육학 | 심성보 지음 | 280쪽 | 값 17,000원 |

| 혐오, 교실에 들어오다 | 이혜정 외 지음 | 232쪽 | 값 15,000원 |

| 수업, 슬로리딩과 함께 | 박경숙 외 지음 | 268쪽 | 값 15,000원 |

물질과의 새로운 만남	베로니카 파치니-케처바우 외 지음	이연선 외 옮김	218쪽	값 15,000원
그림책으로 만나는 인권교육	강진미 외 지음	272쪽	값 18,000원
수업 고수들 수업·교육과정·평가를 말하다	박현숙 외 지음	368쪽	값 17,000원
아이들의 배움은 어떻게 깊어지는가	이시이 준지 지음	방지현·이창희 옮김	200쪽	값 11,000원
미래, 공생교육	김환희 지음	244쪽	값 15,000원
들뢰즈와 가타리를 통해 유아교육 읽기	리세롯 마리엣 올슨 지음	이연선 외 옮김	328쪽	값 17,000원
혁신고등학교, 무엇이 다른가?	김현자 외 지음	344쪽	값 18,000원
시민이 만드는 교육 대전환	심성보·김태정 지음	248쪽	값 15,000원
평화교육 과거, 현재 그리고 미래를 그리다	모니샤 바자즈 외 지음	권순정 외 옮김	268쪽	값 18,000원
마을교육공동체란 무엇인가?	서용선 외 지음	360쪽	값 17,000원
강화도의 기억을 걷다	최보길 지음	276쪽	값 14,000원
체육 교사, 수업을 말하다	전용진 지음	304쪽	값 15,000원
평화의 교육과정 섬김의 리더십	이준원·이형빈 지음	292쪽	값 16,000원
마을로 걸어간 교사들, 마을교육과정을 그리다	백윤애 외 지음	336쪽	값 16,000원
혁신교육지구와 마을교육공동체는 어떻게 만들어지는가?	김태정 지음	376쪽	값 18,000원
서울대 10개 만들기	김종영 지음	348쪽	값 18,000원
선생님, 통일이 뭐예요?	정경호 지음	252쪽	값 13,000원
함께 배움 학생 주도 배움 중심 수업 이렇게 한다	니시카와 준 지음	백경석 옮김	280쪽	값 15,000원
다정한 교실에서 20,000시간	강정희 지음	296쪽	값 16,000원
즐거운 세계사 수업	김은석 지음	328쪽	값 13,000원
학교를 개선하는 교장 지속가능한 학교 혁신을 위한 실천 전략	마이클 풀란 지음	서동연·정효준 옮김	216쪽	값 13,000원
선생님, 민주시민교육이 뭐예요?	염경미 지음	244쪽	값 15,000원
교육혁신의 시대 배움의 공간을 상상하다	함영기 외 지음	264쪽	값 17,000원
도덕 수업, 책으로 묻고 윤리로 답하다	울산도덕교사모임 지음	320쪽	값 15,000원
교육과 민주주의	필라르 오카디즈 외 지음	유성상 옮김	420쪽	값 25,000원
교육회복과 적극적 시민교육	강순원 지음	228쪽	값 15,000원
비판적 미디어 리터러시 가이드	더글러스 켈너·제프 셰어 지음	여은호·원숙경 옮김	252쪽	값 18,000원
지속가능한 마을, 교육, 공동체를 위하여	강영택 지음	328쪽	값 18,000원
대전환 시대 변혁의 교육학	진보교육연구소 교육과정연구모임 지음	400쪽	값 23,000원
교육의 미래와 학교혁신	마크 터커 지음	전국교원양성대학교 총장협의회 옮김	336쪽	값 18,000원
남도 임진의병의 기억을 걷다	김남철 지음	288쪽	값 18,000원
프레이리에게 변혁의 길을 묻다	심성보 지음	672쪽	값 33,000원

지속가능한 리더십	앤디 하그리브스 외 지음	정바울 외 옮김	352쪽	값 21,000원
남도 명량의 기억을 걷다	이돈삼 지음	280쪽	값 17,000원
교사가 아프다	송원재 지음	300쪽	값 18,000원
존 듀이의 생명과 경험의 문화적 전환	현광일 지음	272쪽	값 17,000원
왜 읽고 쓰고 걸어야 하는가?	김태정 지음	300쪽	값 18,000원
미래 교직 디자인	캐럴 G. 베이즐 외 지음	정바울 외 옮김	192쪽	값 17,000원
타일러 교육과정과 수업 설계의 기본 원리	랄프 타일러 지음	이형빈 옮김	176쪽	값 15,000원
시로 읽는 교육의 풍경	강영택 지음	212쪽	값 17,000원
부산 교육의 미래 2026	이상철 외 지음	384쪽	값 22,000원
11권의 그림책으로 만나는 평화통일 수업	경기평화교육센터 · 곽인숙 외 지음	304쪽	값 19,000원
명량 10대 명량 챌린지	강정희 지음	320쪽	값 18,000원
교장이 바뀌면 학교가 바뀐다	홍제남 지음	260쪽	값 16,000원
모두 아픈 학교, 공동체로 회복하기	김성천 외 지음	276쪽	값 17,000원
교육정치학의 이론과 실천	김용일 지음	296쪽	값 18,000원
마오쩌둥의 국제정치사상	정세현 지음	332쪽	값 19,000원
교사, 깊이 있는 학습을 말하다	황철형 외 지음	214쪽	값 15,000원
더 나은 사고를 위한 교육	앤 마가렛 샤프 외 지음	김혜숙 · 박상욱 옮김	438쪽	값 26,000원
세계의 대안교육	넬 나딩스 · 헬렌 리즈 지음	심성보 외 11인 옮김	652쪽	값 38,000원
더 좋은 교육과정 더 나은 수업	이형빈 지음	292쪽	값 18,000원
한나 아렌트와 교육	모르데하이 고든 엮음	조나영 옮김	376쪽	값 23,000원
공동체의 힘, 작은학교 만들기	미셸 앤더슨 외 지음	권순형 외 옮김	264쪽	값 18,000원
토대역량과 사회정의	존 알렉산더 지음	유성상 · 이인영 옮김	324쪽	값 22,000원
마을교육, 다 함께 가치	김미연 외 지음	320쪽	값 19,000원
북한 교육과 평화통일 교육	이병호 지음	336쪽	값 22,000원
나는 어떤 특수교사인가	김동인 지음	268쪽	값 17,000원
능력주의 시대, 교육과 공정을 사유하다	한만중 외 지음	252쪽	값 17,000원
교사와 학부모, 어디로 가는가?	한만중 외 지음	252쪽	값 17,000원
프레네, 일하는 인간의 본성과 교육	셀레스텡 프레네 지음	송순재 엮음	김병호 외 옮김	564쪽	값 33,000원
지속가능한 마을교육공동체 운동	양병찬 · 한혜정 지음	268쪽	값 18,000원
평생학습으로 두 나라를 잇다	고바야시 분진 지음	양병찬 · 이정연 편역	220쪽	값 15,000원
정의로운 한국사	김은석 지음	272쪽	값 17,000원
세계의 교사교육	린다 달링-해먼드 · 앤 리버맨 편저	전국교원양성대학교총장협의회 번역 332쪽	값 21,000원

참된 삶과 교육에 관한
생각 줍기

참된 삶과 교육에 관한
생각 줍기